Studien zur Mobilitäts- und Verkehrsforschung 9

Werner Gronau
Freizeitmobilität und Freizeitstile

D1717751

Studien zur Mobilitäts- und Verkehrsforschung

Herausgegeben von Matthias Gather, Andreas Kagermeier und Martin Lanzendorf

Band 9

Werner Gronau

Freizeitmobilität und Freizeitstile
Ein praxisorientierter Ansatz zur Modellierung des Verkehrsmittelwahlverhaltens an Freizeitgroßeinrichtungen

Mit 58 Abbildungen und 18 Tabellen

2005

Verlag MetaGIS Infosysteme, Mannheim

Umschlagfoto: Therme Erding GmbH

Dissertationsschrift zur Erlangung des Grades eines Dr. phil. angenommen von der Fakultät für Kulturwissenschaften der Universität Paderborn

Die Studie wurde gefördert und damit ermöglicht durch eine Sachbeihilfe der DFG.

© 2005
Printed in Germany
Fotosatz: Angewandte Anthropogeographie und Geoinformatik, Universität Paderborn
Umschlaggestaltung und Layout: Werner Gronau

Verlag: Verlag MetaGIS Infosysteme, Mannheim
ISBN: 3-936438-09-9

Bibligrafische Information Der Deutschen Bibliothek
Die Deutsche Bibliothek verzeichnet diese Publikation in der Deutschen Nationalbibliografie; detaillierte bibliografische Daten sind im Internet über http://dnb.ddb.de abrufbar.

Bibligraphic information published by Die Deutsche Bibliothek
Die Deutsche Bibliothek lists this publication in the Deutsche Nationalbibliografie; detailed bibliographic data are available in the Internet at http://dnb.ddb.de.

Information bibligraphique de Die Deutsche Bibliothek
Die Deutsche Bibliothek a répertoiré cette publication dans la Deutsche Nationalbibliografie; les données bibliographiques détaillées peuvent être consultées sur Internet à l'adresse http://dnb.ddb.de.

Danksagung

An dieser Stelle möchte ich mich nochmals ausdrücklich bei allen denen bedanken, die die Entstehung dieser Arbeit erst ermöglicht haben, allen voran Prof. Dr. Andreas Kagermeier der stets mit offenem Ohr und viel Verständnis den langwierigen Prozess der Konkretisierung der Arbeit begleitet hat. Darüber hinaus möchte ich mich nochmals ausdrücklich bei Sybille Dietrich, Carsten Müller, Anja Krause, Nicola Papaphilippou, Beate Reiners und Hinrich Schmöe für Ihr persönliches Engagement in der heißen Abschlussphase der Arbeit bedanken. „Last but not least" noch ein Dank an alle diejenigen die mich mit aufmunternden Worten und dem einen oder anderen Cocktail durch die dunklen Abgründe einer jeden Dissertation begleitet haben. Danke euch allen.

Nicosia, im April 2005

Werner Gronau

Vorwort

Die vorliegende Arbeit versteht sich als konsequente Weiterführungen der jüngsten Forschungen im Rahmen der einstellungsorientierten Mobilitätstypen, etwa durch, LANZENDORF, HUNECKE oder BAMBERG. Über die bisher übliche Konstruktion derartiger Typen hinaus, werden einstellungsbasierte Mobilitätstypen zur Modellierung der Verkehrsnachfrage an Freizeitstandorten eingesetzt.

Diese analytische Anwendung ermöglicht auf Grund der zunächst erforderlichen empirischen Ermittlung der für die Simulation notwendigen konkreten Kennwerte eine zukünftige praxisorientierte Entscheidungsgrundlage für unterschiedlichste Planfälle.

In diesem Zusammenhang ist auch hervorzuheben, dass erstmalig individuelle einstellungsorientierte, nachfragerseitige und klassische, objektive primär angebotsseitige Faktoren gleichberechtigt innerhalb des Prozesses der Modellierung von Verkehrsnachfrage einbezogen werden.

Neben den bisher üblichen objektiven Faktoren der Verkehrsmittelwahl wie etwa den Merkmalen der Fahrt oder auch den Merkmalen des Verkehrssystems finden somit auch die Ergebnisse der umfangreichen soziologischen und psychologischen Forschung unter anderem in Form der Theorie der „bounded rationality", bzw. der „Theorie des geplanten Verhaltens", Eingang in die Verkehrsnachfragemodellierung.

Mit Hilfe dieses komplexen Geflechts an Einflussfaktoren soll erstmals ein tatsächlich umfassendes Modell zur Modellierung der Verkehrsnachfrage entworfen und so dann konkret an einzelnen Standorten getestet werden.

Das finale Ziel der Entwicklung eines praxisorientierten Planungstools zur Simulation der Verkehrsnachfrage an konkreten Standorten im Freizeitverkehr wiederum schlägt die Brücke von der bisher eher theoretischen Forschung zu einstellungsorientierten Mobilitätstypen hin zum tatsächlichen Anwendung derartiger Gruppen in der Verkehrsnachfragemodellierung.

Inhaltsverzeichnis

Abbildungsverzeichnis

Tabellenverzeichnis

Abkürzungsverzeichnis

BAT: BAT-Freizeit-Forschungsinstitut
Bmb+f: Bundesministerium für Bildung und Forschung
DB: Deutsche Bahn AG
DWIF: Deutsches Wirtschaftswissenschaftliches Institut für Fremdenverkehr e.V.
ILS: Institut für Landes und Stadtentwicklungsforschung
        und Bauwesen des Landes NRW
ISOE: Institut für sozial-ökologische Forschung
MIV: motorisierter Individualverkehr
nMIV: nicht-motorisierter Individualverkehr
NRW: Nordrhein-Westfalen
ÖPNV: Öffentlicher Personennahverkehr

Summary

The realisation of the importance of leisure mobility in today's traffic on the one hand and the lack of theoretical models for the explanation of mobility behaviour in leisure time on the other hand, form the starting point for the present thesis.

Up until today traffic volume in the context of leisure mobility is mainly described by the common quantitative models, known for example from the commuter traffic context. However these rather "mechanical" models, denying the individuality of every person, provide an only insufficient view to the mobile reality. At the same time many interesting qualitative research activities, concerning different mobility patterns, have taken place. A whole variety of different mobility orientated life-style groups have been developed within the social science context but none of these studies have so far ever tried to use these groups for modelling traffic volume. Consequently the main aim the thesis focuses on the developing of a model for the simulation of traffic volumes in the context of leisure mobility.

This new model represents the implementation of a quantitative model, also including qualitative aspects of human behaviour, where they are important for the modelling of traffic volume. In detail the model offers the opportunity to in theory simulate the probable modal split at a certain location for different leisure activities. The developed model is therefore based on seven different lifestyle oriented "leisure mobility groups". These groups have been constructed with reference to a quantitative household survey covering fields of individual interests in leisure time, as well as the expectations concerning leisure transport offers. These groups provide clear indicators on the one hand for the use of different transport alternatives in leisure time and on the other hand for the attractiveness of different leisure offers for each group.

In the first phase various leisure offers can be tested as concerns their attractiveness for the different "leisure mobility groups", which results in a probability by which these groups use the offers at hand.

In the second phase these frequencies, with reference to the allocation of the different groups, are combined with the indicator concerning the group's orientation towards the given transport alternatives. As a result of this combination the model provides a theoretical modal split for the regarded activities.

In the third phase of the model these activities are allocated to a certain location, which includes the given framework for the different transport alternatives in the theoretical model. By including the real accessibility of the location, the theoretical modal-split can be transferred to a "simulated modal-split".

The whole simulation process developed within this thesis, has also been empirically tested in eight different leisure facilities. The deviation of the measured modal-split at the facilities and the simulated modal-split when using the model described above has overall been less than 2 %.

Besides the high precision of the simulation, the model offers various simulation opportunities; for example a change in the accessibility of an already existing location can be simulated or even a planned project can be tested with reference to its traffic impacts. Consequently the model can be used a real simulation tool within the planning process.

1 Einführung

Im Zentrum der vorliegenden Arbeit steht der Mensch, der sich auf Grund seiner individuellen Wünsche, Zwänge, Werte und Vorstellungen unter Berücksichtigung der auf ihn einwirkenden gesellschaftlichen Kräfte im Raum bewegt. Dies bedeutet, dass der Mensch sich nicht etwa gänzlich frei nach seinen eigenen Wünschen im Raum bewegt, sondern bestimmten gesellschaftlichen Rahmenbedingungen unterliegt, die sein Handeln auch in der Freizeit, dem Focus dieser Arbeit, einschränken. Insofern kann eine Betrachtung dieser Bewegung im Raum nur unter Einbeziehung der gesellschaftlichen Rahmenbedingungen grundsätzlich erfolgreich sein.

Die Arbeit befindet sich somit im Spannungsfeld zwischen der Verkehrsforschung, der Freizeitforschung sowie der soziologischen Forschung zum Wechselspiel von Individuum und Gesellschaft. Um sich in einem ersten Schritt der Mobilität bzw. den Mobilitätsbedürfnissen der Menschen anzunähern, soll zunächst mittels einzelner Kennzahlen die Dimensionen dieser Mobilität und dem damit verbundenen, auf unseren Straßen materialisierten, Verkehrsaufkommen veranschaulicht werden.

1.1 Verkehrswachstum

„Mobilität" und ihr Zwillingsbruder „Verkehr" gelten heute in einzigartiger Weise als Kennzeichen „moderner Gesellschaften". Der seit Anbeginn der Menschheit vorhandene Zusammenhang zwischen gesellschaftlicher Entwicklung und Ausweitung des Verkehrs zieht sich gleichsam einem roten Faden durch die Menschheitsgeschichte. Die Mobilität war stets einer der Schlüsselaspekte, der konkurrierenden Gesellschaften den notwendigen zivilisatorischen Vorsprung lieferte. Die Durchsetzung von Macht und Einfluss innerhalb des eigenen Territoriums war von jeher nur durch die grundsätzliche Erreichbarkeit eines jeden Punktes innerhalb des Machtbereiches zu bewerkstelligen. Dies bedeutete, dass für die Ausweitung des Macht- und Einflussbereichs stets zunächst das Problem der Erreichbarkeit zu lösen war. Bereits in der Antike verfügten daher die führenden Zivilisationen über ein ausgeklügeltes System zur Sicherstellung der Erreichbarkeit, etwa in Form von Seewegen oder aber ganz klassisch durch die Schaffung eines umfassenden Strassen- und Wegenetzes.

In dem Maße, wie sich die Zivilisationen weiter entwickelten, schritt auch ihr Mobilitätsbedürfnis weiter voran. Doch erst der technische Fortschritt im Zuge der Industrialisierung ermöglichte die erste Mobilitätsrevolution. Die Eisenbahnen, Dampfschiffe und besonders das Automobil eröffneten eine bis dahin nie dagewesene Erweiterung des Aktionsraumes der Menschen. Die Reisezeiten nahmen rapide ab und auch die mit dem Reisen verbundenen Kosten verringerten sich spürbar, dies führte in der Konsequenz zu einer deutlichen Steigerung der zurückgelegten Entfernungen. Trotz allem blieb die umfassende Mobilität jedoch ein Privileg einzelner. Dies änderte sich erst durch die zweite Mobilitätsrevolution im Rahmen der Massenmotorisierung. Dieses Phänomen der fordistischen Gesellschaft vollzog sich in einem atemberaubenden Tempo; so nahm etwa der Pkw-Bestand innerhalb der Bundesrepublik Deutschland vom Anfang der 50'er Jahre mit 12 Pkw pro 1.000 Einwohner in nur 10 Jahren auf 100 Fahrzeuge pro 1.000 Einwohner zu. Weitere 10 Jahre später war mit 250 Fahrzeuge pro 1.000 Einwohner bereits wiederum mehr als eine Verdopplung des Bestandes eingetreten. Ende der 90'er Jahre war schließlich ein Wert von über 500 Fahrzeugen pro 1.000 Einwohner erreicht und eine weitere Zunahme erscheint durchaus realistisch. Dieser Anstieg der Motorisierung findet entsprechend auch seinen Niederschlag in einer Zunahme der Verkehrsleistung pro Kopf, gleichzeitig bedeutet jedoch die zunehmende Motorisierung auch einen klaren Rückgang der übrigen Verkehrsträger.

1.2 Verkehr als Selbstzweck

Jahrzehntelang begegnete man dem Verkehrswachstum mit einem unkritischen Ausbau der Verkehrsinfrastruktur, vor allem der Straßeninfrastruktur, ohne sich mit den Hintergründen und Motiven des stetig steigenden Verkehrs auseinander zu setzen. Zunehmender Verkehr wurde als Indiz und gleichzeitig als Vorraussetzung für wirtschaftliches Wachstum interpretiert. Der Verkehr verlor seine Funktion als Erreichbarkeitsgarant und entwickelte sich immer mehr zum Selbstzweck. Erst die stetig steigenden Belastungen durch den motorisierten Individualverkehr in Form von Lärm, Schadstoffemissionen und Flächenfraß bewirkten eine doch zumindest in Ansätzen kritische Auseinandersetzung mit dem Thema „Verkehr". Aber erst der signifikante Rückgang der Reisegeschwindigkeit in den Ballungsräumen und die Parkraumknappheit in den Zentren führten zu einem tatsächlichen Umdenken (vgl. SCHÖPPE & KNÖBEL 1998).

Gemäß des Ziels einer Verringerung des Verkehrsaufkommens im motorisierten Individualverkehr (MIV) wurden unterschiedliche raumstrukturelle Leitbilder wie etwa das der „kompakten Stadt" bzw. der „Stadt der kurzen Wege" entwickelt. Diesen Leitbildern liegt die Vermutung zu Grunde, dass die Tätigkeitsmuster und Aktionsräume der Stadtbewohner allein durch die gebaute Struktur und die infrastrukturelle Ausstattung determiniert werden können. *„Verkehr wird hier als Mittel zum Zweck notwendiger Raumüberwindung und somit als Notwendigkeit des Alltags"* missverstanden (vgl. HOLZ-RAU 1995, S. 12f.).

1.3 Bedarf eines erweiterten Verständnisses der Bestimmungsgrößen von Mobilität und Verkehr

Empirische Untersuchungen der 90'er Jahre haben jedoch ergeben, *„dass über die Siedlungsstruktur und -größe allein die Entstehung bzw. Vermeidung von Verkehr nicht zufriedenstellend erklärt werden kann"* (HESSE 1992, S. 7ff.). Vielmehr spielen bisher vernachlässigte individuelle Faktoren und Entscheidungen eine Rolle. Verkehr entsteht eben nicht ausschließlich auf Grund der gebauten Strukturen oder der Verortung einzelner Einrichtungen im Raum, sondern ist darüber hinaus abhängig von individuellen Entscheidungen. Durch die Massenmotorisierung und den stetigen Ausbau der Verkehrsinfrastruktur haben sich die Raumwiderstände im individuellen Bereich erheblich reduziert und daher stark an ihrer ehemals handlungsrelevanten Funktion verloren (vgl. KLINGBEIL 1978, S. 20). Stattdessen kommt anderen mobilitätsbestimmenden Faktoren, etwa der stark individualisierten Werteorientierung, eine sehr viel größere Rolle zu. Dieser Sachverhalt wird auch innerhalb der Mobilitätsforschung kaum noch angezweifelt, es fehlt jedoch an Konzepten und Modellen, die diesem Sachverhalt Rechnung tragen. So mangelt es bis heute an

Erklärungsansätzen zum Verkehrsgeschehen, die nicht die gebaute Umwelt als den alleinigen Grund für das Verkehrsgeschehen ansehen. WEHLING führt in seiner Kritik der deutschen Verkehrsforschung neben einer fehlenden thematischen Breite zum Beispiel im Bereich der Erforschung der Reise- und Wegezwecke ebenfalls das Defizit der unzureichenden Integration problemrelevanter wissenschaftlicher Disziplinen, wie etwa der Sozialwissenschaften an (vgl. WEHLING 1998, S. 13). Gerade diesem immer wieder geäußerten Kritikpunkt soll in der vorliegenden Arbeit Rechnung getragen werden. Die sozialwissenschaftliche Nachbardisziplin wird mit ihren Forschungsergebnissen zu Motiven und Hintergründen für verkehrliches Handeln ebenso wie mit Ihren Erklärungsansätzen für die Veränderungen der gesellschaftlichen Rahmenbedingungen und somit auch für die verkehrlichen Rahmenbedingungen einbezogen.

1.3.1 Beiträge der soziologischen Forschung

1.3.1.1. Dimensionen des sozialen Wandels in Deutschland

Nach dem Ende des Zweiten Weltkrieges haben sich in Deutschland die gesellschaftlichen Rahmenbedingungen stark verändert. Die damit verbundenen Prozesse werden häufig als „sozialer Wandel" und „Wertewandel" beschrieben. Wesentliche Dimensionen dieses gesamtgesellschaftlichen Veränderungsprozesses lassen sich grob unten den vier Dimensionen: „Veränderung der Haushaltstruktur", „Wandel der Bildungssituation", „Wandel der Einkommens- und Beschäftigungsverhältnisse" und des „Wertewandels" subsumieren. Die vorgenommene Abgrenzung dieser Dimensionen suggeriert jedoch unzutreffender Weise eine Abgeschlossenheit bzw. eine Unabhängigkeit dieser Einzeldimensionen, die in der Realität nicht existiert. Vielmehr stehen diese Dimensionen in einer starken Wechselwirkung miteinander. So wurde der Wandel der Familienstrukturen erst durch die Schaffung der sozialen Sicherungssysteme ermöglicht, in ähnlicher Weise stellt die Bildungsexpansion eine wichtige Basis für den Wandel der Einkommensverhältnisse dar.

Das Zusammenwirken dieser Einzeldimensionen wiederum macht den so genannten „Wertewandel" erst möglich. Wobei darauf hingewiesen werden muss, dass sich nicht die Werte selbst wandeln, sondern deren Bedeutung, die ihnen die Menschen in der Gesellschaft beimessen (vgl. ZÖLLER 1989, S. 253). Die Wertewandeldiskussion manifestiert sich insofern in der Frage nach dem Gewicht bzw. der Veränderung des Gewichts einzelner Werte in der Gesellschaft. Im Wesentlichen lässt sich innerhalb der Wertewandeldiskussion eine Verschiebung der Gewichte zwischen dem Aspekt das Streben nach Besitzausweitung und Einkommensmaximierung zu Gunsten des Verlangens nach Selbstentfaltung, Demokratie und Ästhetik beobachten (vgl. INGELHART 1977, S. 27f.).

Diese gesellschaftlichen Wandlungsprozesse werden auch durch das immer stärkere Zurücktreten der Arbeitswelt gegenüber der Freizeitwelt deutlich. Dabei wird jedem Individuum durch den Rückgang der zum „Überleben" notwendigen Arbeits- und Obligationszeit ein immer größeres Zeitbudget zur Selbstentfaltung eingeräumt (vgl. KLAGES 1998). Diese Steigerung der individuellen Zeit ist allerdings nur schwer fassbar, da sie stark mit dem individuellen Freizeitbegriff verknüpft ist. Den Versuch einer objektivierten Betrachtung der unterschiedlichen Aufgaben und deren Zuordnung, etwa zur Freizeit, stellt sich die sogenannte Zeitbudget-For-schung. (vgl. *Statistisches Bundesamt* 1994). Im Rahmen dieser Arbeiten ist es üb-lich, verschiedene Zeitverwendungsarten zu unterscheiden:

• Arbeitszeit: Zeit für (bezahlte oder unbezahlte) Tätigkeiten zur Existenzsicher-ung: Erwerbstätigkeit, hauswirtschaftliche Tätigkeiten, Ausbildung/Fortbildung,
• Obligationszeit: Zeit für Tätigkeiten, die im Rahmen der Bewältigung des All-tagslebens erledigt werden müssen, wie z.B.: Einkäufe, Behördengänge, Erledi-gungen/Besorgungen,
• Reproduktionszeit: Zeit für Tätigkeiten zur Erhaltung der Arbeitsfähigkeit: Schlaf, Nahrungsaufnahme, Körperpflege,
• Freizeit: Zeit für selbstbestimmte und selbstgestaltete Tätigkeiten wie z.B.: Be-suche/Ausgehen, Spiele/Musizieren, kulturelle Aktivitäten, Reisen (Kurzreisen und Urlaubsreisen).

Die Bedeutung der einzelnen Zeitverwendungsarten ist je nach individuellen Le-bensverhältnissen und je nach Lebensalter unterschiedlich. Darüber hinaus ist die grundsätzliche Frage zu klären, welche dieser Zeitverwendungsarten tatsächlich als Freizeit anzusehen sind. Strittig sind hier besonders die Bereiche Obligations- und Reproduktionszeit. Nichtsdestotrotz ist angesichts der starken Verkürzung der Lebens- und Wochenarbeitszeit, sowie dem ständigen technischen Fortschritt – etwa die zunehmende Ausstattung der Haushalte mit technischen Geräten – eine deutliche Zunahme der frei verfügbaren Zeit festzustellen.

Diese Veränderungen im Zeitbudget stellen somit einerseits die Basis für eine Vielzahl heute zu beobachtender Veränderungen dar, sind aber andererseits auch der Ausfluss des gesellschaftlichen Wandlungsprozesses. Sie repräsentieren somit einen integralen Bestandteil der Veränderungen innerhalb der Gesellschaft dar und sind aber auch gleichzeitig eine seiner Grundlagen. Als Ergebnis dieser Steigerung von individuell verfügbarer Zeit weist die Soziologie eine grundsätzlich stärker am Individuum orientierte Entwicklung innerhalb der Gesellschaft, die sogenannte Indi-vidualisierung, nach.

Zunächst ist an dieser Stelle zu bekräftigen, dass der Begriff der „Individuali-sierung" – wie so oft behauptet – keineswegs ein neuer Begriff ist. So enthalten be-reits die klassischen Theorien etwa von MARX, DURKHEIM und WEBER diesen Begriff, wobei allerdings die Operationalisierung sehr unterschiedlich ist. So steht der Be-griff nicht etwa für ein einzelnes Phänomen, sonder teilt sich vielmehr in ganz unter-schiedliche Einzelaspekte auf, die je nach Autor differenziert aufgefasst und ge-wichtet werden. Auch der Ablauf des Individualisierungsprozesses wird in den klas-sischen Theorien durchaus differenziert gesehen, während etwa MARX und WEBER den Prozess eher als eine Bewegung der Individuen aus der Gesellschaft hinaus interpretieren, sehen DURKHEIM und SIMMEL die Individualisierung immer von einem Vergesellschaftungsprozess begleitet und daher als einen Prozess, der innerhalb der Gesellschaft stattfindet.

Darüber hinaus trennen die klassischen Ansätze im Rahmen der Individualisie-rung noch klar in die beiden analytischen Prozesse der Individualisierung und der Nivellierung, also der gesellschaftlichen Angleichung sozialer Gruppen.

Im Unterschied dazu werden in jüngerer Zeit etwa durch Autoren wie BECK oder HRADIL vor dem Hintergrund der Verschmelzung dieser beiden Prozesse der Untergang der sozialen Ungleichheiten und das Ende der sozialen Schichten durch die Individualisierung postuliert. Individualisierung manifestiert sich zunächst in einer „Freisetzungsdimension" (vgl. BECK 1986, S. 206). Auf der Basis eines gestiegenen materiellen Lebensstandards und ausgebauter sozialer Sicherungssysteme werden die Individuen tendenziell aus historischen Klassenstrukturen und -bindungen, sowie aus den familiären Versorgungsbezügen herausgelöst. Dadurch entstehen individuelle soziale Lagen, die unabhängig von Institutionen, von historischen vorgegebenen Sozialstrukturen und Vergemeinschaftungen begriffen werden können. Hinzu kommt ein Schwinden des Denkens in traditionellen Kategorien von Klassen, Ständen und Schichten (vgl. BECK 1986, S. 116). Individualisierung lässt sich darüber hinaus als eine Deinstitutionalisierung des Lebenslaufregimes bezeichnen (vgl. DIEWALD 1994, S. 19), die mit der Pluralisierung der Lebensformen einhergeht. Individuelle Entscheidungen, z.B. bezogen auf die Ausbildung, Wohnform oder Familiengründung, werden in einem zunehmenden Maße – und dies stellt sicherlich den Kern der Individualisierungsdiskussion dar – frei wählbar (vgl. BECK 1986, S. 190).

1.3.1.2. Von Klassen und Schichten zu Lebensstilen

Angesichts des skizzierten sozialen Wandels in Deutschland wie auch in anderen hoch industrialisierten Ländern erfährt die Erforschung sozialer Ungleichheiten seit Beginn der 80'er Jahre eine immer stärkere Aufmerksamkeit. Die Diskussion zur Strukturierung und Entstrukturierung der Gesellschaft wird in zunehmendem Maße unter den Stichworten der Individualisierung, der Pluralisierung der Lebensformen sowie der zurückgehenden Bedeutung sozialer Schichten geführt. In diese Diskussion um die Relevanz von Klassen- und Schichtentheorien und -modellen haben vor allem auch BECK und HRADIL mit ihrer Kritik hinsichtlich des geringen Erklärungswertes klassischer Theorien vor der sich abzeichnenden Individualisierung der Gesellschaft eingegriffen. Diese Kritik beinhaltet stark verkürzt, dass die bisherigen klassischen Lebensläufe in Form der Haushaltszyklustheorie ebenso wie die auf soziodemographischen Daten beruhenden Erklärungsansätze für das Verhalten der Menschen in der heutigen Zeit stark an Erklärungswert verloren haben. Dementsprechend müssen neue Formen zur Erklärung soziologischer Phänomene gefunden werden. Auch in anderen Kontexten sind diese Folgen bereits thematisiert worden. So beschreibt etwa das Konzept des „multioptionalen Konsumenten" von OPASCHOWSKI nichts anderes als die verstärkte Ausrichtung der Lebensabläufe und Konsumgewohnheiten an individuellen Normen und Wertvorstellungen. Nicht mehr die soziale Schicht, das damit verbundian Einkommen oder das Alter bestimmen die Konsumgewohnheiten, sondern vielmehr individuelle Werte. Dies bedeutet, dass je nach Interessenlage des Einzelnen die Konsumausgaben stark variieren können. Dieses Phänomen, das OPASCHOWSKI mit dem Begriff des „multioptionalen Konsumenten" verbindet, lässt klassische soziodemographische Zielgruppenorientierung zum „Stochern im Nebel" werden. Somit bestätigt auch OPASCHOWSKI Veränderungen innerhalb der gesellschaftlichen Rahmenbedingungen und gleichzeitig den Bedarf nach neuen Erklärungsansätzen für das heute vorherrschende Verhalten.

1.3.1.3. Das Lebensstilkonzept

Die Anerkennung des zunehmenden Schwindens des Erklärungswertes klassischer Vorstellungen bezüglich gesellschaftlicher Prozesse sowie der grundsätzliche Konsens über die Individualisierung der Gesellschaft als einen der vorherrschenden Haupttrends führt zu der Frage, welche wissenschaftlichen Ansätze bestehen, die sowohl der Individualisierung Rechnung tragen als auch das Potential innehaben, den Erklärungswert bezüglich der gesellschaftlichen Veränderungen gegenüber den klassischen Schichten-Modellen zu erhöhen. Das seit Beginn der 80'er Jahre in der Diskussion stehende Konzept der Lebensstil- und Milieuforschung gilt als ein vielversprechender Ansatz, um dieses Dilemma aufzulösen.

Der Begriff der Lebensstile geht auf den französischen Strukturalisten BOURDIEU zurück, der eben jenes gesellschaftliche Klassifizierungssystem entwickelt hat, welches sich mehr an der Ästhetik und den Lebensvorstellungen des Einzelnen orientiert denn an dem bis zu diesem Zeitpunkt üblichen Schema der Klassengesellschaft. BOURDIEUS Buch „Die feinen Unterschiede" hatte *„(...) einen derart durchschlagenden Erfolg, dass es zum allgemeinen Vorbild der Forschung über die kulturelle Topologie der Gesellschaft wurde"* (NECKEL 1998, S. 206). Diesem Ansatz folgend haben sich gerade in den 90'er Jahren eine Vielzahl von unterschiedlichen Lebenstiltypologien entwickelt.

Im deutschen Raum hat SCHULZE (1995) mit seiner kultur-soziologischen Arbeit zur Erlebnisgesellschaft in enger Anlehnung an BOURDIEU fünf Milieus der deutschen Gesellschaft identifiziert, welche er durch Alter, Bildung und alltagsästhetische Schemata charakterisiert hat. Neben den zum Großteil theoretisch abgeleiteten Kategorisierungen spielt heute auch der empirische Ansatz – in diesem Zusammenhang sind vor allem die Arbeiten des SINUS-Instituts zu nennen – eine wichtige Rolle.

BECKER und NOWAK unterscheiden zunächst drei Dimensionen, mit denen sie ihre Milieu-Klassifikationen operationalisieren:

* Werteorientierung,
* Alltagsbewusstsein, darunter auch die Kategorie Lebensstil,
* sozialer Status.

Aus diesen soziokulturellen und strukturellen Dimensionen werden die Milieus konstruiert. *„Damit ist festzuhalten, dass Milieus Konstrukte aus dem Spektrum des Werte- und Einstellungsbereichs sowie der sozialen Lage darstellen und nicht allein auf Basis von subjektiven Bewusstseinslagen definiert sind (...). Durch diese zusätzliche Einbeziehung von soziokulturellen Vorraussetzungen sozialen Handelns in die Analyse sollen im Gegensatz zum „lebensfernen Raster" des Schichtenmodells alltagsnahe Klassifikationen mit einer größeren „prognostischen Gültigkeit" erzielt werden"* (KONIETZKA 1995, S. 27).

Den unterschiedlichen Typologien und Definitionen von Lebensstilen entsprechend befindet sich heute eine Vielfalt derartiger Ansätze in der Diskussion. Der zentrale Unterschied liegt dabei meist in dem Verständnis über die den Lebensstil bestimmenden Faktoren: Eine Linie der Lebensstilforschung betrachtet den Lebensstil als Erweiterung der Dimensionen zur Erfassung sozialer Ungleichheit. Sie geht dabei von strukturellen Bedingtheiten, von Handlungen und Handlungsmöglichkeiten aus. Der Lebensstil wird also in direkter Abhängigkeit von sozialstrukturellen Merkmalen gesehen. Dies bedeutet, *„(...) dass Lebensstile als individuelle wiewohl sozial prä-*

formierte und kollektiv geteilte Verarbeitungs- und Aneignungsweisen gesellschaftlicher Lebensumstände aufgefasst werden und insofern eine Kopplung von sozialen Lebensumständen und individuellen Lebensäußerungen unterstellt wird" (KLOCKE 1994, S. 279).

Dieser grundsätzlich noch stark an Bourdieus Ansätzen ausgerichteten Sichtweise trat HRADILS Arbeit von 1987 deutlich entgegen. Diese zweite Strömung innerhalb der Lebensstilforschung legt ein eher handlungstheoretisches Verständnis für die Entwicklung von Lebensstilen zu Grunde. Entsprechend wird der *„Lebensstil als individueller Prozess"* und als *„Dimension manifesten Verhaltens"* (GEORG 1998, S. 102) zunächst unabhängig von Sozialstrukturen gesehen. Entgegen der Annahme BOURDIEUS vertrat HRADIL die Ansicht, dass sich subjektive Lebensweisen zunehmend von objektiven Lebensbedingungen entkoppeln, Lebensführung und -ziel also immer weniger von der ökonomischen Situation und der gesellschaftlichen Stellung bestimmt werden. Lebensweise und Kulturmuster werden stattdessen als das Ergebnis von bewussten Entscheidungen und „Wahlen" betrachtet: *„Auch das Erreichen von Lebenszielen vollzieht sich in Gestalt von Handlungen und nicht etwa automatisch durch die Stellung von Personen in bestimmten Strukturen (wie z.B.: Einkommensgruppen oder Geschlechterrollen)"* (HRADIL 1987, S. 45). HRADIL führt die Auflösung des Zusammenhangs von sozialstruktureller Position und Lebensstil auf die zunehmenden gesellschaftlichen Ausdifferenzierungsprozesse und die mit der Erreichung eines gewissen Wohlstandsniveaus nicht mehr gegebene Vorrangigkeit ökonomischer Lebensziele zurück.

Die exemplarische Anführung einzelner Lebensstilkonzepte etwa von BOURDIEU oder SCHULZE macht deutlich, dass Lebensstile in unterschiedlichster Art und Weise und mit differenzierten Leistungsansprüchen konzeptionalisiert werden können. Da keine einheitliche strukturelle Charakterisierung sowie inhaltliche Ausgestaltung und somit auch kein einheitlicher Verwendungszusammenhang vorliegt, muss fallspezifisch für die jeweilige Arbeit eine passende Operationalisierungsmöglichkeit gefunden werden. Es stellt sich die Frage nach der Auswahl beziehungsweise Gewichtung der Variablen, die zur Konstruktion der Gruppen herangezogen werden sollen. Welche Dimensionen beschreiben einen jeweiligen Lebensstil ausreichend? Wie können derartige Dimensionen erfasst werden?

Diese Punkte können allerdings im Rahmen einer Einführung nicht erschöpfend behandelt werden. Diese Problematik wird allerdings zu gegebenem Zeitpunkt im Rahmen der konkreten Operationalisierung dieser Arbeit in Kapitel 3 nochmals aufgegriffen. An dieser Stelle sei somit nur auf die Notwendigkeit der Integration der soziologischen Studien in die Verkehrsforschung verwiesen. Grundsätzlich bleibt aber festzuhalten, dass eine stringente Konzentration auf einen der unterschiedlichen Ansätze bzw. auf eine der jeweiligen Operationalisierung sehr schwer fällt.

Daher ist es notwendig, aus dem Bündel der unterschiedlichen Ansätze eine Synthese zu entwickeln, die sowohl die Praxisrelevanz sicherstellt als auch den Lebensstilansatz den Bedürfnissen der Mobilitätsforschung annähert.

In der Konsequenz bedeutet dies, die Idee der Konstruktion sozialer Gruppen auf Basis ihrer jeweiligen Wertevorstellungen in den Kontext der Verkehrsforschung zu transferieren und dabei gleichzeitig einen Weg zu finden, die Möglichkeit einer quantitativen empirischen Umsetzbarkeit, wie sie in Umfeld der Verkehrsplanung üblich ist, zu erhalten.

1.3.2 Studien im Grenzbereich der Soziologie und der Mobilitätsforschung

Dieser Ansatz, die Forschung im Überlappungsbereich von Soziologie und Mobilitätsforschung voranzutreiben, findet seine Anfänge bereits in den frühen 70'er Jahren. KUTTER betreibt zu dieser Zeit mit seinem „Individual-Faktoren-Modell" als einer der Ersten eine tatsächliche Verkehrsursachenforschung. Unterschiedlichste Studien, etwa von SINUS (1991), HAUTZINGER (1997), HOLZAPFEL (1999) oder dem ILS (2000), bekräftigen aus Sicht des Autors die grundsätzliche These: Lebensstile beeinflussen das Verkehrsverhalten. Alle genannten Studien enthalten neben den soziodemographischen auch lebenssituative und vor allem auch lebensstiltypische Faktoren, um somit die nötige Realitätsnähe zu gewährleisten (vgl. ZAHL 2001 S. 33). Diese Ergebnisse legen nahe die Erfahrungen der soziologischen Forschung mit in die Mobilitätsforschung einzubeziehen, um auf diesem Wege zu einer zielgruppenorientierten Mobilitätsforschung zu gelangen, die sich deutlich stärker an den heutigen gesellschaftlichen Rahmenbedingungen orientiert.

1.3.3 Studien im Grenzbereich der Soziologie und der Freizeitforschung

Abb. 1: Zielgruppenorientierte Mobilitätsforschung

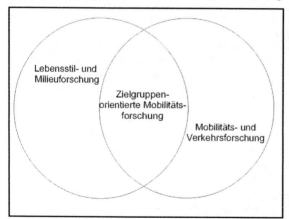

Quelle: Eigene Darstellung nach ZAHL (2001)

In ähnlicher Weise wie im Umfeld der Verkehrsforschung wurden auch im Umfeld der Freizeitforschung erste Versuche unternommen, das Konzept der Lebensstil- und Milieuforschung als Erklärungsansatz für die zu beobachtenden Veränderungen heranzuziehen. Gilt doch gerade der Freizeitsektor als der Bereich, indem sich die gesellschaftlichen Wandlungen, gerade auch die Großtrends „Individualisierung" und „Entstehung von Lebensstilen" besonders gut beobachten lassen. Gerade in der Freizeit gilt es für das Individuum seine Individualität zu beweisen. In dieser den Zwängen der Arbeitswelt entrückten Nische „Freizeit" lassen sich die eigenen Wert- und Normvorstellungen besonders leicht umsetzen.

Die bereits zuvor konstatierte grundsätzliche Zunahme der Freizeit trägt dazu bei dieser Diversifizierung in der Freizeit den notwendigen zeitlichen Freiraum zu schaffen. Vor allem seit Mitte der 80'er Jahre wurden durch unterschiedlichste Studien von FREYER (1995), OPASCHOWSKI (1996) oder auch PETERMANN (1997), lebensstilorientierte Urlaubertypologien entwickelt. Allen Studien gemeinsam ist die grundsätzliche Feststellung, dass das Freizeitverhalten als mehrdimensionaler Komplex zu begreifen ist.

Es „*stellt eine Kombination von Motivationen, Einstellungen, Verhaltensweisen und Erlebensformen dar*", so dass „*für die Zukunft mit einer Differenzierung der Fremdenverkehrsnachfrage nach verschiedenen Lebensstilen gerechnet wird*" (ZAHL 2001, S. 47).

1.3.4 Beiträge der Freizeitforschung

1.3.4.1 Neue Konsumentenwünsche und Angebotsformen im Freizeitsektor

Abb. 2: Zielgruppenorientierte Freizeitforschung

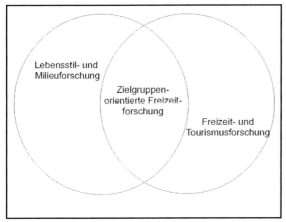

Quelle: Eigene Darstellung nach ZAHL (2001)

Zusätzlich zur Diversifizierung der Nachfragestruktur wurde innerhalb der Freizeitforschung eine deutliche Neuorientierung der Konsumenteninteressen festgestellt. So gelten heute – vor allem auch durch die Vielzahl der BAT-Studien – Begriffe wie „Spaß" und „Erlebnis" als Triebfeder für die Freizeitgestaltung. Diese Begriffe haben sich in den 90'er Jahren quasi zu ubiquitären Schlagworten der Konsumgüter- und Dienstleistungsbranche entwickelt.

Den Hintergrund bildet der angebliche Wunsch der Konsumenten nach Abwechslung und Entertainment. Der Einkauf soll eben nicht allein einen praktischen Zweck erfüllen, sondern sich zum Erlebnis entwickeln. Die heute zur Kategorisierung von Freizeitangeboten beliebten sogenannten „Tainments" sind nur ein äußeres Zeichen der Anpassung der Anbieter an die Konsumentenbegehrlichkeiten, die sich aus der empirischen Bedürfniserforschung ergeben haben. Es werden heute folgende „Tainments" mit ihren jeweiligen Primärzielen unterschieden:

- Happytainment (z.B. Freizeit-, Erlebnis- und Themenparks): Spaß, Erlebniskitzel, Familienunterhaltung,
- Entertainment (z.B. Shows und Musicaltheater): Unterhaltung, Kunstgenuss,
- Edutainment (z.B. Museen, Zoos, Science Center, Planetarien): Vermittlung von Bildungsinhalten,
- Infotainment (z.B. Sportsendungen, Nachrichten-Shows): unterhaltsame Berichterstattung und Information,
- Gastrotainment (z.B. Erlebnisgastronomie und -hotellerie): gastronomische Versorgung, lukullischer Genuss,
- Shopotainment (z.B. Shopping Center, Brandlands): Einkaufen, Beschaffung.

„*Die „Tainments" stellen also die Verknüpfung von Primärnutzen mit dem Sekundärnutzen Unterhaltung dar*" (PROBST 2000, S. 110).

In der derzeitigen Entwicklung wird aber auch klar, dass diese relativ neuen Begriffe bereits durch die Realität überholt werden. Inzwischen werden die unterschiedlichen „Tainments" bereits bunt gemischt, um somit eine weitere Integration der Freizeitbeschäftigungen innerhalb einer Einrichtung zu ermöglichen. Neben dieser immer weiter fortschreitenden Integration der „Tainments" ist ein weiterer Trend klar zu erkennen. Der Trend zur Thematisierung und Inszenierung ist unübersehbar. Der Lebenszyklus von Freizeitanlagen ist immer kürzer geworden und entsprechend härter auch der permanente Wettbewerb, das Angebot unverwechselbar und einmalig zu gestalten, zu „verpacken".

Wie erfolgreich das Instrument der Inszenierung und Thematisierung in den 90'er Jahren eingesetzt wurde, verdeutlicht der Bereich der in den 80'er Jahren primär als „Einrichtungen der Volksgesundheit" eingestuften Hallenbäder. Dieses verstaubte Image konnte überwunden und ein außergewöhnlicher Boom im Bereich der Spaß- und Erlebnisbäder ausgelöst werden. Die Hervorhebung eines klaren Themas und die durchgängige Regie, wie sie in Werbeslogans „Baden wie 1001 Nacht" zum Ausdruck kommen, gepaart mit intensiver Pressearbeit, der Schaffung einer Corporate-Identity, etwa durch die Einführung von Merchandisingprodukten sowie mit der Steigerung des Erlebnischarakters durch Animation, haben beispielsweise das neue Produkt „Freizeit und Erlebnisbäder" geschaffen. Im Umfeld von Freizeiteinrichtungen wird begonnen, alles zu „stylen" und zu formen. Es werden nicht mehr nur Primär- und Sekundärnutzen, sondern auch die „Tainments" miteinander verschmolzen, indem sie unter ein gemeinsames Thema gestellt werden. Die Thematisierung dient somit vor allem als Möglichkeit der Abgrenzung zu anderen Einrichtungen vergleichbarer Größe, um mit verhältnismäßig geringen Investitionen ein abgegrenztes Marktsegment zu schaffen. Beispiel hierfür ist etwa der Ansatz einiger Freizeitparks nachträglich eine Thematisierung innerhalb der Einrichtung einzuführen, um sich auf diesem Weg von der Konkurrenz zu unterscheiden. Dies bedeutet nicht allein eine quantitative Entwicklung der Attraktionen, sondern den Versuch, qualitative Verbesserungen zu verwirklichen.

Der Konsument von heute ist anspruchsvoller, dies bedeutet, dass eine simple Aufrüstung der Attraktionen nicht mehr ausreicht, um langfristig auf dem Markt bestehen zu können. Die Angebote müssen quantitativ wie auch qualitativ einem hohen Standard entsprechen. Sie müssen klar profiliert und dabei multifunktional sein. Dieses letzte der drei großen Schlagwörter der modernen Freizeitindustrie stellt in seinem Zusammenspiel mit Thematisierung und Inszenierung die wohl schwierigste Hürde dar. Moderne Einrichtungen müssen eine möglichst große funktionale Breite offerieren und dabei doch unverwechselbar bleiben. Das Konzept der Multifunktionalität beinhaltet ein hohes internes Kopplungspotential, das es ermöglicht, an einem Ort unterschiedlichste Freizeit- und Konsumbedürfnisse nachzufragen. Einrichtungen, die diesen Spagat erfolgreich meistern, werden inzwischen von einer großen Zahl an Konsumenten nachgefragt. „Mehr Begeisterung als Kritik" (OPA-SCHOWSKI 1998, S. 32) konstatiert in diesem Zusammenhang auch OPASCHOWSKI in seiner Studie zum Urteil der Bevölkerung über derartige Freizeiteinrichtungen. Die von STEINECKE (2000) formulierte Prognose, dass diese Einrichtungen zu den neuen Bühnen des freizeitorientierten Konsums im 21. Jahrhundert würden, ist somit durchaus berechtigt.

1.3.4.2 Freizeitgroßeinrichtungen

„Big is beautiful" so könnte die Entwicklung bei neuen Freizeitanlagen bzw. für aktuelle Planungen für derartige Einrichtungen überschrieben werden. Die Größe der Anlage sagt jedoch grundsätzlich noch nichts über Qualität aus. Neue Freizeitanlagen werden allerdings in der Regel so konzipiert, dass sie dem Besucher ein vielfältiges Angebotsspektrum unter einem Dach bzw. in räumlich hoch konzentrierter Form bieten. Darüber hinaus verändern diese neuen Freizeitgroßeinrichtungen das Gefüge bisheriger Freizeiteinrichtungen grundlegend. Das Angebot reicht von Musical-Theatern, multifunktionalen Großveranstaltungshallen über Multiplex-Kinos, Freizeitparks und Brand-Lands bis hin zu Alpin-Ski-Hallen. Dieses Segment der kommerziell ausgerichteten Freizeitgroßeinrichtungen hat in den letzten Jahren einen deutlichen Zuwachs erfahren. Die Reaktionen in der Öffentlichkeit sind emotionalisiert und zwiespältig: Während sich Stadtplaner, Kulturkritiker und Bildungsbürger zumeist negativ zu diesen Einrichtungen äußern, stimmt das erlebnishungrige Publikum längst mit den Füßen ab: Große Nutzerzahlen sowie hohe Zufriedenheitswerte und Wiederholerraten sind Beweise dafür, dass es sich um nachfragegerechte Angebote für die Freizeitgestaltung handelt (vgl. STEINECKE 2001). Diese Angebote zeigen den Trend zur Differenzierung des Angebots im Freizeitsektor. Alles, was nicht unmittelbar zur Arbeit und zum Broterwerb hinzu zu rechnen ist, soll Unterhaltung bieten.

Die so genannten Erlebniswelten setzen darüber hinaus zunehmend die Standards bei Infrastruktur und Service für öffentliche und private Einrichtungen im Bereich von Kultur und Freizeit. Auch für herkömmliche Museen, zoologische Gärten, etc. werden Multifunktionalität und Erlebnisorientierung zu Leitbegriffen bei Angebotsgestaltung, Werbemaßnahmen und Kundenansprache. Dies schlägt die Brücke zu den bereits seit längerem bestehenden Freizeitgroßeinrichtungen. Einrichtungen dieser Art sind kein neues Phänomen, so entstand der Großteil bundesdeutscher Freizeitparks vor allem in den 70'er Jahren. Auf der Zeitschiene noch weiter zurück, führen uns die klassischen Einrichtungen wie zoologische Gärten oder Museen. Auch diese Einrichtungen fallen durchaus unter den Begriff Freizeitgroßeinrichtungen. Die Besucherzahlen des Zoologischen Gartens München mit etwa 1,5 Millionen Besuchern im Jahr zeigen, dass auch diese klassischen Einrichtungen starken Zulauf haben und somit keinesfalls bei der Betrachtung von Freizeiteinrichtungen außer Acht gelassen werden dürfen, zumal für die Nutzung von Freizeiteinrichtungen gilt: „Der hybride Konsument will „alles". (...) Traditionelle Urlaubsangebote werden durch neue Angebote ergänzt, aber nicht ersetzt." (OPASCHOWSKI ITB, 1999a).

Gemeinsam ist den alten wie den neuen Anlagen ein zwar graduell unterschiedlicher, aber grundsätzlich sehr großer Einzugsbereich. Dieser ist notwendig, um die Einrichtungen wirtschaftlich betreiben zu können. Die Größe bedingt zumeist aber auch eine dezentrale Standortwahl .In Kombination mit den Besucherzahlen und den Einzugsbereichen verursacht dies gerade aus verkehrlicher Sicht einige schwerwiegende Probleme (vgl. hierzu Kapitel. 1.3.6.4).

1.3.5 Studien im Grenzbereich von Freizeit- und Mobilitätsforschung

Diese Freizeitgroßeinrichtungen sind somit nur einer der vielen Ansatzpunkte für Studien im Überlappungsbereich zwischen der Freizeit- und der Mobilitätsforschung. Der Begriff der Freizeitmobilitätsforschung umrahmt seit Mitte der 90'er Jahre dieses Forschungsfeld. Eine Vielzahl von Studien setzt sich – leider mit immer wieder differierenden Schwerpunkten – mit dem Mobilitätsverhalten der Menschen in der Freizeit auseinander. So stellt etwa HAUTZINGER (1997) fest, dass das individuelle Mobilitätsbewusstsein und die grundsätzliche Einstellung zur Mobilität gerade im Freizeitverkehr eine besondere Rolle spielen. ROMEIß-STRACKE verweißt darauf, dass Freizeitmobilität freiwillige Mobilität ist und somit zu einem Großteil als gegeben akzeptiert werden muss. BRUNSING (2000) stellt in seiner Arbeit, wenn auch keine Vermeidungs-, so doch Verlagerungschancen hinsichtlich des Verkehrsaufkommens fest. So konstatiert er fast ein Drittel an wahlfreien Erwachsenen innerhalb der Gesamtbevölkerung, die mittels geeigneter kunden- und erlebnisorientierten Marketingmaßnahmen sehr wohl zu einem Umstieg vom MIV zum ÖPNV motiviert werden könnten. Verkürzt lassen sich die Studien vor allem in dem Sinne verstehen, dass die negativen Nebeneffekte des Freizeitverkehrs abgeschwächt werden sollten. Wie dies gerade im Umfeld des Freizeitverkehrs erfolgen kann, etwa in Form einer grundsätzlichen Verkehrsreduktion oder aber einer Verkehrsverlagerung, bleibt ebenso strittig wie das vorhandene Potential für steuernde Maßnahmen.

1.3.6 Beiträge der Mobilitätsforschung

1.3.6.1 Neue Heterogenität des Verkehrsaufkommens

Abb. 3: Freizeitmobilitätsforschung

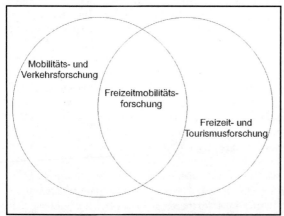

Mobilitäts- und
Verkehrsforschung

Freizeitmobilitäts-
forschung

Freizeit- und
Tourismusforschung

Quelle: Eigene Darstellung nach ZAHL (2001)

Die Verkehrsforschung selbst sieht sich seit Jahren mit den Folgen der Veränderungen der Verkehrsnachfrage durch die Transformation der gesellschaftlichen Rahmenbedingungen konfrontiert. So ergeben sich in jüngerer Vergangenheit immer diffusere Verkehrsnachfragesituationen. Die Individualisierung der Lebens- und Arbeitssituation lässt dem Einzelnen einen sehr viel größeren Spielraum zur Befriedigung seiner Freizeit- und Verkehrsbedürfnisse als früher. Die individuellen Interessen führen zu einer starken Differenzierung der Freizeitinteressen und der Freizeitstandorte. Die Flexibilisierung der Arbeitszeiten tut ihr übriges die zeitliche Heterogenität der Freizeitaktivitäten der Menschen noch zu verstärken.

So bleiben eben heute Kurzreisen nicht mehr nur auf das Wochenende beschränkt, sondern können durch flexiblere Arbeitszeiten auch durchaus innerhalb der Woche realisiert werden. Somit lösen sich auch die bisher üblichen zeitlichen Einordnungen der Kurzreisen vor allem auf verlängerte Wochenenden und die der mehrtägigen Urlaubsreisen auf die Hauptreisezeiten immer mehr auf. Dies führt zu einer zunehmend schwierigen Prognose bezüglich des Reisezeitpunktes und der Reisedauer. Die generelle Zunahme der Reisegeschwindigkeit wiederum macht es schwer, Einzugsbereiche mit möglichen angestrebten Zielorten zu identifizieren. Da die Entscheidung, welche Freizeitorte angefahren werden, zum Großteil eben nicht mehr von der grundsätzlichen Erreichbarkeit abhängt, sondern sehr viel stärker von der Frage, welcher Zeit- und Kostenaufwand für das Erreichen des Freizeitortes aus Sicht des Einzelnen als vertretbar angesehen wird. So ist heute ein Tagestrip, etwa zum Hundeschlittenfahren nach Grönland, aus verkehrlicher Sicht grundsätzlich möglich. Allein die individuelle Entscheidung bezüglich des Verhältnisses aus Kosten und Ertrag stellt somit den limitierenden Faktor dar. Für die Prognose bedeutet dies wiederum eine starke Ausweitung der potentiellen Ziele und somit ein steigende Unschärfe bei der Modellierung der Freizeitstandorte. Diese Abhängigkeit von individuellen Entscheidungen bezüglich der Zielwahl und dem Zeitpunkt der Reise erschwert somit zunehmend die Identifikation von festen Mustern und typischen Abläufen innerhalb des Freizeitverkehrs.

Damit bleibt festzuhalten, dass die gesellschaftliche Individualisierung im Verkehrssektor zu einer zeitlich wie räumlich immer differenzierteren Verkehrsnachfrage führt. Die bereits zuvor beschriebene zunehmende Wichtigkeit der Freizeit, wie sie sich auch in den ständig steigenden Ausgaben im Freizeitsektor zeigt, spielt ebenfalls eine nicht zu unterschätzende Rolle. Diese hohe Wertigkeit der Freizeit bedingt wiederum eine sehr hohe Zahlungsbereitschaft auch für den Faktor „Raumüberwindung in der Freizeit". Die Verkehrsmittelwahl in der Freizeit wird noch stärker als in den übrigen Verkehrszwecken von der Rationalität entkoppelt. Das bedeutet, dass Images und Vorstellungen, die mit einzelnen Verkehrsmitteln verknüpft werden, die Verkehrsmittelwahl sehr stark beeinflussen. Verkehrsmittel werden nicht mehr nur nach rationalen Gesichtspunkten, wie etwa dem praktischen Nutzen betrachtet, sondern auch entsprechend ihres Spaß- und Imagefaktors. So zeigen Studien des BAT-Freizeit-Forschungsinstitutes aus dem Jahr 1995 über die Motive für die Freizeitmobilität, dass vor allem der Erlebnishunger, die „Angst etwas zu verpassen" und „die Sehnsucht etwas Neues zu erleben" die Menschen in der Freizeit zu rastlosen Wanderern macht (vgl. Opaschowski 1998). Auch das Verkehrsmittelwahlverhalten in der Freizeit wird dadurch beeinflusst. Das Image des ÖPNV als langweiliges und unbequemes Verkehrsmittel steht in enger Korrelation zu seiner nur sehr geringen Nutzung in der Freizeit. Der Unterschied wird umso deutlicher, wenn der sehr viel stärker an rationale Elemente orientierte Berufsverkehr als Vergleichsbasis herangezogen wird. So kann der ÖPNV im Umfeld des sehr viel weniger emotional geladenen Entscheidungsprozeßes zur Verkehrsmittelwahl im Berufsverkehr deutlich höhere Nutzerzahlen verbuchen. Die Differenzen im Modal-Split zwischen dem Berufs- und Freizeitverkehr lassen sich durchaus als Messgröße für das negative Image des ÖPNV heranziehen. Mit anderen Worten: Das negative Image des ÖPNV verbannt diesen Verkehrsträger in der Spaß- und Erlebnisgesellschaft in ein Nischendasein, während der mit dem Image von Freiheit und Spaß behaftete MIV einen überragenden Stellenwert einnimmt.

1.3.6.2 Wachstumsbereich Freizeitverkehr

Diese Primatstellung des MIV ist umso bedenklicher, wenn man die Wachstums-
raten im Freizeitverkehr betrachtet. HEINZE und KILL formulieren es so: „*Sorgenkind
der Verkehrspolitik ist das Verkehrswachstum. Dieses Verkehrswachstum ist
Weitenwachstum durch schnellere Verkehrsmittel. Größter Wachstumsbereich im
Verkehr sind die Wunschverkehre in der Freizeit.*" (HEINZE & KILL 1997, S. 11). Die
Ausweitung des Aktionsraums in der Freizeit jedes Einzelnen trägt heute den
Großteil zum Verkehrswachstum bei.

Das Wachstum selbst lässt sich auf Grund der unzureichenden Datenlage nur
schwer beziffern. Das statistische Material, welches der näheren Analyse von Freizeitverkehr in Deutschland dienen kann, erfüllt diesen Zweck nur unzureichend. Die
KONTIV-Erhebung hat bezüglich der erfassten Freizeitwege die gleichen Mängel
wie die darauf basierenden alljährlichen Modellrechnungen des Deutschen Instituts
für Wirtschaftsforschung (Verkehr in Zahlen). „*Freizeit wird als Restgröße definiert,
unter der alles subsumiert wird, was nicht zu Beruf, Ausbildung, Geschäft
/Dienstreise, Einkauf oder Urlaub gezählt wird. Von Verwandtenbesuch über Kultur-
ereignisse bis hin zur Kinderbetreuung oder zum Müll wegbringen ist nach dieser
Definition alles Freizeit. „Freizeit" ist damit ein Sammelbecken verschiedener
Verkehrszwecke geworden, welches genauer „Freizeit und Sonstiges" heißen sollte*"
(LANZENDORF 2001, S. 28).

1.3.6.3 Motive für den Freizeitverkehr

Im Unterschied zur exakten Größe des Freizeitverkehrs sind die Hauptmotive des
Freizeitverkehrs besser dokumentiert. So kommt etwa eine DWIF-Studie von 1995
zu dem Schluss, dass die „Pflege sozialer Kontakte" mehr als ein Viertel aller An-
lässe für den Freizeitverkehr ausmacht. Die Variablen „Erholung" mit 22,3 %,
„Spazierfahrt ins Blaue" mit 10,6 % und schließlich „Besuch von Attraktionen bzw.
Besichtigungen", unter denen auch die Freizeiteinrichtungen subsumiert werden,
mit 9,2 % folgen auf den weiteren Plätzen. Somit erscheint die Rolle von Frei-
zeiteinrichtungen als Teilmenge der nur 9,2 %, die auf die Variable „Besuch von
Attraktionen bzw. Besichtigungen" entfallen, als eher gering (vgl. *DWIF* 1995).
Diese Zahlen suggerieren auf den ersten Blick eine nur geringe Bedeutung von
Freizeiteinrichtungen am Freizeitverkehr. Trotzdem soll im Rahmen dieser Arbeit
aus dem umfassenden Bereich des Freizeitverkehrs gerade das Segment des an
Freizeitgroßeinrichtungen induzierten Verkehrs im Speziellen betrachtet werden.

1.3.6.4 Verkehrliche Relevanz von Freizeitgroßeinrichtungen

Hierfür gibt es vor allem zwei wichtige Gründe:
Zum Einen ist – im Unterschied zu der sonst sehr heterogenen Nachfragesituation
im Freizeitverkehr – speziell das Umfeld dieser Angebote durch die klare Zielorien-
tierung der Besucher gekennzeichnet und stellt somit ein positives Umfeld für ver-
kehrslenkende Maßnahmen dar.

   Zum Anderen ist das durch diese Einrichtungen induzierte Verkehrsaufkommen
deutlich größer als üblicherweise angenommen. Dieser Punkt wird durch die nachfolgenden Erläuterungen kurz verdeutlicht.

Tab. 1: Freizeitverkehrsmotive

Motive	Anteil in %
Pflege sozialer Kontakte	25,8
Erholung	22,3
Spazierfahrt ins Blaue	10,6
Besuch von Attraktionen bzw. Besichtigungen	9,2
....	

Quelle: Eigene Darstellung nach DWIF (1995)

An erster Stelle sind das stetige Wachstum der Zahl derartiger Einrichtungen und somit auch deren Besucherzahlen anzuführen. Darüber hinaus ist auf Grund der großen Zahl derartiger Einrichtungen, die sich bereits in Planung befinden, zumindest mittelfristig kein Ende dieses Trends abzusehen (vgl. WENZEL 1999).

Des Weiteren trägt die monofinale Berücksichtigung der Anlässe für den Freizeitverkehr dem multifunktionalen Charakter heutiger Großeinrichtungen nicht ausreichend Rechnung. Die zuvor angeführten Zahlen aus der DWIF-Studie ergeben ein nur verzerrtes Bild von der Rolle, die derartige Einrichtungen im Freizeitverkehr spielen, da diese Studien ausschließlich nach dem primären Ziel für die jeweilige Aktivität fragen. Der Sachverhalt, dass aber gerade in der Freizeit zumeist verschiedene Anlässe verknüpft werden, wird vernachlässigt. Zwar mag der Schwerpunkt der Aktivität mehr auf dem einen oder anderen Anlass liegen, doch im Grunde macht eine eindeutige Zuordnung auf nur einen Aspekt häufig wenig Sinn.

Freizeitgroßeinrichtungen sind nicht nur Attraktionen, die man zielgerichtet besucht, auch wenn sie in der DWIF-Studie als solche betrachtet werden. Ebenso häufig werden sie dagegen als Treffpunkte genutzt, womit sie auch etwa in der Kategorie „Pflege sozialer Kontakte" ihre Berechtigung haben. Darüber hinaus verfügen sie zumeist über eine großzügige Ausstattung an Gastronomie, womit auch Aktivitäten wie „Essen gehen" oder „Ausgehen" dort verortet werden können.

Dies führt zu einem weiteren Mangel eines Großteils der bisher erstellten Studien. Die Erhebungen beschäftigen sich in der Regel primär mit der Aktivität und weniger mit der Verortung dieser Aktivität. Somit sind sie auch nur bedingt aussagefähig, hinsichtlich der Relevanz unterschiedlicher Freizeitorte, wie etwa die der Freizeitgroßeinrichtungen, angeht.

Genau diese Diskrepanz zwischen Aktivität und Aktivitätsort greift auch ZÄNGLER in seiner Untersuchung über die Zielorte in der Freizeit auf. Mittels eines sehr viel detaillierteren Erhebungsinstruments konnte er über die üblichen Aktivitäten hinaus auch deren Verortung untersuchen. Es ergab sich im Rahmen dieser Studie ein mit 16 % fast doppelt so hoher Wert für die Relevanz von Freizeiteinrichtungen wie in der Studie des DWIF. Dabei ist zusätzlich zu berücksichtigen, dass der Bereich der Gastronomie, der, wie bereits ausgeführt, ebenfalls in kaum einer Freizeitgroßeinrichtung fehlt, einen identisch großen Anteil von 16 % aufweist (vgl. ZÄNGLER 2002). Diese Zahlen geben hinreichend Anlass, die Rolle der Freizeitgroßeinrichtungen hinsichtlich des Freizeitverkehrsaufkommens neu zu bewerten.

Darüber hinaus sollten auch die lokalen Probleme, die durch solche Einrichtungen entstehen, beachtet werden. Nicht allein ihr Anteil am Gesamtverkehrsaufkommen, sondern gerade die durch die hohen Spitzenbelastungen an Wochenenden und Feiertagen an solchen Einrichtungen auftretenden Probleme in Form von Lärm, Schadstoffemissionen und oft kilometerlangen Staus sind zu berücksichtigen. Diese Belastungen in Form eines temporär sehr hohen Verkehrsaufkommens gewinnen weiter an Gewicht, wenn man den sehr großen MIV-Anteil am Modal-Split in die Betrachtung mit einbezieht. So führt eine Studie des ILS (1994) zu Freizeitgroßeinrichtungen einen Anteil des MIV von 85% an. Eine Studie an unterschiedlichen Freizeitparks in der Schweiz von WULLIMANN (1998) weist einen MIV-Anteil von 83 % aus. Eine weitere Untersuchung zu Multiplexkinos aus dem Jahre 2000 von FREITAG (2000) ermittelt einen MIV-Anteil von 82 %. Es fällt auf, dass sich der ermittelte Modal-Split trotz unterschiedlicher Erhebungszeitpunkte und differierender Einrichtungstypen nur wenig unterscheidet. Der Anteil des MIV am Modal-Split liegt in der Regel zwischen 80 % und 85 %. Dieser hohe MIV-Anteil resultiert sicherlich nicht zuletzt aus der MIV-zentrierten Sichtweise der Betreiber der Einrichtungen. Auch die zumeist kostenfreien Großparkplätze, die MIV-orientierte Informationspolitik und besonders auch die häufig dezentrale Lage dieser Einrichtungen mögen hierfür ein Beleg sein.

Das starke Verkehrsaufkommen an Freizeitgroßeinrichtungen mit einem hohen MIV-Anteil zeigt die Dringlichkeit einer fundierten wissenschaftlichen Auseinandersetzung mit eben jenen Einrichtungen.

1.4 Integration der Forschungsansätze

Wie aus den vorhergehenden Kapiteln ersichtlich wurde, besteht im Spannungsfeld zwischen Freizeit-, Verkehrs- und soziologischer Forschung bereits ein beachtlicher Wissensstand. Es zeigte sich jedoch auch, dass sich die Studien in der Regel als einem Forschungsschwerpunkt zugehörig verstehen, nur vereinzelt bestehen auch forschungsbereichsübergreifende Arbeiten. Diese spielen sich dann jedoch nur am Schnittpunkt zweier Disziplinen ab. Obwohl gerade die Integration aller drei verschiedenen Forschungsansätze unter einem Dach anzustreben ist, steckt diese noch in einem sehr frühen Entwicklungsstadium. Erste Arbeiten von LÜCKUNG, LANZENDORF und dem „Institut für sozial-ökologische Studien" (ISOE) gegen Ende der 90'er Jahre stellen die Basis für eine zielgruppenspezifische Freizeitmobilitätsforschung dar, also den Versuch der Integration der Freizeit-, der Mobilitäts- und der soziologischen Forschung. Diesen regional sehr begrenzten Einzelfallstudien soll im Rahmen dieser Arbeit eine umfassende überregionale empirische Erhebung auf Basis eines neuen theoretischen Entscheidungsmodells zur Seite gestellt werden. Gleichzeitig wird die grundsätzliche Eignung des neuen Modells als Prognosewerkzeug für spezielle Bereiche des Freizeitverkehrs belegt und somit die Brücke zwischen dem bisher nur theoretischen Konstrukt der zielgruppenspezifischen Freizeitmobilitätsforschung und der planerischen Praxis geschlagen.

1.5 Fragestellung

Nach dem grundsätzlichen Überblick über die Rahmenbedingungen der Arbeit sollen im Folgenden die Ziele, Arbeits- und Vorgehensweisen im Fokus der Ausführungen stehen.

1.5.1 Ziele

Die grundsätzlich Zielsetzung dieser Arbeit besteht in der Entwicklung eines lebensstilorientierten Ansatzes zur Modellierung des Verkehrsmittelwahlverhaltens an Freizeitgroßeinrichtungen. Zu diesem Zweck wird innerhalb der vorliegenden Arbeit das Ziel verfolgt, Ansätze der Lebensstil- und Milieuforschung für die Mobilitätsforschung und speziell für die Verkehrsmittelwahl nutzbar zu machen und somit zu einer Erneuerung des Gedankengebäudes der Mobilitätsforschung beizutragen. Hierbei steht vor allem die Weiterentwicklung des grundsätzlich deskriptiven Lebensstilansatzes zu einer analytischen Methode im Vordergrund. Auf diese Weise bezieht der Ansatz die subjektiven Dimensionen des Individuums mit ein und eröffnet zusätzlich durch sein akteursorientiertes Vorgehen die Chance, zielgruppenspezifische Strategien und Handlungsoptionen für die Verkehrsmittelwahlbeeinflussung aufzuzeigen. Die Arbeit wird versuchen ‚die Brücke zwischen den unterschiedlichen Verkehrsmittelwahlmodellen und den Ansätzen zur Übertragung der Lebensstilelemente in die Verkehrsplanung zu schlagen. Sie strebt die Integration lebensstilorientierter Ansätze in das Theoriegebäude der Verkehrsmittelwahl an. Über die Entwicklung dieses integrierten Verkehrsmittelwahlmodelles hinaus wird der neu entwickelte Ansatz mit Hilfe einer empirischen Untersuchung im Umfeld der Potentiale von Mobilitätsmanagement im Freizeitverkehr auf seine Tauglichkeit und

Abb. 4: Zielgruppenspezifische Freizeitmobilitätsforschung

Quelle: Eigene Darstellung nach ZAHL *(2001)*

Relevanz in der Praxis getestet werden. An dieser Stelle geht die Arbeit deutlich weiter als ihre Vorläufer. Neben der Entwicklung eines erweiterten Verkehrsmittelwahlmodells und der Entwicklung quantitativer lebensstilorientierter Freizeitverkehrsgruppen soll auch der Beweis der Relevanz dieser Gruppen für das tatsächliche Verkehrsgeschehen an Hand einer umfassenden empirischen Studie erbracht werden und gleichzeitig die Wende des grundsätzlich deskriptiven Lebensstilansatzes zu einer analytischen Methode vollzogen werden.

Die Arbeit wird sich exemplarisch mit der Anwendung des neuen Modells für den Freizeitverkehr auseinander setzen. Dafür sprechen vor allem zwei Punkte: Zum Einen lässt der Freizeitverkehr eine hohe Korrelation zwischen Werten und Vorstellungen des Individuums, wie sie in den Lebensstilansätzen im Mittelpunkt stehen, und dem tatsächlichen Verhalten erwarten, da die Freizeit heute den Bereich innerhalb des gesellschaftlichen Raumes repräsentiert, in dem ein Maximum von Individualität ausgelebt werden kann. Darüber hinaus repräsentiert der Freizeitverkehr den am stärksten wachsenden Bereich innerhalb der Verkehrszwecke. Dieser Faktor hat sich allerdings bisher nur unzureichend in der wissenschaftlichen Forschung widergespiegelt. Die empirische Umsetzung des Modells innerhalb des Freizeitverkehrs legt sein Augenmerk besonders auf die Bedingungen im Umfeld von Freizeitgroßeinrichtungen. Mit Hilfe dieser Umsetzung des Modells soll vor allem die tatsächliche praktische Umsetzbarkeit des Modells und die damit zu erreichende Aussagekraft hinsichtlich der Modellierung des Verkehrsmittelwahlverhaltens verdeutlicht werden. Denkbare Praxisanwendungen des Modells in Form der Ermittlung von Potentialen zur Beeinflussung des Verkehrsmittelwahlverhaltens durch Mobilitätsmanagementmaßnahmen bilden den Abschluss der Arbeit. Dieses Vorgehen fußt auf der Annahme, dass sich innerhalb der Lebensstile, die sich ja primär auf Werte und Normen der Individuen beziehen, auch unterschiedliche verkehrsmittelwahlrelevante Variablen identifizieren lassen, die zu einer Zielgruppenanalyse innerhalb der Nutzer der Freizeiteinrichtungen hinsichtlich ihrer Affinität zu Mobilitätsmanagementmaßnahmen genutzt werden können. Mit anderen Worten: Es werden auf Basis der Freizeit- und Verkehrsinteressen der Bevölkerung sog. Freizeitverkehrsgruppen entwickelt. Jede dieser Gruppen verfügt auf Grund ihrer Verkehrsinteressen über eine spezifische Affinität den einzelnen Verkehrsmitteln gegenüber. Ausgehend von der grundsätzlichen Überlegung, dass unterschiedliche Freizeiteinrichtungen von unterschiedlichen Freizeitverkehrsgruppen entsprechend ihrer Freizeitinteressen selektiv nachgefragt werden, ergibt sich dadurch eine einrichtungsspezifische Zusammensetzung der Freizeitverkehrsgruppen. Die Verteilung der einzelnen Freizeitverkehrsgruppen ermöglicht unter Berücksichtigung der jeweiligen Verkehrsinteressen die Modellierung des Verkehrsmittelwahlverhaltens am jeweiligen Standort. Gleichzeitig macht die Kenntnis über die Verkehrsinteressen der einzelnen Gruppen eine Einschätzung der Potentiale zur Beeinflussung des Verkehrsmittelwahlverhaltens einer jeden Gruppe etwa durch Mobilitätsmanagementmaßnahmen möglich. Somit können auf Basis der Verteilung der einzelnen Gruppen und deren jeweiligen Affinität für Mobilitätsmanagementmaßnahmen unterschiedliche Potentiale für diese Maßnahmen auf Basis der Freizeitverkehrsgruppen ermittelt werden, die dann einen effektiveren Einsatz der Maßnahmen an dafür geeigneten Standorten ermöglichen.

1.5.2 Vorgehensweise der Arbeit:

Im Detail bedeutet diese Zielsetzung die Erfüllung einer Vielzahl von Bedingungen, die an dieser Stelle kurz als Arbeitsaufgaben formuliert werden sollen.

1.5.2.1 Entwicklung eines erweiterten Verkehrsmittelwahlmodells

Um die Weiterentwicklung des deskriptiven Ansatzes der Lebensstilgruppen zu einem tatsächlichen Analysewerkezug im Praxiseinsatz der Verkehrsplanung zu ermöglichen, muss in einem ersten Schritt über die bisherigen Verkehrsmittelwahlmodelle hinaus ein neuer Ansatz entwickelt werden, der die Theorie der Lebensstile als integralen Bestandteil des Verkehrsmittelwahlprozesses begreift. Zu diesem Zweck wird das theoretische Konstrukt der Freizeitverkehrsgruppen entwickelt. Dieses Konstrukt baut auf den Erkenntnissen der Lebensstil- und Milieuforschung auf, indem es aus unterschiedlichen Ansprüchen und Erwartungen an die Freizeit, selbst wie auch das Verkehrsmittel in der Freizeit Gruppen homogener Erwartungen und Wahrnehmungen entwickelt. Diese Gruppen bilden die Basis für das neue Verkehrsmittelwahlmodell. Innerhalb des Modells gilt es, mit klassischen Traditionen zu brechen und dem Stand der Forschung folgend, neuere Erkenntnisse mit einzubeziehen. Konkret bedeutet dies, die Verkehrsmittelwahl als nicht rein rationalen Prozess zu begreifen, sondern viel mehr die Relevanz von individueller Wahrnehmung und Emotionen als integralen Bestandteil des Entscheidungsprozesses zu akzeptieren.

1.5.2.2 Entwicklung von Freizeitverkehrsgruppen

Die Integration des theoretischen Konstrukts der Freizeitverkehrsgruppen in das neue Entscheidungsmodell für die Verkehrsmittelwahl führt zwangsläufig zur Entwicklung von realen Freizeitverkehrsgruppen, die das theoretisch entwickelte Konstrukt mit Leben füllen. Anders als die bisher übliche methodische Praxis, etwa durch das ISOE, werden die Freizeitverkehrsgruppen nicht nach qualitativen und daher nur wenig repräsentativen Methoden, sondern nach quantitativen Methoden entwickelt. Hierfür müssen entsprechend der inhaltlichen Zielsetzung der Arbeit zwei Kategorien von verhaltensrelevanten Variablen erhoben werden. Zum Einen müssen die Interessen der Probanden im Hinblick auf ihre Freizeitinteressen ermittelt werden, zum Anderen gilt es auch, deren Ansprüche an ein Verkehrsmittel in der Freizeit zu erheben. Aus diesen in einer umfassenden regional gestreuten repräsentativen Haushaltsbefragung beschafften Variablen, werden so dann mittels umfassender statistischer Verfahren empirisch fundierte Freizeitverkehrsgruppen entwickelt.

1.5.2.3 Validierung des neuen Verkehrsmittelwahlmodells anhand der empirischen Befunde

Nach der Konstruktion der Freizeitverkehrsgruppen ist die Basis für die Anwendung des zuvor entwickelten Verkehrsmittelwahlmodells gelegt. Unter Zuhilfenahme weiterer empirischer Bausteine, die sowohl an regional wie auch inhaltlich unterschiedlicher Freizeiteinrichtungen erhoben wurden, soll die Praktikabilität ebenso wie die

Plausibilität des neuen Modells belegt werden. Hierfür ist zunächst mit Hilfe des entwickelten theoretischen Modells das Verkehrsmittelwahlverhalten an den in die Untersuchung einbezognen Einrichtungen zu simulieren. So dann kann die Güte des Modells mittels der Gegenüberstellung der Simulation mit dem an den Einrichtungen ermittelten Modal-Split überprüft werden.

1.5.2.4 Anwendung der Freizeitverkehrsgruppen zur Ermittlung von Potentialen für Mobilitätsmanagementmaßnahmen

Nach dem Nachweis der Relevanz der neu entwickelten Freizeitverkehrsgruppen und der Validierung des entwickelten Verkehrsmittelwahlmodells kann die spezifische verkehrliche Wertigkeit der einzelnen Gruppen, das heißt ein spezifisches Gewicht für das Verkehrsaufkommen, auf Basis ihres Aktivitätenmusters ermittelt werden. In enger Verknüpfung zu der jeder Gruppe immanenten Freizeit- und Verkehrsorientierung lassen sich auf diesem Wege Verkehrsminderungspotentiale für jeden Standort auf Basis der Zusammensetzung der Gruppen vor Ort ermitteln.

Die Zusammensetzung der Freizeitverkehrsgruppen repräsentiert somit unter Berücksichtigung der jeweils spezifischen Verkehrsorientierung und Affinität für mögliche das Verkehrsmittelwahlverhalten beeinflussenden Maßnahmen das Potential für Mobilitätsmangementmaßnahmen am jeweiligen Standort.

Diese Ergebnisse können dann zum effizienteren Einsatz von Mobilitätsmanagementmassnahmen in der Praxis insofern beitragen, als sie die Selektion von Standorten erlauben, an denen der Einsatz derartiger Maßnahmen grundsätzlich Erfolg versprechend ist.

2 Verkehrsmittelwahl und deren Modellierung

Die Verkehrsmittelwahl jedes Einzelnen wird durch eine Vielzahl von individuellen Merkmalen beeinflusst. Daher fällt es schwer, eine präzise Vorhersage zu treffen, welcher Verkehrsteilnehmer zu welchem Zeitpunkt welches Verkehrsmittel nutzt. Selbst für den unwahrscheinlichen Fall, dass alle relevanten Daten über die betrachtete Person und den Zweck des Weges vorliegen, sind kaum stichhaltige Prognosen möglich. Gründe dafür finden sich vor allem in den klassischen Prognosetools. Innerhalb dieser werden persönliche Einstellungen kaum berücksichtigt, auch wenn diese schwer messbare Größe häufig den Ausschlag für das tatsächliche Handeln gibt. Daher soll an dieser Stelle zunächst ein genereller Überblick über die Einflußgrößen für das Verkehrsmittelwahlverhalten gegeben werden, bevor auf die Interdependenz dieser unterschiedlichen Faktoren vor allem auch im Hinblick auf die Simulation der Verkehrsmittelwahl eingegangen wird. Diese Interdependenzen ermöglichen so dann den Einstieg in die Betrachtung von Verkehrsmittelwahlmodellen im Besonderen.

2.1 Indikatoren für die Verkehrsmittelwahl

Die Verkehrsmittelwahl differiert aufgrund unterschiedlicher Lebenssituationen und Gewohnheiten stark zwischen den jeweiligen Verkehrsteilnehmern. Neben diesen Faktoren spielen aber auch die Randbedingungen der Fahrt selbst sowie die lokalen Verkehrsbedingungen eine wichtige Rolle. Es lassen sich grundsätzlich drei Einflussgrößen für das Verkehrsmittelwahlverhalten feststellen, die in den folgenden Abschnitten näher dargestellt werden (vgl. KEUCHEL 1994, S. 32).:

- Merkmale der Fahrt
- Sozioökonomische Merkmale der Verkehrsnachfrager
- Merkmale des Verkehrssystems.

2.1.1 Merkmale der Fahrt

Die Merkmale der Fahrt lassen sich durch den Fahrtzweck, die Wegelänge, den Zeitraum der Fahrt, die Zahl der Teilnehmer und die Wegekette bestimmen (vgl. KEUCHEL 1994, S. 32ff). Der Fahrtzweck gibt hierbei an, auf Grund welcher Daseinsgrundfunktion die Fahrt ausgelöst wurde. Die Rolle der Wegelänge wird klar, wenn man sich vor Augen führt, dass Fahrten bis zu einem Kilometer vornehmlich dem nichtmotorisierten Individualverkehr, also Fußgängern und Radfahrern vorbehalten sind. Erst bei größeren Entfernungen zum Zielort steigt der Anteil des motorisierten Verkehrs an. Hierbei spielt mit zunehmender Entfernung der MIV gegenüber dem ÖPNV eine immer stärkere Rolle. Ab Distanzen über 10 Kilometern erreicht der MIV einen dominierenden Anteil am „Modal Split". Auch der Zeitraum der Fahrt wirkt sich stark auf das Verhalten des Verkehrsteilnehmers aus. So stellen die Tageszeit, der Wochentag und die Jahreszeit im Wechselspiel mit dem Fahrtzweck ein entscheidendes Kriterium für den Verkehrsteilnehmer dar. Während werktags der Berufsverkehr eine wesentliche Rolle spielt, ist am Wochenende der Versorgungs- und Freizeitverkehr vorherrschend. Diese unterschiedlichen Fahrtzwecke spiegeln sich auch im „Modal Split" wieder, der sich an den Wochenenden deutlich zugunsten des MIV verschiebt. Dies zeigt, wie stark die Verkehrsmittelwahl des

Individuums zwischen den unterschiedlichen Anlässen Arbeit und Freizeit differieren kann. Die Jahreszeit und die dadurch bedingten Witterungseinflüsse sind ebenso entscheidende Einflussgrößen auf das Verkehrsverhalten. So geht der Anteil des nMIV im Winter deutlich zurück.

Neben diesen Aspekten ist auch die Rolle von Wegeketten für die Verkehrsmittelwahl hervorzuheben. Zwar bestimmt in der Regel der Hauptzweck der Fahrt (z.B. Arbeit) das Verkehrsmittel, dennoch müssen alle Teilwege mit in die Wahl einbezogen werden. Kombinationen von verschiedenen Aktivitäten, z.B. auf dem Arbeitsweg, können die Wahl des Verkehrsmittels stark beeinflussen.

2.1.2 Sozioökonomische Merkmale der Verkehrsnachfrage

Die sozioökonomischen Merkmale müssen unterteilt werden in
• die Merkmale der Einzelperson und in
• die Merkmale des Haushaltes, in der der Verkehrsnachfrager lebt.

Die primären Merkmale der einzelnen Person sind das Alter, das Geschlecht, die Berufstätigkeit, der Pkw-Besitz, eine eventuelle Behinderung und subjektive Einflussfaktoren. Das Verkehrsmittelwahlverhalten lässt sich sehr gut anhand der Altersstruktur aufgliedern. Der Erwerb des Führerscheins im Alter von 18 Jahren stellt einen entscheidenden Einschnitt im mobilen Leben des Verkehrsteilnehmers dar. Der Anteil des MIV nimmt von da an stetig zu, bis dieser in der Altersklasse der 35 bis 45 jährigen den maximalen Anteil erreicht. Erst ab der Altersklasse der über 60 jährigen nimmt desssen Anteil deutlich ab. Beim ÖPNV ist eine genau gegenläufige Tendenz zu erkennen.

Auch die Geschlechterzugehörigkeit ist ein entscheidendes Merkmal. So ist der Motorisierungsgrad bei Männern heute noch immer höher als bei Frauen. Auch soziale Unterschiede wie Ausbildung, und Einkommen wirken sich spürbar auf den Motorisierungsgrad und somit auf die Verkehrsmittelwahl aus.

Ein weiteres entscheidendes Kriterium für die Verkehrsmittelwahl ist die Berufstätigkeit. So ist der Anteil des MIV bei Erwerbstätigen höher als bei Nichterwerbstätigen. Dies betrifft aber nicht nur den Berufsverkehr, sondern auch andere Fahrtzwecke wie etwa den Versorgungs- und Freizeitverkehr. Die Stellung im Beruf wirkt sich weiterhin auf den sozialen Status aus und kann sich über das Merkmal Einkommen auch auf das Verkehrsmittelwahlverhalten auswirken.

Der Pkw-Besitz ist eine grundlegende Einflussgröße auf das Verkehrsmittelwahlverhalten. Mit dem Kauf eines Pkw ist eine langfristige Verkehrsmittelwahl getroffen. Der Besitzer kann jederzeit und wird größtenteils auf den Pkw zurückgreifen Schlagworte wie „Wer einen Pkw besitzt, der nutzt ihn auch" verdeutlichen dies. Dieser Automatismus der PKW-Nutzung kann nur unter sehr spezifischen Sachzwängen, bzw. wenn das konkrete Verkehrsbedürfnis mit einem anderen Verkehrsmittel besser befriedigt werden kann, durchbrochen werden. Dies setzt allerdings die grundsätzliche Bereitschaft voraus, unter bestimmten Rahmenbedingungen auf den Pkw zu verzichten.

Als letzten relevanten Punkt für die Verkehrsmittelwahl bei Einzelpersonen führt KEUCHEL die sog. „subjektiven Einflussfaktoren" an. Diese Faktoren lassen sich nur äußerst schwer messen, sind aber für das Verkehrsverhalten oftmals sehr entscheidend. Persönliche Einstellungen und Erfahrungen, eventuell in Kombination mit

Informationen von Dritten, z.B. über das Image unterschiedlicher Verkehrsmittel, beeinflussen das Verhalten des Verkehrsteilnehmers. Die persönliche Einstellung wird durch das soziale System, durch Wertvorstellungen und gesellschaftliche Normen geformt. Die subjektiven Faktoren der Verkehrsmittelwahl sind schwer zu beeinflussen, aber die wichtigsten, um eine langfristige Veränderung herbeizuführen.

„Grundüberlegung ist hierbei, dass nicht die objektiven Merkmale von Alternativen handlungsrelevant sind, sondern deren subjektive Beurteilung durch das Individuum" (KAGERMEIER 1997, S. 17).

Die Merkmale des Haushaltes sind zweigeteilt:

* Erste Einflussgröße ist die Haushaltsstruktur, wobei diese die Größe, die Zahl und das Alter der zusammenlebenden Personen beinhaltet

* Die zweite Einflussgröße ist die Pkw-Verfügbarkeit innerhalb des Haushaltes. Einpersonenhaushalte und große Haushalte weisen einen geringeren MIV-Anteil am Modal Split auf. Es sind vor allem die Mehrpersonenhaushalte mit 2 bis 4 Personen, die den „Löwenanteil" am MIV stellen. Neben der Anzahl der Haushaltsmitglieder beeinflusst auch das Vorhandensein von Kindern das Mobilitätsverhalten, da Kinder oftmals mit dem Auto zum Kindergarten oder zur Schule gebracht werden und diese Hol- und Bringdienste zum überwiegenden Teil im MIV realisiert werden.

Tab. 2: Vergleich der mittleren täglichen Wegehäufigkeit vollerwerbstätiger Personen in den Jahren 1976 und 1982

		Pkw-Verfügbarkeit					
		keine		bedingte		volle	
Jahr		1976	1982	1976	1982	1976	1982
Zweck	Beruf	1,68	1,76	1,72	1,72	2,07	2,09
	Versorgung	0,49	0,48	0,57	0,57	0,58	0,65
	Freizeit	0,59	0,59	0,77	0,75	0,90	0,90
	Summe	2,76	2,83	3,06	3,04	3,55	3,64

Quelle: Eigene Darstellung nach HAUTZINGER (1996)

Aber auch die Anzahl der Berufstätigen ist in diesem Zusammenhang von Bedeutung. Haushalte mit mehreren Erwerbstätigen haben in der Regel ein höheres Einkommen und können so über mehrere Pkws verfügen. Doppelverdiener haben meist auch längere Wegeketten, da Wege zur Arbeit oft mit Versorgungszwecken kombiniert werden. Somit entsteht ein höheres Mobilitätsbedürfnis, das oft mittels des MIV bewältigt wird. Die Pkw-Verfügbarkeit hat eine wesentliche Bedeutung für die Verkehrsmittelwahl. Man kann zwischen keiner, bedingter und voller Pkw-Verfügbarkeit unterscheiden. Bedingte Pkw-Verfügbarkeit bedeutet, keinen eigenen Pkw zu besitzen, aber in einem Haushalt zu leben, in dem ein Pkw existiert und der nach Absprache zur Verfügung steht. Die Verfügbarkeit ist also von der Anzahl der im Haushalt zur Verfügung stehenden Pkws und deren Aufteilung auf die Haushaltsmitglieder abhängig. Je höher der Grad der Pkw-Verfügbarkeit ist, desto höher ist auch der Anteil des MIV am „Modal-Split". Gerade zwischen bedingter und voller Verfügbarkeit eines Pkws ist eine Veränderung des MIV am Modal Split von etwa

35 % zu ca. 75 % zu erkennen. Darüber hinaus nimmt auch die mittlere tägliche Wegehäufigkeit mit der Pkw-Verfügbarkeit zu, wie sowohl in der Erhebung von 1976 wie auch 1982 zu erkennen ist (vgl. Tab. 2). Wie der Tabelle zu entnehmen ist, sind die berufsbedingten Wege bei den Personen mit voller Pkw-Verfügbarkeit häufiger, als bei Personen mit bedingter Pkw-Verfügbarkeit. Auch die Freizeitwege nehmen mit voller Pkw-Verfügbarkeit zu, wohingegen bei den Versorgungswegen die Unterschiede nicht so stark ausfallen.

2.1.3 Merkmale des Verkehrssystems

Unter den Merkmalen eines Verkehrssystems sind die Kosten für die Verkehrsmittelnutzung, der Zeitbedarf der Verkehrsmittelnutzung sowie Qualitätsfaktoren zu verstehen(vgl. KEUCHEL 1994, S. 48-64).

Die Kosten der Verkehrsmittelnutzung hängen grundsätzlich von dem gewählten Verkehrsmittel ab. Hierbei lassen sich durchaus die Fahrtkosten des Pkw und die Fahrtkosten des ÖPNV gegenüberstellen. Die Kosten des Pkw setzen sich allerdings nicht nur, wie allzu häufig in der Wahrnehmung der Menschen zu beobachten ist, aus den Kosten der einzelnen Fahrt (Benzin und eventuell Abnutzung), sondern zusätzlich auch aus Anschaffungs-, Instandhaltungs-, Betriebs- und verkehrsrisikobedingten Kosten (Unfall) zusammen. Allein der jährliche Zinsverlust durch die Anschaffung eines Autos ist nicht unerheblich. Dazu kommen Steuern, Versicherung und TÜV-Gebühren, die zusätzlich zu Buche schlagen. Diese Kosten spielen aber bei der direkten Verkehrsmittelwahl keine Rolle, da diese durch die Entscheidung, einen Pkw zu kaufen, hingenommen werden. Steht eine Person vor der Wahl, für einen bestimmten Fahrtzweck den Pkw oder den ÖPNV zu wählen, werden in der Regel nur die fahrtabhängigen Kosten, wie Benzinkosten und eventuell Parkgebühren, realisiert. Die Kosten des ÖPNV fallen dann im Vergleich höher aus. Da aber in dem Fahrpreis des ÖPNV sowohl die Anschaffungs-, Betriebs-, Instandhaltungs- und risikobedingten Kosten mit abgedeckt sind, fallen die Opportunitätskosten des ÖPNV-Nutzers geringer aus. So sind die durchschnittlichen Kilometerkosten eines Pkws (rd. 0,32 Euro) etwa zwei- bis viermal so hoch wie im öffentlichen Verkehr (je nach Tarifart zwischen 0,07 und 0,15 Euro) (PRIELWASSER 1997, S.352). Die Erfahrung zeigt, dass ein deutlicher Wechsel des Verkehrsmittelwahlverhaltens durch eine Änderung des Kostenrahmens nur bei sehr drastischen Veränderungen Wirkung zeigen. Trotzdem lassen sich durch unterschiedliche Eingriffe in den Kostenrahmen sehr wohl spezifische Veränderungen erreichen. So konnte etwa durch die Einführung einer Innenstadtmaut in der norwegischen Hauptstadt Oslo eine deutliche Erhöhung des ÖPNV im Zielverkehr erreicht werden.

Der Zeitbedarf für eine Fahrt wird zum Großteil durch das genutzte Verkehrsmittel bzw. die Verkehrsmittelkombination bestimmt. Betrachtet man die Verkehrssysteme Pkw-Einzelfahrer, Mitfahrgemeinschaft, ÖPNV und P+R im Berufsverkehr, so ergibt sich beim Pkw folgendes Grundschema: (vgl. KEUCHEL 1994, S.54)
Hinweg:

• Gehweg von der Wohnung zum Parkplatz
• Fahrzeit mit möglichen Stauzeiten
• Parkplatzsuche
• Gehweg vom Parkplatz zum Aktivitätsort.

Rückweg:
- Gehweg vom Aktitvitätsort zum Parkplatz
- Fahrtzeit mit möglichen Stauungen
- Parkplatzsuche
- Gehweg vom Parkplatz zur Wohnung.

Beim ÖPNV entfällt zwar die Parkplatzsuche, diese wird aber durch den Gehweg von und zur Haltestelle und eventuelle Wartezeiten kompensiert. Je weiter die Haltestelle von der Wohnung oder dem Aktivitätsort entfernt ist, desto länger werden der Weg und die dafür benötigte Zeit. Der Zeitbedarf für den Weg zur Haltestelle kann durch die Nutzung des Fahrrades (B+R) oder des Autos (P+R) verkürzt werden, wobei allerdings vor allem im Falle der PKW-Benutzung die Parksuchzeit berücksichtigt werden muss. Die Fahrzeit mit dem ÖPNV hängt von den Merkmalen des öffentlichen Verkehrssystems ab, der Verkehrsdichte und der Anzahl der Umsteigevorgänge. Aber auch das gewählte ÖPNV-Verkehrsmittel spielt eine Rolle, da S- und U-Bahn während der Verkehrsspitzen einen deutlichen Zeitvorteil gegenüber Bus und Straßenbahn haben.

Die großen Nachteile des ÖPNV hinsichtlich des Zeitfaktors sind die häufig relativ langen Wege zur Haltestelle und die Wartezeiten. Bei annähernd gleicher Reisegeschwindigkeit zwischen ÖPNV und Pkw, ergibt sich beim ÖPNVV, durch die Wegezeit zur Haltestelle, eine deutlich schlechtere Gesamtreisezeit (Prielwasser 1997, S. 348).

Noch wichtiger als der tatsächliche Zeitbedarf einer Fahrt ist aber die Einschätzung der Fahrzeit durch die Verkehrsteilnehmer. Häufig unterscheidet sich diese Einschätzung deutlich von der tatsächlichen Reisezeit. Da schon wenige Minuten zusätzlicher Zeitbedarf die Präferenz für ein Verkehrsmittel beeinflussen kann, hat eine Fehleinschätzung von nur 10 Minuten eine bereits deutliche Auswirkung auf das Verkehrsverhalten. Viele Autofahrer schätzen die Fahrzeiten im ÖPNV deutlich höher ein als diese tatsächlich sind. Gleichzeitig schätzen sie aber auch die Reisezeit im Pkw häufig zu niedrig ein. Auch die Passivität zu der man beim ÖPNV verurteilt ist, führt zu einem verstärkten Zeitempfinden, das sich bei Unpünktlichkeiten noch verstärkt.

Der letzte hier Erwähnung findende Faktor bei der Verkehrsmittelwahl ist der Qualitätsfaktor. Qualitative Merkmale des Verkehrssystems beeinflussen die Verkehrsteilnehmer. So sind die häufigsten Gründe für ein Umsteigen auf den Umweltverbund Parkplatzprobleme und mehr Bequemlichkeit bzw. weniger Stress bei der Fahrt. Im umgekehrten Fall sind es die negativen Qualitätseinschätzungen des ÖPNV (Umsteigen, Wartezeiten, schlechte Verbindung, niedriger Komfort), die Verkehrsteilnehmer zum MIV bewegen. Entsprechend dem jeweiligen Umfeld und dem Zeitpunkt der Fahrt spielt auch die Taktfrequenz im ÖPNV eine wichtige Rolle.

2.2   Stand der Forschung im Bereich des Verkehrsmittelwahlverhaltens

Die im vorherigen Abschnitt dargestellte Vielzahl an Faktoren, die das Verkehrsmittelwahlverhalten beeinflussen, verdeutlicht welch komplexe Zusammenhänge ein Modell zur erfolgreichen Simulation des individuellen Verkehrsmittelwahlverhaltens gerecht werden muss. Trotzdem haben sich Forscher seit den 50er Jahren der Herausforderung der Entwicklung von Verkehrsmittelwahlmodellen gestellt. Eben

diese sehr frühen Modelle haben wesentlich zur Erforschung der vorgestellten verkehrsmittelwahlrelevanten Faktoren beigetragen, da der Anspruch bessere Er-
klärungen für das menschliche Verkehrsverhalten zu ermitteln, dazu geführt hat,
dass die klassischen Modelle durch immer neue Ansätze und Variablen erweitert
wurden. Aus diesem Blickwinkel stellen die heutigen für das Verkehrsmittelwahlverhalten ermittelten Faktoren nichts anderes dar, als das Ergebnis eines kontinuierli-
chen Verbesserungsprozesses der Verkehrsmittelwahlmodelle. Um jedoch die
Struktur und die Wurzeln der einzelnen Faktoren, ihre Vor- und Nachteile sowie ihre
teilweise Widersprüchlichkeit zu verstehen, ist es hilfreich, sich die Entwicklung der
Verkehrsmittelwahlmodelle sowie deren unterschiedliche inhaltliche Strömungen
an dieser Stelle noch einmal bewusst zu machen.

2.2.1 Entwicklung der Verkehrsmittelwahlmodelle

Bereits in den 50er Jahren wurden große Teile der mit unter bis heute geläufigen
Ansätze entwickelt. Hierzu zählt auch die Einteilung von Verkehrsräumen in einzelne Verkehrszellen, auf Basis derer dann auch die ersten Verkehrsnachfragemodelle
generiert wurden. Diese Modelle, die alle auf quantitativen mathematischen Überlegungen beruhen, lassen sich grob in die vier Bereiche der Verkehrserzeugung, der
Verkehrsverteilung, der Verkehrsaufteilung und der Verkehrsumlegung einteilen.
Diese ersten Modelle setzen noch voraus, dass alle relevanten Variablen, die zur
Einspeisung in die unterschiedlichen Rechenmodelle notwendig sind, bekannt, bzw.
messtechnisch zu erfassen sind. Diese Annahmen führen zu einem exakt bere-
chenbaren Verhalten, dass als Konsequenz quasi zwangsläufig das tatsächliche
Verkehrsgeschehen hat. Die jeweilige Person, das Individuum bleibt im Rahmen
dieser Ansätze vollkommen unberücksichtigt.

An diesem Punkt setzten die Modelle der 70er Jahre an, welche sowohl Faktoren
des Verkehrsangebotes als auch der Verkehrsnachfrage analysieren und bezüglich
letzterer sehr viel Individuenbezogener arbeiten als die vorangegangenen Modell-
generationen (vgl. HAUTZINGER 1978). So werden auf der Angebotsseite vor allem
die beiden Qualitätsvariablen Kosten des Verkehrsmittels sowie die Reisezeit der
konkurrierenden Verkehrsmittel mit einbezogen. Auf der Nachfragerseite wiederum
werden jetzt sozioökonomische Merkmale von Individuen erfasst, da davon ausgegangen wird, „daß die objektiven Qualitätsmerkmale der Verkehrsmittel je nach
sozialem und ökonomischen Kontext unterschiedlich wahrgenommen und bewertet
werden" (PEZ 1996, S. 100). Diese Betrachtung erforderte eine sehr viel differen-
ziertere und exaktere Datenbasis wie die bis dahin genutzte amtliche Statistik.
Somit waren umfangreiche Erhebungen vor Ort und aufgrund der zu dieser Zeit
noch rudimentären Datenverarbeitungsmöglichkeiten sehr zeitaufwendige Daten-
aufbereitungs- und -auswertungsarbeiten zu leisten. Dieser Sachverhalt schränkt
den Einsatz derartiger Modelle in der Planungspraxis stark ein, für den methodisch-
theoretischen Hintergrund ist ihre Funktion allerdings keinesfalls zu unterschätzen.
„Die disaggregierte und intensivierte Analyse der Bedingungen auf der Verkehrs-
nachfragerseite stellt so einen wesentlichen Fortschritt gegenüber den ausschließlich auf die Verkehrsmittelverfügbarkeit bezogenen aggreggierten Ansätzen dar"
(vgl. AFHELDT 1974).

Dieses zwar disaggregierte, aber dennoch noch mechanistische Weltbild stieß auf zunehmende Widerstände, bis schließlich Ende der 80er Jahre die zunehmend erstarkenden Geisteswissenschaften in Form von vor allem der Soziologie und der Psychologie neue – in den jeweiligen Disziplinen entwickelte – Ansätze zur Erklärung des menschlichen Verhaltens in die Verkehrsplanung einzuspeisen begannen. Einerseits war dies möglich geworden durch die zunehmenden Schwierigkeiten mit den klassischen Modellen das reale Geschehen zu erklären, anderseits aber auch durch den gesellschaftlichen Wandel, der auch zu einem Wandel des Planungsverständnisses geführt hat (vgl. VERRON 1986, S. 104). Es ging nicht mehr allein darum, die Verkehrsinfrastruktur an das zu erwartende Verkehrsaufkommen anzupassen, wofür die aggregierten Modelle bis heute gute Dienste leisten. Vielmehr galt es, die Folgen bestimmter Maßnahmen auf das Verhalten der Individuen zu identifizieren und auf diesem Weg lenkend in das Verkehrsverhalten einzugreifen. Somit wurde aus dem beliebig auswechselbaren Verkehrsteilnehmer der klassischen Ansätze der Untersuchungsgegenstand der neuen Forschungsansätze. Die Verkehrsplanung hatte mit starker Verzögerung die Individualität des Menschen und auch die Relevanz dieser Individualität für das Verkehrsgeschehen erkannt. Es galt somit zu versuchen, das Entscheidungsverhalten der Verkehrsteilnehmer zu verstehen und zu erklären. Die so entstandenen verhaltenstheoretischen Modelle unterschieden sich durch diesen Perspektivenwechsel doch sehr grundsätzlich von ihren Vorgängern. Die Komplexität menschlichen Verhaltens, die diese Modelle mit unterschiedlichsten Herangehensweisen mit einzubeziehen versuchen, stellen eine deutliche Steigerung der Komplexität der Modelle dar. Dies führte bisweilen zu dem Punkt, dass eine Umsetzung der Modelle in die alltägliche Verkehrsplanung unmöglich erschien.

Auch die durch die gesellschaftlichen Veränderungen entstandenen neuen Ansprüche an die unterschiedlichen Verkehrsmodelle, führen zu einer neuen Komplexität. Der Anspruch, Verhalten zu beeinflussen, wie es heute in mannigfaltiger Art und Weise etwa in Form unterschiedlicher Ansätze des Mobilitätsmanagements erreicht werden soll, setzt ein umfassendes Verständnis aller für das Verkehrsverhalten relevanten Variablen voraus. Darüber hinaus müssen die identifizierten Variablen auch nach ihrer tatsächlichen Relevanz gewichtet werden. Diesem Anspruch kann in der Realität nur sehr schwer nachgekommen werden, was sich auch in der weiteren Entwicklung der Modelle, vor allem zur Erklärung des Verkehrsmittelwahlverhaltens, zeigt. Der Großteil der Modelle greift bestimmte Teilbereiche heraus, um dann aus dieser Perspektive das Verkehrsmittelwahlverhalten zu erklären. Dabei setzt jeder Autor andere Schwerpunkte bzw. ignoriert den einen oder anderen Sachverhalt gänzlich. Dieser Sachverhalt soll in der nachfolgenden kurzen Diskussion der unterschiedlichen Ansätze deutlich werden.

2.2.2   Ansätze und Theorien im Umfeld der Verkehrsmittelwahl

2.2.2.1 Modell der abgestuften Wahlmöglichkeit

Es sei zunächst auf den Ansatz der abgestuften Wahlmöglichkeiten nach Brög eingegangen. Innerhalb des Ansatzes wird nicht „Ex Ante" eine Wahlentscheidung als Grundlage des Verkehrsverhaltens bezüglich der Nutzung von Verkehrsmitteln unterstellt. Vielmehr werden verschiedene Hinderungsgründe berücksichtigt, auf deren Grundlage Verkehrsteilnehmersegmente mit unterschiedlichem Grad an Wahlmöglichkeiten gebildet werden. BRÖG entwickelt ein Stufenmodell, mit dem er die unterschiedliche Verkehrsmittelwahl für die Verkehrsmittelalternativen MIV/ÖV objektiv erklärt. Seine Aussagen beziehen sich nicht ausdrücklich auf den Freizeitverkehr, allerdings lassen sich maßgebliche Faktoren auch auf diesen Bereich übertragen. So gelten die unterschiedlichen Beschränkungen der Wahlmöglichkeiten wie sie im Modell Berücksichtigung finden ebenso im Freizeitverkehr. Zwar mögen die unterschiedlichen Stufen des Modells andere Gewichtungen in ihren Auswirkungen haben, doch im Grunde bleiben sie weitgehend identisch. *„Diese stufenweise Ermittlung von Wahlfreiheit ist für das Verständnis des Auswahlprozesses von Verkehrsmitteln von großer Bedeutung, weil erst auf dem Niveau einer subjektiv erkannten Wahlmöglichkeit zwischen mindestens zwei Alternativen der psychologische Vergleich der Wertigkeit von Verkehrsmitteln beginnt, wie er in den einstellungsorientierten Modellen als Entscheidungsprozeß vorausgesetzt wird"* (PEZ 1998, S. 104). Das Modell von BRÖG liefert am Ende des Stufenmodells eine Restgruppe von Personen, die keinen Zwängen hinsichtlich ihres Verkehrsmittelwahlverhaltens unterliegen. Damit kann deren Verkehrsmittelwahlverhalten nicht mit diesem Modell erklärt werden. Brög liefert auch keine Anhaltspunkte darüber, wie das Verkehrsmittelwahlverhalten dieser als „Wahlfreien" bezeichneten Gruppe tatsächlich aussieht. Zwar ermittelt Brög auf Basis dieses Ansatzes mit Hilfe der bundesdeutschen KONTIV-Daten nur einen Anteil von 17 % an Personen die innerhalb eines städtisch-strukturierten Raumes als wahlfrei zu bezeichnen sind, allerdings beziehen sich diese Aussagen allein auf die Dualität zwischen ÖPNV und MIV. *„In jüngeren Studien, die nicht von ÖPNV-Betrieben oder ÖPNV-Verbänden in Auftrag gegeben wurden, bezieht deshalb Socialdata den nichtmotorisierten Verkehr in die Analysen mit ein, was zur Ermittlung von Wahlfreiheitsgraden bei PKW-Fahrern von 60 % und mehr führt"* (VDV 1991, S. 27).

Desweiteren ist an dieser Stelle der zunehmende Rückgang an individuellen Restriktionen für das Verkehrsmittelwahlverhalten zu konstatieren. Die stark wachsende PKW-Verfügbarkeit in der Bevölkerung sei hier nur als ein Beispiel angeführt. Diese Veränderungen ändern jedoch nichts an der grundsätzlichen Relevanz des Ansatzes, dass zunächst zu prüfen ist, inwieweit ein Verkehrsteilnehmer überhaupt als „wahlfrei" angesehen werden kann, oder ob er nicht durch objektive Sachzwänge oder subjektive Limitierungen in seinem Verhaltensspielraum derart eingeengt ist, dass er in der Realität gar keine Wahlmöglichkeit hat.

Nach diesen leicht zu objektivierenden Gründen geht das Modell der abgestuften Wahlmöglichkeiten zu den stärker auf die jeweilige subjektive Bewertung der realen Verhältnisse abzielenden Gründe ein. Hier wird über die sogenannte „Perzeption" von Strecke, Komfort und Fahrzeit versucht, sich methodisch dem Entscheidungsprozeß der Verkehrsteilnehmer anzunähern. Wichtig in diesem Zusammenhang ist vor allem das Anerkennen von subjektiven Bewertungen für das tatsächliche Handeln der Personen. Die letzte Dimension im BRÖG'schen Modell stellt die sog. „subjektive Disponiertheit" dar. Diese nur wenig operationalisierte Stufe versucht mögliche Einstellungen der Personen mit einzubeziehen, also Gründe, die durch Begriffe wie Image oder Status umrissen werden könnten. Die am Ende verbleibende Gruppe der Wahlfreien wiederum kann durch diese Ansätze nicht erklärt werden. Somit liegt es nahe, an eben jenem Punkt der Wahlfreien bzw. der „subjektiven Dispioniertheit" anzusetzen, um weitere Erklärungsdimensionen einzuführen. Die „subjektive Disponiertheit" wird deshalb mit einbezogen, da diese im Unterschied zu den zuvor genannten Faktoren keine tatsächliche Erklärungsdimension für das Handeln der Personen beinhaltet. Die von BRÖG für die Operationalisierung dieser „subjektiven Disponiertheit" herangezogenen Begrifflichkeiten wie etwa „will nicht", können eben nicht als Grundlage für weitere Analysen, die zum Verständnis des Verkehrsmittelwahlverhaltens dringend nötig sind, genutzt werden.

2.2.2.2 Einstellungsorientierte Ansätze

Die vorhergehenden Erläuterungen zeigen die potentielle Eignung einer Kombination des Ansatzes abgestufter Wahlmöglichkeiten mit einstellungsorientierten Ansätzen zur Erklärung des Verkehrsmittelwahlverhaltens. Der Begriff der subjektiven Disponiertheit liefert den Ansatzpunkt, an dem etwa die Ansätze von HELD weitere Erklärungsdimensionen liefern können. Held hat sich aus sozialwissenschaftlich-ökonomischer Richtung der Problematik des Verkehrsmittelwahlverhaltens angenähert. Der Ansatz von HELD baut im Wesentlichen auf der kognitiven Motivationstheorie von VROOM auf (vgl. VROOM 1964). „Diese Theorie geht davon aus, dass Verhalten zielorientiert ist. Die Motivation wird dabei als Grund für die Intensität und Richtung des zielgerichteten Verhaltens gesehen". „Die zugrundeliegenden Motive werden durch innere und äußere Reize aktiviert" (HELD 1982, S. 135). HELD geht davon aus, „dass das motivierte (Verkehrs)- Verhalten durch eine subjektive Kalkulation von vor- und nachteilhaften Folgen und Randbedingungen bestimmt wird" (HELD 1982, S.148).

Auf Basis dieser Überlegung entwickelt Held im Rahmen einer umfassenden Studie ein Ranking für Motive des Verkehrsmittelwahlverhaltens. Er kommt zu dem Ergebnis, dass die vorrangigsten Zielkategorien die Aspekte Zeit, Bequemlichkeit und Unabhängigkeit betreffen (vgl. HELD 1982, S. 236). Allerdings werden in diesem stark individuell geprägten Modell die äußeren Restriktionen kaum berücksichtigt. Auch erschwert die Vielzahl der ermittelten Motive, sowie deren gegenseitige Einflussnahme eine Übertragbarkeit in die konkrete Praxis. Darüber hinaus stellt HELD auch fest, „(...) dass die Verkehrsmittelwahl keinen direkten Schluss auf Verkehrsmittelnutzungspräferenzen zulassen. So kann beispielsweise der Pkw eine hohe Attraktivität besitzen und dementsprechend eine hohe Präferenz genießen, mangels Pkw-Verfügbarkeit dennoch nicht genutzt werden" (PEZ 1998, S. 107). Der Ansatz der individuellen Motive als Einflussgröße für das Verkehrsmittelwahlverhalten muss aber in jedem Fall beachtet werden.

Einen weiteren Ansatzpunkt liefern BAMBERG & SCHMIDT, in dem sie die Theorie des geplanten Verhaltens (TPV) für das Verkehrsmittelwahlverhalten um den Aspekt des „vergangenen Verhaltens" erweitern. Auch sie sehen die Verhaltensintention als die unmittelbare Vorbedingung des aktuellen Verhaltens an. Je stärker die jeweilige Verhaltensintention einer Person ist, desto höher ist die Wahrscheinlichkeit, dass dieses Verhalten tatsächlich umgesetzt wird. „Die Intention selbst wird durch drei analytisch unabhängige Konzepte determiniert: der Einstellung zu einer Verhaltensoption, der subjektiven Norm und der wahrgenommenen Verhal-

tenskontrolle. Die Einstellung zum Verhalten bildet die zusammenfassende Bewertung der persönlichen Konsequenzen ab, die eine Person mit der Ausführung einer Verhaltensoption (subjektiver Nutzen) verbindet. Die subjektive Norm reflektiert das Ausmaß des wahrgenommenen sozialen Drucks, eine Verhaltensoption auszuführen oder nicht. Die wahrgenommene Verhaltenskontrolle schließlich reflektiert die zusammenfassende Einschätzung der Person, wie einfach oder schwierig die Ausführung einer Verhaltensoption ist (Verhaltenskosten)" (BAMBERG 2004, S. 53).

Abb. 5: Theorie des geplanten Verhaltens (TPV)

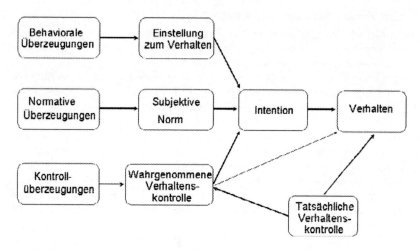

Quelle: Eigene Darstellung nach AJZEN *(1988)*

Abbildung 5 verdeutlicht, dass im Rahmen der TPV die wahrgenommene Verhaltenskontrolle nicht nur als Prädiktor der Intention, sondern auch als Verhaltensprädiktor verwendet wird. Gleichzeitig zeigt AJZEN allerdings, *„(...) dass der Zusammenhang zwischen Verhalten und wahrgenommener Verhaltenskontrolle kein kausaler ist, sondern nur ein korrelativer"* (BAMBERG 2004, S. 53). Die wahrgenommene Verhaltenskontrolle empfiehlt sich nur dann zur Verhaltensvorhersage, wenn sie stark mit der objektiven, tatsächlichen Verhaltenskontrolle korreliert. Darüber hinaus geht die TPV davon aus, *„dass die Einstellung zu einer Verhaltensoption darauf beruht, für wie wahrscheinlich es eine Person hält, dass bei Ausführung einer Verhaltensoption bestimmte Konsequenzen (z.B. mit dem Pkw komme ich schneller und billiger ans Ziel) eintreten, und wie sie diese Konsequenzen bewertet. Strukturell ähnlich beruht die subjektive Norm auf den wahrgenommenen Erwartungen spezifischer Bezugspersonen (z.B. Partner, Freunde) und der Bereitschaft, mit diesen übereinzustimmen. Die wahrgenommene Verhaltenskontrolle wird durch spezifische Kontrollüberzeugungen (z.B. Pkw-Verfügbarkeit oder Fahrplankenntnisse) und deren verhaltenserleichterndes Potenzial determiniert"*(BAMBERG 2004, S. 54).

Über die drei Schlüsselbegriffe der Theorie des geplanten Verhaltens
- Einstellung,
- subjektive Normen und
- wahrgenommene Verhaltenskontrolle

hinaus, führen BAMBERG & SCHMID eben den Aspekt der Verhaltensgewohnheit mit ein. Diese Erweiterung des Modells beruht auf der empirischen Feststellung, dass sich zwischen der Intention und dem Verhalten stets die so genannte „Intentions-Verhaltens-Lücke" auftut. BAMBERG analysiert zunächst systematisch die möglichen Gründe für die Inkonsistenz zwischen Intention und Verhalten. Er entwickelt in diesem Zusammenhang eine einfache Matrix (vgl. Abb. 6) für die möglichen Gründe der Diskrepanz zwischen Verhalten und Intention. BAMBERG stellt fest, es „lassen sich drei Verhaltenstypen unterscheiden: geplantes, impulsives und gewohnheitsmäßiges (habituelles) Verhalten. Eigentlich ist nur im Fall geplanten Verhaltens eine Beziehung zwischen Intention und Verhalten zu erwarten. Für impulsives wie habituelles Verhalten hingegen ist charakteristisch, dass diese Verhaltenstypen ausgeführt werden, ohne dass vorher explizit eine Intention gebildet wurde" (BAMBERG 2004, S 56).

Dies bedeutet, dass die festgestellte „Intentions-Verhaltens-Lücke" und der nur mäßige statistische Erklärungswert der TPV vor allem auf dem impulsiven und dem habituellen Verhalten beruhen. Mit anderen Worten: Eine Theorie, die diese beiden Verhaltensoptionen außer Acht lässt, kann stets nur einen sehr begrenzten Erklärungswert für die Praxis haben. Aus diesem Grund gehen BAMBERG & SCHMID anders als die „Theorie des geplanten Verhaltens" eben nicht von einem stets aufs Neue bewußt ablaufenden Entscheidungsprozeß aus, sondern sie unterstellen, dass das Verkehrsmittelwahlverhalten durch die vielen Wiederholungen fast automatisch abläuft.

Abb. 6: Gründe der Intentions-Verhaltens Inkonsistenztheorie des geplanten Verhaltens (TPV)

		Verhalten	
		Ausgeführt	Nicht Ausgeführt
Berichtete Verhaltens-intention	Ja	KONSISTENZ	INKONSISTENZ - Unrealistische Intention - Schwache oder labile Intention - Intention wird vergessen
	Nein	INKONSISTENZ - Habituelles Verhalten - Impulsives Verhalten	KONSISTENZ

Quelle: Eigene Darstellung nach BAMBERG (2004)

Dies bedeutet, dass nach häufiger Nutzung eines Verkehrsmittels zu einem bestimmten Zweck, etwa in der Freizeit, eine Habitualisierung im Verhalten eintritt. Somit wird keine bewußte Entscheidung für das eine oder andere Verkehrsmittel mehr getroffen. Dies wiederum deutet auf eine gänzliche Entobjektivierung des Wahlverhaltens hin, womit sowohl Restriktionen wie auch individuelle Vorlieben nur noch bedingt einfließen.

2.2.2.3 Ansatz der „rational choice" bzw. „bounded rationality"

Allen bisher vorgestellten Ansätzen liegt im Grundsatz stets ein rationaler Entscheidungsprozeß zu Grunde. Dies bedeutet, dass der Mensch prinzipiell als „Homo Oeconimcus", also ein vollkommen informiertes und gänzlich gewinnoptimierend entscheidendes Individuum, verstanden wird. Nun trifft dieser Ansatz der rationalen Entscheidungsfindung und individuellen Optimierung sicherlich das Wesen des Menschen. Die als Randbedingungen geforderte völlige Kenntnis aller denkbaren Entscheidungsvarianten, sowie der jeweiligen Kosten und Auswirkungen dieser Entscheidungen, erscheint in der heutigen komplexen Welt jedoch geradezu weltfremd. Insbesondere im Umfeld von Verkehrsmodellen und Verkehrsmittelwahlentscheidungen, für die es praktisch keine zugänglichen objektiven Bewertungen bzw. verlässliche Angaben gibt.

So mag die Ermittlung der verschiedenen Preise eines DVD-Players bei unterschiedlichen Anbietern mit einiger Mühe doch zumindest eine ausreichende Markttransparenz ermöglichen, um das optimale Angebot herauszufinden. Um wie viel schwerer fällt es aber, die Kosten verschiedener Verkehrsmittel bzw. Wegalternativen zu ermitteln, zumal hierbei eben nicht ein identisches Produkt zu bewerten ist, sondern gänzlich unterschiedliche verkehrliche Angebote. Darüber hinaus sind unzählige Kombinationsmöglichkeiten sowohl der Verkehrsmittel wie auch der Routen denkbar. Erschwerend kommt hinzu, dass das Angebot der öffentlichen Verkehrsträger zeitlich wie räumlich stark differiert, so dass in Einzelfällen diese Verkehrsmittel gar keine Alternative bieten. Diese Umstände machen selbst für den rein rational und gewinnoptimierenden „Homo oeconimcus" die Verkehrsmittelwahl sehr schwierig. Vor dem Hintergrund, dass die Verkehrsmittelwahlentscheidung eine alltägliche Entscheidung repräsentiert, die keinen allzu großen Zeitaufwand erlaubt, kann sogar von der Unmöglichkeit eines völlig rationalen Entscheidungsprozesses gesprochen werden.

Dies bedeutet, dass eine Einschränkung der Rationalität im Umfeld der Verkehrsmittelwahl zu konstatieren ist. Eben jene Einschränkung der Rationalität führt zu Ansätzen wie etwa der Theorie der „bounded rationality", die auf der grundsätzlichen Kritik am Modell des „Homo Oeconimcus" fußt.

SIMON schreibt hierzu: „The capacity of the human mind for formulating and solving complex problems is very small compared with the size of the problems whose solution is required for objective rational behaviour in the real world" (SIMON 1957, S.198). SIMON geht also grundsätzlich von einem rationalen Entscheidungsprozeß aus, allerdings sieht er den Menschen aus vielerlei Gründen nicht in der Lage, einen völlig objektiven Bewertungsprozess durch zuführen. Er spricht somit von einem eingeschränkt rationalen Verhalten (bounded rationality). Der Mensch ist also bestrebt, trotz der Einschränkungen zu einem effizienten und individuell optimalen

Ergebnis zu gelangen. Um dies zu erreichen, muss er den komplexen Prozess der Lösungsfindung vereinfachen. Hier bieten sich grundsätzlich zwei Möglichkeiten:

Einerseits kann der Betroffene versuchen den Entscheidungsprozess als solches zu verkürzen, indem er auf eine optimale Problemlösung verzichtet und sich stattdessen schon mit einer weniger guten, aber deutlich einfacher zu findenden Alternative zufrieden gibt. Diese Technik zur Vereinfachung gilt als das Anspruchsniveauerfüllungsprinzip. Ein Anspruchsniveau wird dabei als selbst gesetztes normatives Ziel verstanden, an dem Erfolg und Misserfolg einer Handlung gemessen werden. Der vor einer Entscheidung stehende Mensch unterscheidet nur noch zwischen zwei Zuständen einer befriedigenden und einer unbefriedigenden Lösung des Problems. Empfindet der Mensch die Entscheidung als befriedigend, so stellt er die Suche nach weiteren Alternativen ein und begnügt sich mit der Gefundenen.

Die zweite Alternative der Entscheidungsfindung besteht darin die Problemsituation zu vereinfachen und zusätzlich mit Hilfe kognitiver Fähigkeiten durch die Einbeziehung weiterer Informationen eine transparentere Problemstellung zu erlangen. Hierbei kann sowohl auf eigene, wie auch auf fremde Erfahrungen zurückgegriffen werden. Stellt sich ein vergleichbares Problem, wie etwa eine Verkehrsmittelwahlentscheidung, zum wiederholten Male, so kann auf die gewonnenen Erfahrungen zurückgegriffen werden und somit ein weiterer Entscheidungsprozess umgangen werden. Eben an diesem Punkt sind wir wieder bei der Arbeit von BAMBERG & SCHMIDT zur Habitualisierung von Verkehrsmittelwahlentscheidungen angelangt.

2.2.2.4 Habitualisierung/Routinen

Die Habitualisierung im Verkehrsmittelwahlverhalten wie sie BAMBERG & SCHMIDT in ihrer Arbeit belegt haben, ist schon seit geraumer Zeit im Umfeld der Verkehrsplanung bekannt, ohne jedoch bis dahin tatsächlich genauer erfasst worden zu sein. Aus dem Bereich der Verkehrsplanung verwies etwa BECKMANN (1988) auf die entlastende Wirkung von Routinen für den Handelnden. Dieser Sachverhalt, der sich auch aus der Theorie der „bounded rationality" als Lösung für den Zielkonflikt der optimalen Lösung mit dem minimalen Aufwand ergibt, wirkt vor dem Hintergrund, des Zurückgreifen auf früher gewonnen Erfahrungen und damit der Etablierung von Routinen, durchaus plausibel. Auch Wehling verweist „auf die Notwendigkeit der Einbeziehung routinierten Verkehrshandelns" (WEHLING 1998 S. 35 f.), ebenso wie „verschiedene Teilnehmer des BMBF-Workshops zum Themenfeld ‚Mobilität und Verkehr besser verstehen" (HAUTZINGER et al., 1997, S. 26). KLOPSTECH Aussage zum menschlichen Verhalten: „Erfolgreiches Verhalten prägt sich ein und wird aufgrund von Erfahrungen beibehalten" (KLOPSTECH 1994, S.17) gilt ebenso für das Verkehrsmittelwahlverhalten. Die Frage nach der Größenordnung der Routinisierung von Verkehrshandeln ist allerdings bis heute quantitativ kaum aufgearbeitet. Auch die Frage, inwieweit sich unterschiedliche Verkehrszwecke wie etwa in der Freizeit auf den Routinisierungsgrad von Verkehrsmittelwahlprozess auswirken, ist bisher nicht ausreichend geklärt. Lanzendorf verweist zu Recht auf „das typische Defizit der Erforschung von Freizeitmobilität. An die Stelle empirisch belegter Thesen treten prägnante Bilder, die in ihrer Suggestionskraft plausibel erscheinen und sich bei der Heterogenität des Freizeitverkehrs auch für die unterschiedlichsten Behauptungen finden lassen" (LANZENDORF 2001, S. 26). Diese Aussage lässt sich auf die

Einschätzung von HEINZE und KILL *„dass in der Freizeit (..) die Bereitschaft, sich auf vorgeschriebene Fahrzeiten und feste Wegerouten einzulassen, erheblich geringer (ist) als im Berufsverkehr"* (HEINZE & KILL 1997, S. 28) ebenso anwenden, wie auf die Feststellung der selben Autoren, dass *„Freizeitanlässe spontan (seien), d.h. Routinen für die Aktivitätsentscheidung keine wesentliche Rolle spielen"* (HEINZE & KILL 1997, S.28). LANZENDORF setzt diesen Behauptungen im Rahmen seiner Arbeit empirische Befunde entgegen, die *„zeigen, dass Routinen für die Verkehrsmittelentscheidungen in der Freizeit eine überragende Rolle spielen und auch noch für die Aktivitäts- und Zielortentscheidungen von Bedeutung sind"* (vgl. LANZENDORF 2003, S. 90).

2.2.3   Fazit und Folgen für die Verkehrsmittelwahlmodelle der Zukunft

Die jüngere Entwicklung innerhalb der Theorien und Modelle zum Verkehrsmittel-wahlverhalten zeigen, dass die vor allem rationale, technische Sichtweise innerhalb der bestehenden Modelle und Theorien offensichtlich zu kurz greift. Die inhaltliche Auseinandersetzung mit entscheidungstheoretischen Modellen etwa im Rahmen der Soziologie zeigt deutlich das Defizit bisheriger Modelle im Umfeld der Verkehrsplanung allgemein und nicht nur im Bereich der Verkehrsmittelwahl auf. Der Faktor „Mensch" taucht in all diesen Modellen entweder gar nicht oder nur sehr rudimentär auf. Eben diese Einbeziehung des Faktors „Mensch" ist aber dringend notwendig, wenn man der Individualität des Einzelnen Rechnung tragen will. Dieser Schritt verlangt in seiner weiteren Konsequenz auch den Bruch mit dem klassischen Modell des „homo oeconimcus", da an die Stelle der rein objektiven, rationalen, eine auf individuellen Wertevorstellungen und Lebensplanungen beruhende Entscheidung tritt.

Dieser bisher gemiedene Weg wirft selbstverständlich eine Reihe neuer Probleme auf. So lassen sich die klassischen Ursache-Wirkungs-Schemata nur noch sehr bedingt einsetzen, auch die Generalisierbarkeit der Modelle lässt stark nach. So ist es eben nicht ausreichend, die Alterstruktur eines Wohnquartiers als Basis einer Simulation der verkehrlichen Zustände in 20 Jahren heranzuziehen. Es müssen sehr viel feinere Erhebungs- und Auswertungsinstrumente herangezogen werden, die auch nach den jeweiligen Lebensumständen der Menschen fragen. Wie relevant solche Daten sind, haben unterschiedliche Studien bereits gezeigt. Die Ergebnisse dieser Arbeiten führten zwar zu einer grundsätzlichen Anerkennung dieser Faktoren. Allerdings fehlt bis heute der breite Konsens über die Relevanz derartiger Faktoren und viel wichtiger, es fehlt bisher an Ansätzen, die tatsächlich die in der Soziologie und Psychologie erarbeiteten Ergebnisse in die Arbeit der Verkehrsplanung übertragen. Es geht bei dieser Übertragung nicht nur um den Beweis der Übertragbarkeit etwa des Lebenstilkonzeptes in die Verkehrsplanung, sondern um die Anerkennung dieses Konzeptes als dem legitimen Nachfolger der soziodemographischen Erklärungsmodelle und deren Integration in das theoretische Gebäude der Verkehrsplanung. Diese Aufgabe kann sicherlich nicht im Rahmen der vorliegenden Arbeit geschehen, auch wenn sie sich als kleinen Schritt auf diesem Weg versteht. So vermag sie möglicherweise dem wissenschaftlichen Diskussion in diesem Bereich einen weiteren Impuls zu geben.

Die Aufgabe ist klar: Verstärkte Integration des Faktors „Mensch" in das Theoriegebäude der Verkehrsplanung. Nun lassen sich an dieser Stelle sicherlich die unterschiedlichsten Ansätze verfolgen und der hier begangene Weg stellt nur einen unter vielen dar, aber er kann sicherlich als Basis für einen fruchtbaren Diskurs innerhalb der Fachwelt dienen, der die Verkehrsplanung einen Schritt näher an das Ziel der verstärkten Integration von für das menschliche Handeln relevanten individuenbezogenen Faktoren führt.

2.3 Ansätze zu einem neuen Verkehrsmittelwahlmodell

Nach der Darstellung der verkehrsmittelwahlrelevanten Faktoren, sowie der im Umfeld der Verkehrsmittelwahl bisher bestehenden Ansätze, soll im Folgenden die Möglichkeit und gegebenenfalls die Art und Weise der Einbeziehung dieser Aspekte in das neu zu entwickelnde Verkehrsmittelwahlmodell geprüft werden.

2.3.1 Stellung und Einordnung der klassischen verkehrsmittelwahlrelevanten Faktoren innerhalb des Modells

An dieser Stelle sei die Brücke zum Beginn dieses Kapitel geschlagen, welches einen Überblick über die heute identifizierten verkehrsmittelwahlrelevanten Faktoren gegeben hat. Dort wurden die drei grundsätzlichen Kategorien
*   die Merkmale der Fahrt,
*   sozioökonomische Merkmale der Verkehrsnachfrager und
*   Merkmale des Verkehrssystems
bereits vorgestellt. Eben diese Kategorien gilt es in das zu entwickelnde Verkehrsmittelwahlmodell mit einzubeziehen. Hierbei ist stets das Ziel der Integration des Menschen und damit seiner individuellen Wertvorstellungen und seiner Lebenssituation zu berücksichtigen. Dies kann nur dann erfolgreich sein, wenn dem Menschen eine zentrale Bedeutung innerhalb der Theoriebildung zugestanden wird. Daher muss der Mensch den Ausgangspunkt einer jeden Betrachtung darstellen. Somit ist in einem ersten Schritt die Kategorie „Sozioökonomische Merkmale der Verkehrsnachfrager" in das die gesellschaftliche Realität sehr viel besser abbildende Modell der Lebensstile zu überführen. Angesichts der unübersehbaren Vielfalt an verschiedenen Lebensmodellen wird jedoch das Problem einer solchen Betrachtung offensichtlich. Das verdeutlicht wiederum, dass in einem ersten Schritt eine Lösung gefunden werden muss, die einerseits dem Anspruch einer an individuellen Wert- und Moralvorstellungen orientierten Theorie genügt und gleichzeitig einen in der Praxis handhabbaren Erhebungsaufwand garantiert. Jenes Postulat der Praxis erfordert eine aggregierte Betrachtung des Faktors „Mensch".

Dies führt unmittelbar zum Konzept der Lebensstile, da diese grundsätzlich auf den Wertvorstellungen der Individuen fußen, aber gleichzeitig dank der Aggregation der einzelnen Fälle auf eine überschaubare Zahl von Lebensstiltypen bzw. Gruppen auch der Forderungen nach einem in der Praxis handhabbaren Modelle genügen. Somit ist die Ausgangsbasis des Modells in Form von unterschiedlichen, nach dem Konzept der Lebensstile entwickelten Gruppentypen, gelegt.

Das Konzept der Lebensstile ermöglicht auch die Einbeziehung einer Vielzahl von individuellen Parametern. An dieser Stelle ist wiederum auf die Kategorisierung der

Indikatoren zur Verkehrsmittelwahl, speziell den soziodemographischen Faktor zu verweisen. Hier wurde grundsätzlich zwischen der Lebenssituation der einzelnen Person sowie dem Umfeld bzw. dem Haushalt, in dem sich die Person bewegt, unterschieden. Mögliche Indikatoren wären etwa Wohnstandort, Gehalt, Familienstand, usw.

Betrachtet man all die möglichen Indikatoren vor dem Hintergrund der Lebenstiltheorie, so zeigt sich, dass all jene Indikatoren im jeweiligen Lebensstil einer Person ihren Niederschlag finden. Es zeigen sich bei unterschiedlichen Lebensmodellen auch stets bestimmte Strukturen des Lebensumfeldes. Mit anderen Worten: Der Lebensstil beeinflusst Indikatoren wie Familienstand, Wohnstandort oder aber Gehalt nachhaltig mit. Im Rahmen quantitativer Erhebungen sind derartige Zusammenhänge aufgrund ihrer Vielschichtigkeit und Ihrer starken Interdependenz nur schwer zu erfassen, jedoch gibt eine umfassende Anzahl an qualitativen Studien und die schlichte Plausibilität der Interdependenz durchaus Anlass, sich auf derartige Ansätze einzulassen. An dieser Stelle sei auf den Ansatz der „Gentrification" als etabliertes Modell der Stadtforschung verwiesen, das die tatsächliche Beobachtbarkeit von Lebenstilphänomenen innerhalb der Stadtentwicklung belegt hat.

Eben dieses Modell zeigt die starke Verzahnung unterschiedlichster individueller Ausprägungen mit dem tatsächlichen Verhalten. So lassen sich innerhalb der Gruppe des Gentrificationansatzes klare Trends bezüglich unterschiedlichster, individueller Faktoren, wie etwa dem Familienstand, der Einkommenssituation, dem Verkehrsverhalten, dem PKW-Besitz und natürlich der Wohnstandortwahl ausmachen. Dies bedeutet wiederum, dass die Zuordnung eines Individuums zu einem bestimmten Lebensstil auch Rückschlüsse auf unterschiedliche andere Faktoren ermöglicht.

Es ist mit einer hohen Wahrscheinlichkeit von einer Homogenität auch hinsichtlich anderer, an mehreren Probanden innerhalb der Lebensstilgruppe identifizierten Eigenschaften auszugehen, was wiederum qualitative Aussagen über ein sehr viel breiteres Spektrum von Eigenschaften des jeweiligen Individuums ermöglicht. Somit stellt die Einbeziehung des Lebensstilansatzes eine deutliche Erweiterung der ehemals soziodemographischen Betrachtung dar, womit auch die Plausibilität innerhalb der Modelle deutlich gesteigert werden kann.

Neben der Integration des ehemals soziodemographischen Aspektes gilt es auch, die Merkmale der Fahrt zu berücksichtigen. Da im Rahmen dieser Arbeit der Freizeitverkehr im Vordergrund steht, dient eben dieser Bereich zur Veranschaulichung des Modells, was jedoch seine grundsätzliche Übertragbarkeit auch auf anderer Verkehrszwecke nicht einschränkt.

Da praktisch alle planungsrelevanten nachteiligen Faktoren des Freizeitverkehrs ausschließlich auf den motorisierten Verkehr zurückzuführen sind und dieser den überragenden Anteil der Verkehrsleistung repräsentiert, wird an dieser Stelle die Betrachtung allein auf den motorisierten Freizeitverkehr beschränkt.

Der letzte Faktor, „Merkmale des Verkehrssystems" lässt sich im Kontext eines abstrahierten Modells nur sehr schwer als homogener Faktor berücksichtigen, da Faktoren wie ÖPNV- und Erschließungsqualität sehr stark regional und standortspezifisch sind. Hingegen werden Faktoren, wie die Nutzungskosten sehr stark durch die individuelle Wahrnehmung beeinflusst. Zwar unterliegt auch das lokal spezifische Angebot der individuellen Bewertung, jedoch erst in einem zweiten Schritt, zunächst ist das grundsätzliche Angebot zu klären, bevor dieses der individuellen Bewertung ausgesetzt werden kann. Somit wird der Faktor „Merkmale des Verkehrssystems" in zwei Komponenten zerlegt, zum einen in die primär standortabhängigen und zum zweiten in die allein wahrnehmungsabhängigen Faktoren.

2.3.2 Bezüge und Adaptionen bisheriger Theorien innerhalb des zu entwickelnden neuen Modells

An dieser Stelle werden nochmals die Bezüge zur Erläuterung der bestehenden Ansätze zu Beginn des Kapitels gezogen. Dabei vor allem die Aspekte berücksichtigt, die Eingang in das neu zu entwickelnde Modell finden.

2.3.2.1 Bezüge zum „Modell der abgestuften Wahlmöglichkeiten"

Als Kernstück der Theorie von Bróg kann der Begriff der Restriktionen verstanden werden. So definiert er den Verkehrsmittelwahlprozess als Ergebnis eines Filterprozess, der mittels unterschiedlichster Beschränkungen für das jeweilige Individuum eine objektiv nachvollziehbare Verkehrsmittelwahl erbringt. Dieser Ansatz, der von einer durch Restriktionen begrenzten Verkehrsmittelwahlfreiheit ausgeht, ist auch aus Sicht des Autors ein nicht zu vernachlässigender Ansatz, der in dem Modell auf jeden Fall Berücksichtigung finden muss. Das bedeutet: Zu Beginn eines Verkehrsmittelwahlprozesses sind die individuellen Restriktionen hinsichtlich der Verkehrsmittelwahl zu berücksichtigen. Auf die Berücksichtigung der übrigen Restriktionen etwa des Weges wird in der vorliegende Arbeit verzichtet, da aus Sicht des Autors im Umfeld des Freizeitverkehrs, dem Fokus dieser Arbeit, grundsätzlich eine Wahlfreiheit hinsichtlich der Ziele des Weges besteht. So ist die Auswahlmöglichkeit für Standorte möglicher Freizeitaktivitäten sehr viel größer als etwa die für den jeweiligen Arbeitsplatz. Dies bedingt eine sehr viel größere Wahlfreiheit, sowohl der Verkehrsrelation, wie auch der Route. Somit kann die Berücksichtigung der Restriktionen für die Verkehrsmittelwahl auf personenbezogene Eigenschaften, wie Pkw-Verfügbarkeit, beschränkt werden.

2.3.2.2 Bezüge zu den „einstellungsorientierten Ansätzen"

Aus dem Umfeld der einstellungsorientierten Ansätze finden vor allem die beiden Aspekte der individuellen Motive für die Nutzung eines Verkehrsmittels, sowie der Begriff der subjektiven Wahrnehmung Eingang in das neu zu entwickelnde Modell. Die Frage nach den Motiven für die Verkehrsmittelwahl wird innerhalb des Modells in Form der Verkehrserwartungen berücksichtigt. Unter diesem Schlüsselbegriff werden die individuellen Erwartungen an ein Verkehrsmittel, also gewissermaßen die Gründe für die Nutzung eines Verkehrsmittels, verstanden. Diese Gründe korrespondieren wiederum mit dem Schlüsselwort der Motive. Innerhalb der Motive werden zwei Hauptaspekte getrennt betrachtet, zum einen der Bereich Funktionsrelevanz und zum anderen der Bereich Spaßrelevanz. Diese beiden Aspekte geben Einblick in die jeweiligen Motivstrukturen bzw. der jeweiligen Schwerpunktsetzung innerhalb der Motive zur Nutzung eines Verkehrsmittels. Sie können somit zur Erklärung zwar objektiv möglichem, jedoch faktisch nicht umgesetzten Verkehrsmittelwahlverhaltens dienen.

Darüber hinaus fließt auch der Aspekt der subjektiven Wahrnehmung in das Verkehrsmittelwahlmodell ein. Durch die Bewertung der vorhandenen Verkehrsmittelalternativen hinsichtlich ihres Erfüllungsgrades der individuellen Motive wird die bisher zumeist übliche externe Zuordnung spezieller Eigenschaften zu bestimmten Verkehrsmitteln, durch eine, durch das Individuum selbst festgelegte ersetzt. Die daraus entwickelte Verkehrsmittelaffinität beruht somit auf der individuellen Wahrnehmung des Erfüllungsgrades unterschiedlicher Verkehrsmittelalternativen, hinsichtlich der individuellen Verkehrsmittelwahlmotive. Sie stellt somit einen sehr stark individuenbezogenen Erklärungsansatz dar.

2.3.2.3 Bezüge zu den Ansätzen der „rational choice" bzw. „bounded rationality"

Im Unterschied zum Großteil der vorhandenen Verkehrsmittelwahlmodelle, die auf dem Prinzip des „homo oeconomicus" fußen, akzeptiert das zu entwickelnde Modell die Begrenztheit der individuellen Wahrnehmung. Somit sind eben nicht allein die objektiven Eigenschaften der einzelnen Verkehrsmittelalternativen ausschlaggebend für das Verkehrsmittelwahlverhalten, sondern verstärkt auch die subjektive Wahrnehmung der jeweiligen Eigenschaften durch das Individuum. Diese Herangehensweise akzeptiert die nur begrenzte Informiertheit des Einzelnen über alle möglicherweise relevanten Aspekte der einzelnen Verkehrsmittelalternativen und läßt somit dem Individuum auch eine „suboptimale" Lösung offen. Diese bedeutet, dass aufgrund eines Informationsdefizits nicht die mit den jeweiligen Motiven am besten korrespondierende Entscheidung gefällt wird. Das Modell eröffnet somit die Chance, die mögliche Diskrepanz zwischen dem, für das Individuum, auf Basis seiner eigenen Motive, objektiv optimalen Verkehrsmittel und dem durch das Individuum auf Grund einer verzerrten Wahrnehmung als optimal bewerteten Verkehrsmittel, nachzuvollziehen.

2.3.2.4 Bezüge zu dem Aspekt der Habitualisierung bzw. Routinenbildung

Auch wenn der Aspekt der Habitualisierung nicht explizit innerhalb des Modells auftaucht, so wird er doch implizit berücksichtigt. So basiert die Wahrnehmung der Verkehrsmittel auf bereits gemachten individuellen Erfahrungen, durch die spezifische Nutzung, bzw. im seltenen Falle einer bisherigen Nichtnutzung auf dem Image des Verkehrsmittels. Diese Wahrnehmung bildet somit die Basis des weiteren Habitualisierungsprozesses ab. Wird etwa der ÖPNV als sehr viel schlechtere Alternative zum MIV eingeschätzt, so wird er bei der zukünftigen Wahlentscheidung nicht mehr mit einbezogen werden. Dies bedeutet, dass die gruppenspezifische Verkehrsmittelaffinität auch als Habitualisierung zu Gunsten der jeweiligen Verkehrsmittelalternative im eben jenem Verhältnis des Affinitätsmuster interpretiert werden kann. Entsprechend wäre eine sehr starke Ausprägung des Affinitätsmusters zu Gunsten des MIV als eine sehr starke Routinisierung hinsichtlich des MIV zu deuten.

2.3.2.5 Basis zur Entwicklung des neuen Verkehrsmittelwahlmodells

Nach der Aufarbeitung der Relevanz und der Möglichkeit der Integration bestehender Ansätze in das zu entwickelnden Modell, seien an dieser Stelle nochmals die zu berücksichtigenden Aspekte explizit genannt:

- individuelle Restriktionen
- Motive für die Verkehrsmittelnutzung
- Anerkennung der begrenzten Rationalität (Abwendung vom „homo oeconomicus")
- subjektive Wahrnehmung als Basis für die Verkehrsmittelentscheidung
- Habitualisierung.

2.3.3 Vorstellung des Modells

Im Folgenden wird aufbauend auf den zuvor als notwendig identifizierten Aspekten, das für diese Arbeit grundlegende Verkehrsmittelwahlmodell entwickelt. Es werden hierbei das Modell selbst, seine Wirkungsweise und aus dem Modell ableitbare Interventionsmöglichkeiten für das Verkehrsmittelwahlverhalten beschrieben.

2.3.3.1 Das Modell und seine Wirkungsweise

Im vorherigen Abschnitt wurden bereits einzelne Bausteine des Modells angesprochen. Im Nachfolgenden wird das Modell in seinem Ablauf unter Berücksichtigung aller beteiligten Aspekte veranschaulicht. Das Modell besteht grundsätzlich aus mehreren nacheinander geschalteten Filter- und Interdependenzprozessen zwischen der „subjektiven Innenperspektive" des Individuums und der „objektiven Außenperspektive" der Umwelt. Somit wird der starken Interdependenz zwischen der individuellen Entscheidungsfreiheit und den Rahmenbedingungen innerhalb derer sich diese Entscheidungen abspielen Rechnung getragen. Dieser mehrstufige und mehrdimensionale Aufbau ermöglicht eine sehr viel realistischere Sichtweise des Entscheidungsprozesses, als die bisher üblichen Modelle. Dem Anspruch der Arbeit folgend steht zu Beginn des Filterprozesses das Individuum mit seinen Neigungen bezüglich der Freizeitaktivitäten sowie der verkehrlichen Vorstellungen. Diese Aspekte beziehen sich allein auf die „subjektive Innenperspektive" jedes Einzelnen. Entsprechend dieses Erwartungshorizontes werden die Individuen bezüglich dieser beiden Variablen zu so genannten Freizeitverkehrsgruppen zusammengefasst (vgl. hierzu nachfolgendes Kapitel). Eben jene Gruppen treffen – ausgehend von ihrer „subjektiven Innenperspektive" – dann auf eine „objektive Außenwelt", die sich innerhalb des Modells in Form des regionalen Kontextes in dem sie leben sowie der jeweiligen individuellen Restriktionen bezüglich ihrer Verkehrsmittelalternativen manifestiert. Das Ergebnis dieses Prozesses wiederum stellen die gruppenspezifischen Freizeit- bzw. Verkehrserwartungen da. Diese Erwartungen bilden gewissermaßen das Ergebnis der Konfrontation der individuellen subjektiven Neigungen mit den tatsächlich real vorhandenen Alternativen ab.

So kann etwa eine bestimmte Freizeitneigung durch das Fehlen einer entsprechenden Einrichtung abgeschwächt bzw. möglicherweise gänzlich unterdrückt werden, oder aber im umgekehrten Fall vorhandene Infrastruktur mögliche nur schwache Neigungen entsprechend fördern. So mag etwa das großzügige Kulturangebot einer Großstadt möglicherweise das Interesse an derartigen Einrichtungen positiv beeinflussen. Grundsätzlich ähnlich verhält es sich bei den Restriktionen hinsichtlich der verkehrlichen Neigungen. Zwar mag möglicherweise ein starkes Interesse an körperlicher Bewegung zur alltäglichen Fortbewegung vorhanden sein, jedoch stellen gesundheitliche Einschränkungen ein unüberwindliches Hindernis dar. Auch denkbar wäre der Fall, dass eine Proband mit einem Verkehrsmittel zum Beispiel dem Pkw ein Maximum an zeitlicher und räumlicher Flexibilität verbindet, jedoch auf Grund der fehlenden Fahrerlaubnis bzw. dem Fehlen eines Kraftfahrzeug, das angestrebte Handeln nicht umsetzen kann.

Da jedoch die Relevanz der Variablen zur Verkehrmittelwahl grundsätzlich unabhängig von einzelnen Verkehrsmitteln erhoben wurde, müssen mittels eben dieser Variablen auch die jeweiligen Verkehrsmittel bewertet werden, um auf diesem Wege eine gruppenspezifische Verkehrsmittelaffinität entwickeln zu können. Diese dazu notwendige Bewertung erfolgt wiederum aus der „subjektiven Innensicht" der jeweiligen Probanden. Hierbei wird die individuelle Wahrnehmung als die Summe von mehreren unterschiedlichen, jedoch grundsätzlich wahrnehmungsabhängigen Variablen verstanden (vgl. Kapitel 4.1 bzw. 4.2). Im Falle der Freizeiterwartungen werden in ähnlicher Weise aus den Freizeiterwartungen freizeitverkehrsgruppenspezifische Erwartungsprofile für die bevorzugten Freizeitstandorte entwickelt, die sog. Einrichtungsaffinität. Um nun die Häufigkeit der Freizeitverkehrsgruppen an bestimmten Freizeitstandorten abschätzen zu können, müssen die jeweiligen Standorte mit Hilfe der auch zur Konstruktion der Einrichtungsaffinität genutzten Variabeln bewertet werden.

Basis für die Selektivität der Häufigkeit der Gruppen an den jeweiligen Standorten ist also der Abgleich zwischen den Freizeiterwartungen der Freizeitverkehrsgruppen und der inhaltlichen Ausrichtung der jeweiligen Freizeitstandorte, die mittels einer Bewertung der herangezogenen Standorte in das Modell eingespeist wird. Dazu korrespondierend stellt die Verkehrsmittelaffinität das gruppenspezifische Verhältnis zwischen dem Verkehrsmittelalternativpaar ÖPNV und MIV dar. Dieses basiert auf der spezifischen Bewertung der Zielerreichung der Verkehrsorientierung einer jeden Gruppe durch die jeweiligen Verkehrsmittel.

Dies bedeutet, dass die Verkehrsmittelalternativen anhand der für die Konstruktion der Verkehrsorientierung herangezogenen Variablen durch die einzelnen Freizeitverkehrsgruppen bewertet werden. Auf Basis dieser Bewertung der Verkehrsmittel, hinsichtlich der herangezogenen Variablen und der gruppenspezifischen Wichtigkeit einer jeden Variabel, stellt die sog. Verkehrsmittelaffinität eine gruppenspezifische Nutzungswahrscheinlichkeit der Verkehrsmittelalternativen dar.

Ist nun einerseits die Häufigkeit der Gruppen an einem Standort und gleichzeitig eine gruppenspezifische Nutzungswahrscheinlichkeit der Verkehrsmittelalternativen bekannt, so lässt sich aus diesen beiden Größen ein theoretischer Modal-Split am jeweiligen Standort errechnen. Somit entsteht ein für jeden Standort gruppenspezifischer Modal-Split. Wird dieser gruppenspezifische Modal-Split über alle Freizeitverkehrsgruppen aufaddiert, so ergibt sich daraus ein theoretischer Modal-Split für den jeweiligen Standort. Diesem theoretischen Modal-Split liegt allerdings eine zunächst theoretisch postulierte identische Erreichbarkeit durch die beiden Verkehrsmittelalternativen zugrunde, da diese in der Realität allerdings nur sehr selten auftritt, muss diese Verzerrung der Erreichbarkeit zwischen den beiden Verkehrsmittelalternativen innerhalb des Modells berücksichtigt werden.

Dies erfolgt mit Hilfe der Einbeziehung einer standortspezifischen Gesamterreichbarkeit, die das tatsächliche Erreichbarkeitsverhältnis zwischen den beiden Verkehrsträgern abbildet. Das bedeutet, dass der theoretische Modal-Split, der zum

Abb. 7: Struktur des Verkehrsmittelwahlmodells

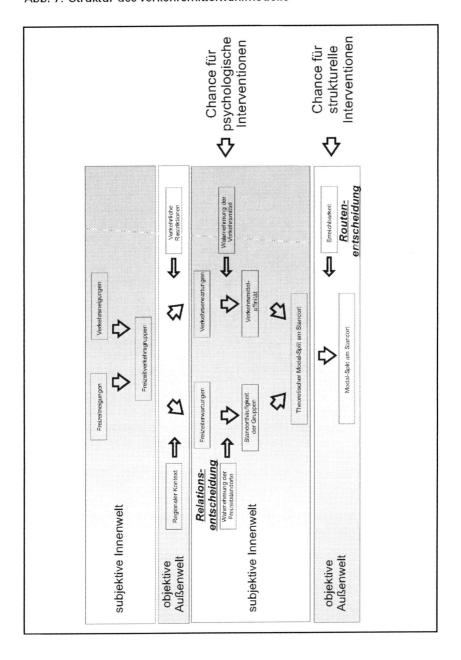

Großteil auf den Wünschen und Vorstellungen der Individuen beruht, nochmals nachdrücklich durch die Verhältnisse der objektiven Außenwelt in Form der spezifischen Erreichbarkeit des Freizeitstandortes relativiert werden und somit zu dem in der realen Welt tatsächlich messbaren Modal-Split am jeweiligen Standort führt. Im Detail bedeutet dies, dass innerhalb des Modells standortabhängige Variablen der „objektiven Außenwelt" in Form der Erreichbarkeit des Standortes schlussendlich über die Art und Weise der Umsetzung der subjektiven gruppenspezifischen Normen und Vorstellungen entscheiden. Wichtig ist hierbei aber vor allem, dass diese objektiven Standortrahmenbedingungen das Ende dieses Entscheidungsprozeßes darstellen.

2.3.3.2 Ansätze für Interventionen hinsichtlich des Verkehrsmittelwahlverhaltens

Wie aus der Abbildung des Verkehrsmittelwahlmodells hervorgeht, besteht innerhalb des Entscheidungsmodells grundsätzlich an zwei Punkten die Möglichkeit zur Beeinflussung des Verkehrsmittelwahlverhaltens. Der erste Ansatzpunkt besteht an der Schnittstelle der individuellen Erwartungen mit der jeweiligen Wahrnehmung. An dieser Stelle ist grundsätzlich eine Beeinflussung der Wahrnehmung der Probanden möglich, die wiederum den weiteren Entscheidungsprozeß nachhaltig beeinflussen kann. Dies sei am Beispiel der Wahrnehmung der Verkehrsmittel erläutert. Gelingt es etwa das Image eines bestimmten Verkehrsmittels in der Wahrnehmung der Menschen entsprechend positiv bzw. negativ zu beeinflussen, so wird sich auch deren Verkehrsmittelaffinität verändern. Die Veränderung der Verkehrsmittelaffinität wird sich sodann auch auf den theoretischen Modal-Split am Standort auswirken und wird – vorausgesetzt es besteht ein adäquates Angebot für das jeweilige Verkehrsmittel – im realen Modal-Split sichtbar werden. Diese Form der Intervention, die primär auf die Einflussnahme auf die Wahrnehmung abzielt, wird im Weiteren als psychologische Intervention bezeichnet. Mögliche denkbare Formen dieser Intervention sind Imagekampagnen, die verstärkte Information zu unterschiedlichsten Bereichen einzelner Verkehrsmittel bieten oder aber auch die Heranführungen an mögliche bisher nicht wahrgenommene oder nicht genutzte Verkehrsmittel. Diese Aufzählung macht deutlich, dass ein Gutteil der so genannten Mobilitätsmanagementmaßnahmen in den Bereich der psychologischen Intervention fällt.

Neben dieser Form einer sehr frühen Einflussnahme in den Entscheidungsprozess der Verkehrsmittelwahl, besteht auch die Möglichkeit in der letzten Phase des Entscheidungsprozesses zu intervenieren, nämlich in Form einer Beeinflussung der Erreichbarkeit des jeweiligen Standortes mittels „struktureller Intervention". Dies bedeutet: Die Erreichbarkeit einer Einrichtung bzw. Standortes wird direkt mittels baulicher oder finanzieller Eingriffe zu Gunsten bzw. Ungunsten eines bestimmten Verkehrsmittels verändert. Vorstellbar sind hier etwa bauliche Maßnahmen in Form der Errichtung ein gut ausgestatten Haltestelle für den ÖPNV, bzw. die Schaffung von Parkflächen für den MIV. An finanziellen Eingriffen sind etwa die Schaffung von vergünstigten Kombiticket-Angeboten im Hinblick auf den ÖPNV, bzw. die mögliche Bewirtschaftung von Parkflächen für den MIV denkbar. Derartige Maßnahmen greifen jedoch erst zu einem sehr späten Zeitpunkt in den Entscheidungsprozess der Verkehrsmittelwahl ein und führen durch ihren meist restriktiven Charakter in der Regel eher zu einer erzwungen, denn zu einer nachhaltig bewussten und durch das

Individuum getragene Verhaltensänderung. Die Gefahr für den Rückfall in frühere Verhaltensmuster ist hier also sehr groß.

Dies bildet den Hauptunterschied zu den psychologischen Interventionen. Diese setzen an der eigentlichen Wurzel des Entscheidungsprozeßes, nämlich in der subjektiven Innenwelt der Menschen an. Diese Veränderungen sind sehr viel schwerer realisierbar und sind häufig nicht in einem kurzfristigen Zeitintervall umzusetzen, dafür sind sie in der Regel bei weitem nicht so teuer und häufig auch sehr viel nachhaltiger. An dieser Stelle ist aber auch klar auf die Notwendigkeit der engen Verzahnung dieser beiden Interventionsformen hinzuweisen. So macht eine psychologische Intervention nur bei einer entsprechenden Mindestattraktivität des jeweiligen Verkehrsmittels Sinn, die wiederum eine infrastrukturelle Mindestausstattung erfordert. Anderseits lassen sich durch strukturelle Maßnahmen auch psychologische Interventionen unterstützen, so fällt die Vermittlung der Attraktivität eines Verkehrsmittels bei gleichzeitiger Angebotsweiterentwicklung sehr viel leichter. In diesem Sinne ließe sich mittels struktureller Intervention auch im Umfeld der individuellen Restriktionen ansetzen. Wird etwa von kommunaler Seite, wie zum Beispiel in der dänischen Hauptstadt Kopenhagen, ein Gratis-Angebot an Fahrrädern innerhalb der Stadt vorgehalten, werden automatisch alle Personen innerhalb der Stadt zu potentiellen Fahrradnutzern. Die Möglichkeit, das Fahrrad als Verkehrsmittel zu nutzen, wird dabei vom Besitz eines eben solchen entkoppelt. Somit können auch die individuellen, potentiellen Verkehrsmittelalternativen von planerischer Seite beeinflusst werden. Grundsätzlich ist der Weg der strukturellen Intervention innerhalb der Verkehrsplanung der bisher klassische Weg zur Beeinflussung des Verkehrsmittelwahlverhaltens. Der Bereich der psychologischen Intervention wurde demgegenüber bisher kaum beachtet. Die Beeinflussung des Verkehrsmittelwahlverhaltens blieb zu meist auf dem Niveau der strukturellen Intervention innerhalb der objektiven Außenwelt stehen.

Darüber hinaus besteht auch eine weitere bisher praktisch nicht zur Anwendung gebrachte Möglichkeit der psychologischen Intervention. Nämlich die Möglichkeit mittels verstärkter öffentlicher Diskussion zu einer stärkeren individuellen Auseinandersetzung mit dem eigenen Verkehrsmittelwahlverhalten, ja möglicherweise zu einer „individuellen Planung des Handelns" anzuhalten. Wie unterschiedliche Studien von Bamberg belegen, wird durch die verstärkte Planung des individuellen Handelns die Macht der Routinen gebrochen und somit in der Regel eine bessere – im Sinne einer objektiveren – Verkehrsmittelwahlentscheidung getroffen. So konnten GÄRLING & GILLHOLM im Rahmen eines Experiments mit 78 schwedischen Familien eine statistisch klar signifikante Reduktion der PKW-Nutzung bei entsprechender vorheriger Planung der Verkehrsbedürfnisse konstatieren (vgl. GÄRLING & GILLHOLM 1998). Dies bedeutet die Schaffung eines öffentlichen Bewusstseins hinsichtlich der Chancen, etwa in Form finanzieller Einsparungen durch die verringerte Pkw-Nutzung, die durch eine bewusste Verkehrsmittelwahl bestehen, kann ebenfalls ein starker Einfluss auf das Verkehrsmittelwahlverhalten im Ganzen ausgeübt werden. So dass an dieser Stelle nachdrücklich, einerseits eine enge Verzahnung der beiden Interventionsformen und anderseits auch die Nutzung weiterer im Umfeld der psychologischen Intervention vorhandenen Potentialen gefordert werden muß, sofern eine nachdrückliche und nachhaltige Beeinflussung des Verkehrsmittelwahlverhaltens erreicht werden soll.

Somit bleibt hinsichtlich der Möglichkeiten zur Intervention auf das Verkehrsmittelwahlverhalten festzustellen, dass grundsätzlich zwei Interventionsmöglichkeiten bestehen, zum einen auf der strukturellen und zum anderen auf der psychologischen Ebene. Die bisher übliche strukturelle Intervention muss durch Maßnahmen der psychologischen Intervention unterstützt werden. Hier bei gilt es, neben bereits, vor allem im Umfeld der Mobilitätsmanagementmaßnahmen angesiedelten, Strategien, der verstärkten Information und Kommunikation auch neue Wege, etwa im Sinne einer stärkeren Bewusstseinsbildung zur Objektivierung von individuellen Entscheidungsprozessen, zu beschreiten.

2.3.4 Die Stellung und Einordnung einzelner Fragmente zur Verkehrsmittelwahlerklärung (Adaption anderer Modelle)

2.3.4.1 Schlüsselaspekte innerhalb des neuen Modells

Die in Abschnitt 2.2.3 konstatierten Defizite bisheriger Verkehrsmittelwahlmodelle und der innerhalb des vorgestellten Modells entwickelter Lösungsansatz sollen im folgenden Abschnitt nochmals kurz reflektiert werden. Die bestehenden Modelle sind in der Summe zu stark auf einzelne verkehrsmittelwahlrelevante Aspekte konzentriert. Sie alle liefern hilfreiche Ansätze, jedoch lassen sie eine umfassende Gesamtkonzeption vermissen. Darüber hinaus fehlt ihnen ein umfassendes theoretisches Modell, das die durch die Autoren jeweils genutzte Operationalisierung nachvollziehbar macht und damit die Einordnung der empirischen Befunde in einen übergeordneten Kontext erlaubt. Eben diesem Sachverhalt soll mit vorliegendem Modell Rechnung getragen werden.

Das im Rahmen dieser Arbeit entwickelte Modell ermöglicht auf Basis von Freizeitverkehrsgruppen dezidierte Vorhersagen zum Verkehrsmittelwahlverhalten. Die offene Struktur des Modells ermöglicht die Berücksichtigung von möglichen Veränderungen einzelner Parameter etwa im Umfeld der Erreichbarkeit und somit auch die Entwicklung von Prognosen bei geänderten Rahmenbedingungen. Die grundsätzliche Einbeziehung unterschiedlicher regionaler Kontexte ermöglicht darüber hinaus die Einbeziehung der regionalen Erklärungsdimension in das Modell, was deren Genauigkeit im Hinblick auf Prognosen noch deutlich verbessern helfen kann. Die zuvor identifizierten vier Schlüsselbegriffe

•   Wahrnehmung,
•   Restriktionen,
•   Habitualisierung und
•   Rationalität

finden in keinem der bisherigen Modelle eine gleichberechtigte, hinreichende Berücksichtigung. Im Unterschied dazu wird im vorliegenden Modell jede der Dimensionen in ihrer Relevanz für den Gesamtentscheidungsprozess hinreichend gewürdigt.

So stellt die Wahrnehmung der unterschiedlichen Verkehrsmittel durch das Individuum den zentralen Faktor für die Verkehrsmittelaffinität und somit auch für die theoretische Verkehrsmittelwahl dar.

Daneben fungieren die individuellen Restriktionen im Umfeld der Verkehrsorientierung also etwa die PKW-Verfügbarkeit als Filter zwischen den grundsätzlich möglichen und den durch das Individuum tatsächlich nutzbaren Verkehrsmittelalternativen.

Die Routinisierung wird implizit über die Verkehrsmittelaffinität berücksichtigt. So repräsentiert eben dieser Faktor die Basis einer jeden Routine, nämlich die individuellen Einschätzungen einzelner Verkehrsmittel und damit die unterschiedlich starke Wertschätzung einzelner Alternativen. Diese individuelle Wahrnehmung stellt sodann den für die Verkehrsmittelwahlentscheidung und in einem weiteren für die Routinisierung verantwortlichen Faktor dar. Die Verkehrsmittelaffinität jeder Gruppe ist in diesem Sinne ein Maß für die Routinisierung der Individuen innerhalb einer Gruppe zu Gunsten des MIV bzw. des ÖPNV.

Die Einbeziehung der Wahrnehmung der einzelnen Verkehrsmittel illustriert die Einbeziehung der „bounded rationality" in das Modell, nicht etwa das tatsächliche Angebot der einzelnen Verkehrsträger, sondern eben das wahrgenommene Angebot stellen die Basis für den weiteren Entscheidungsprozess dar.

2.3.4.2 Rolle der Freizeitverkehrsgruppen innerhalb des Modells

Das Konstrukt der gruppenspezifischen Wahrnehmung bezüglich der Verkehrsmittel steht ebenso in enger Verbindung zu den Freizeitverkehrsgruppen wie auch die daraus abgeleitete Verkehrsmittelaffinität. Auch die Einrichtungsaffinität sowie die Außenorientierung werden direkt aus den Eigenschaften der jeweiligen Freizeitverkehrsgruppen entwickelt. Somit ergibt sich das tatsächliche Handeln aus den allein von den Freizeitverkehrsgruppen abhängigen theoretischen Entscheidungen und der Konfrontation eben dieser mit der realen Umwelt in Form der Erreichbarkeit und den Eigenschaften des betrachteten Freizeitstandortes. An dieser Stelle wird auch klar, welches Gewicht den Freizeitverkehrsgruppen und somit der Individualität des Individuums innerhalb des Modells eingeräumt wird. Die Freizeitverkehrsgruppen bestimmen maßgeblich die nachfolgenden Faktoren mit:

- die Freizeitstandortwahl über die jeweiligen Freizeitinteressen,
- einen großen Anteil der inneren Restriktionen
- die Wahrnehmung der Verkehrsmittel.

Somit ist an dieser Stelle das erste Ziel des weiteren Vorgehens festgelegt, nämlich die empirische Umsetzung des theoretischen Konstrukts der „Freizeitverkehrsgruppen". Erst die erfolgreiche Umsetzung dieses Konstrukts erlaubt die weiter empirische Auseinandersetzung mit dem entwickelten Konzept.

3 Freizeitverkehrsgruppen

Das nachfolgende Kapitel dient der Konstruktion, der für das zuvor entwickelte Verkehrsmittelwahlmodell unerlässlichen Freizeitverkehrsgruppen. Dieses Konstrukt der Freizeitverkehrsgruppen basiert auf einer lebensstilbasierten Gliederung von Personen auf Basis ihrer Freizeit- und Verkehrserwartungen.

3.1 Methodisches Vorgehen zur Entwicklung der Freizeitverkehrsgruppen

Bevor auf das konkrete Vorgehen bei der Entwicklung der Gruppen eingegangen wird, sollen an dieser Stelle zunächst die für die Konstruktion notwendigen methodischen Grundlagen vorgestellt werden.

3.1.1 Ermittlung der für die Konstruktion der Freizeitverkehrsgruppen relevanten Variablen

In einem ersten Schritt sind die für die Konstruktion zu berücksichtigenden Variablen zu ermitteln.

3.1.1.1 Variablen zur Ermittlung der Verkehrsmittelwahl

Wie in Kapitel 2 ausgeführt, gibt es eine Vielzahl von Faktoren, welche die Verkehrsmittelwahl mitbestimmen. Wie unterschiedlich die Relevanz dieser Faktoren bzw. deren interne Korrelation in der Fachwelt bewertet wird, kann aus der Vielzahl von Arbeiten mit den unterschiedlichsten Operationalisierungen zum Themenkomplex Verkehrsmittelwahlverhalten ersehen werden. Welche Faktoren in den beschriebenen neueren Modellen Berücksichtigung finden bzw. vernachlässigt werden, ist von Autor zu Autor unterschiedlich. Es lässt sich jedoch gerade bei den empirischen Arbeiten in den letzten Jahren eine zunehmende Übereinstimmung bei der Auswahl der Faktoren erkennen. Eben mit diesem Problem sah sich auch PEZ im Rahmen seiner Arbeit „*Verkehrsmittelwahl im Stadtbereich und ihre Beeinflussbarkeit*"konfrontiert. Er sammelte „*zunächst aus der Literatur sowie den Experteninterviews alle Nennungen*" (PEZ 1998, S. 138). PEZ extrahierte auf diesem Weg 23 verschiedene Determinanten der Verkehrsmittelwahl, wobei er bewusst die volkswirtschaftlich orientierten Faktoren, wie beispielsweise das Kriterium der Massenleistungsfähigkeit, nicht und stattdessen nur die einstellungsorientierten Faktoren berücksichtigte. Da die Anzahl der Faktoren für einen Fragebogen zu umfangreich erschien, ermittelte er anhand einer Vorerhebung die unterschiedlich große Relevanz der einstellungsorientierten Parameter. „*Die Vorbefragung erbrachte bei nur sehr geringen soziodemographischen Differenzen eine Vierstufigkeit der Faktorenbedeutung*" (PEZ 1998, S.140). An dieser Stelle seien nur die Faktoren mit höchster bzw. hoher Bedeutung genannt:

- Faktoren von höchster Bedeutung:
  Unabhängigkeit/Flexibilität, Zuverlässigkeit, Schnelligkeit, Verkehrssicherheit, Umweltverträglichkeit
- Faktoren von hoher Bedeutung:
  Bequemlichkeit, Transportmöglichkeiten, Kosten, Gesundheit/Fitneß.

Auch LANZENDORF (2001) ging unter anderem der Wertigkeit einzelner Eigenschaften der Verkehrsmittel nach. Allerdings nicht für die generelle Verkehrsmittelwahl, sondern vielmehr für das Spezialsegment des Freizeitverkehrs. Auf Basis seiner und Erhebungen grenzt er nachfolgende acht Faktoren ein:

• Preis
• Bequemlichkeit/Komfort
• Schnelligkeit
• Spaß
• Erholung/Entspannung
• Umweltfreundlichkeit
• lexibilität
• körperliche Bewegung.

Vergleicht man nun die von PEZ und LANZENDORF jeweils getrennt voneinander ermittelten Variablen, so fällt der hohe Deckungsgrad auf. Es tauchen mit Ausnahme der beiden freizeitverkehrsspezifischen Faktoren „Spaß" und „Erholung/Entspannung" bei LANZENDORF alle Faktoren auf, die auch PEZ identifiziert hat.

Dieser hohe Deckungsgrad der Operationalisierung innerhalb der beiden Arbeiten stellt im Umfeld der Verkehrsmittelwahlforschung keinen Einzelfall dar. So bediente sich auch eine Vielzahl weiterer Studien ganz ähnlicher Operationalisierungen. Als Beispiel sei hier nur das im Umfeld des Förderschwerpunktes „Freizeitverkehr" des Bundesministeriums für Bildung und Forschung geförderte Projekt „Events" angeführt. Diese offensichtlich Einigkeit bezügliche eben jener Variablen führte dazu, sie auch zur Grundlage der Operationalisierung der vorliegenden Arbeit zu machen.

3.1.1.2 Variablen zur Ermittlung der Freizeitinteressen

Neben der Ermittlung der verkehrsmittelwahlrelevanten Faktoren ist es für die vorliegende Arbeit auch wichtig, das Freizeitverhalten der Probanden zu erfassen. Hierfür konnte ebenfalls auf frühere Studien zurückgegriffen werden, die sich mit der Operationalisierung freizeitrelevanter Einstellungen beschäftigt haben. Hier sei nur aus jüngster Vergangenheit die Arbeit von GSTALTER und FASTENMEIER angeführt, die sich in ihrer sehr detaillierten Studie im Umfeld des ebenfalls im Rahmen des Förderschwerpunktes „Freizeitverkehr" des Bundesministeriums für Bildung und Forschung geförderte Projekts „ALERT" intensiv mit den unterschiedlichen Freizeitaktivitäten beschäftigt haben. Sie stellten dabei fest, dass *„die überwiegend berichteten Freizeitaktivitäten durchaus herkömmlicher Natur waren"* (GSTALTER 2002, S. 86), sich also kein Hang zu besonders außergewöhnlichen bzw. erlebnisorientierten Freizeitaktivitäten, wie es etwa von OPASCHOWSKI so oft postuliert wurde, nachweisen ließ.

LANZENDORF wiederum identifizierte innerhalb der Vielzahl der von ihm abgefragten Variablen zu den Freizeitaktivitäten nur einige wenige, die eine genügend große Differenzierung unter den Probanden zeigten, so dass diese tatsächlich als Basis für die Konstruktion von Gruppen unterschiedlichen Freizeitverhaltens dienen konnten. Dies bedeutet zweierlei: Einerseits gibt es offensichtlich Freizeitinteressen, die, auch wenn sie nicht absolut gruppenspezifisch zuzuordnen sind, zumindest nur auf eine sehr geringe Probandengruppe anzuwenden sind. Andererseits differierte die Freizeitgestaltung der unterschiedlichen Gruppen weit weniger als etwa die Studien von OPASCHOWSKI glauben machen wollten. Es zeigt sich vielmehr, dass es sich eher um eine unterschiedlich starke Betonung ähnlicher Aspekte handelt. Diese unterschiedliche Wertigkeit ergibt jedoch in Kombination mit der Vielzahl an möglichen Freizeitinteressen eine spürbare Verhaltensdifferenzierung zwischen den Gruppen., die wiederum deutliche Auswirkungen auf die raumstrukturellen Verhaltensmuster haben. So ergeben sich bezüglich der Reichweite der Freizeitaktivitäten, der Standorte und deren Häufigkeit klare Unterschiede.

Neben LANZENDORF (2001) fällt es schwer, tragfähige Operationalisierungen von Freizeitaktivitäten im Umfeld der Freizeitmobiltät zu finden, die als Basis einer lebensstilorientierten Analyse von Probanden dienen könnten, da der Großteil der bisherigen Arbeiten wie etwa jene von HAUTZINGER&PFEIFFER (1996, S. 58) noch auf Basis der sozioökonomischen Gliederung (Alter, Erwerbsstatus, Haushaltsgröße, Schulbildung) als wesentliche Bestimmungsfaktoren für die Aktivitäten sowie deren Häufigkeit in der Freizeit beruhen.

An dieser Stelle wird daher auf die Operationalisierung der Freizeitaktivitäten zurückgegriffen, die LANZENDORF (2001) als die wichtigsten und gleichzeitig signifikanten herausgearbeitet hat:

• mit Freunden zusammen sein,
• Zeit mit Familie, Kindern verbringen,
• etwas Aufregendes erleben,
• Verreisen,
• Museen/Ausstellungen besuchen, ins Konzert/Theater gehen,
• die Natur genießen,
• aktiv Sport treiben,
• mit dem Auto/Motorrad spazieren fahren,
• einmal aus den eigenen vier Wänden raus kommen.

3.1.1.3 Begründung für die Auswahl von einstellungsorientierten Variablen

Die oben genannten, in dieser Arbeit ebenfalls zu erhebenden Variablen, zielen primär auf die Interessen bzw. Einstellungen der Probanden ab. Das faktische Verhalten wird bewusst nur in zweiter Linie berücksichtigt. Dies bedeutet, dass klar unterschieden wird zwischen den möglichen Einflussfaktoren für das Verkehrsmittelwahlverhalten und dem tatsächlich ausgeführten Verkehrsverhalten. Eine Vermischung dieser beiden Dimensionen, wie sie etwa bei LANZENDORF (2001) zu finden ist, muss aufgrund der starken Korrelation der beiden Dimensionen als problematisch angesehen werden. Das faktische Verhalten basiert auf einem Abwägungsprozess, der, ausgehend von der Verkehrsmittelorientierung und unter Berücksichtigung der unterschiedlichen Restriktionen, zu einer Entscheidung führt.

Aus diesem Grund ist auch die Bildung von Freizeitmobilitätsgruppen, wie sie LANZENDORF (2001) vorschlägt, fragwürdig, da in die Gruppenbildung beide Dimensionen – nämlich die Orientierung und das Verhalten – eingeflossen sind. Durch diese Verschmelzung lassen sich keine Aussagen für das Verhalten bei geänderten Rahmenbedingungen ableiten, da die Relevanz der unterschiedlichen Dimensionen nicht rekonstruiert werden kann. Desweiteren bleibt die Frage offen, ob die Freizeitmobilitätsgruppen, bei deren Konstruktion das Verkehrsverhalten selbst eine Teildimension darstellt, dazu geeignet sind, eben jene Dimension des Verkehrsverhaltens tragfähig zu erklären. Um diese Autokorrelation auszuschließen, werden die beiden

Aspekte des Verkehrsverhaltens und der Verkehrsorientierung innerhalb der vorliegenden Arbeit getrennt. Die Gruppenbildung beruht allein auf der Affinität bzw. Orientierung der Probanden ohne Berücksichtigung ihres faktischen Verhaltens, da nur so innerhalb der Gruppen eine tatsächliche Homogenität – unabhängig von anderen Dimensionen – erreicht werden kann und eine spätere Identifikation der Einflussfaktoren möglich bleibt.

3.1.1.4 Auswahl der Variablen zur Clusterbildung

In der vorliegenden Arbeit werden neben den einstellungsorientierten Variablen keine weiteren Variablen in die Clusterbildung mit einbezogen. Die Basis für dieses Vorgehen bildet der Lebensstilentwurf von KLOCKE (1993). Er sieht Lebensstile als *„freigewählte Lebensarrangements auf Basis widersprüchlicher Lebensbedingungen und -erfahrungen, die über Zuordnung und Abgrenzung soziale Identität vermitteln"* (KLOCKE 1993, S. 178). Lebensstile stellen also individuelle Formen der Alltagsorganisation dar, die sich über die Art der Ressourcennutzung, nicht aber über die Frage der Ressourcenausstattung ergeben und von anderen Lebensstilen abgrenzen. KLOCKE bestimmt die Lebensstile anhand von Werteorientierung und alltäglichen Geschmacksvorlieben, ohne sozioökonomische Aspekte zu berücksichtigen.

Erst nach der Gruppenentwicklung wird eine Korrelation zwischen den sozioökonomischen Daten und dem Lebensstil untersucht und festgestellt: *„Lebensstile stehen in einem unübersehbaren Zusammenhang zu den soziodemographischen Merkmalen, zugleich weisen sie aber auch eine Unabhängigkeit und Eigenständigkeit gegenüber einer direkten und vollständigen Determination durch die soziodemographischen Merkmale auf"* (KLOCKE 1993, S. 281).

Diesem Entwurf folgend, werden stellvertretend für die Werteorientierung die Freizeitinteressen der Menschen in Form der jeweiligen Interessensschwerpunkte und der individuellen Zielvorstellungen für die Freizeit ermittelt. An die Stelle der alltäglichen Geschmacksvorlieben setzt der Autor die Vorlieben bezüglich der Mobilität in der Freizeit. Wie der Lebensstilentwurf von KLOCKE verzichtet auch der Autor auf die Einbeziehung von Verhaltensdaten oder gar soziodemographischen Daten in die Gruppenentwicklung, da grundsätzlich von der Wahlfreiheit jedes einzelnen für den individuell angestrebten Lebensstil ausgegangen wird. Finden sich bei der späteren Analyse bezüglich dieser – gleichwohl – erhobenen Daten Korrelationen zu den Lebensstilgruppen, so ist dies dann zum Beispiel ein Beleg für die Rolle der finanziellen Situation bei de Umsetzung des jeweiligen Lebensstils. Sie können aber nicht als Vorraussetzung für das Streben nach einem bestimmten Lebensstil gewertet werden. Das grundsätzliche Anstreben eines Lebensstils erfolgt unabhängig von der finanziellen Situation. Gerade im Umfeld der grundsätzlichen Wahlentscheidung für den Typ eines Verkehrsmittels ist dieser Unterschied elementar. Auch wenn sich Personen den angestrebten Lebensstil nicht leisten können, so steht ihnen in der Regel doch grundsätzlich die Option zu einer dem angestrebten Lebensstil entsprechenden Verkehrsmittelwahl offen, da die Kostenunterschiede im Umfeld der Verkehrsmittelwahl eher als gering zu bewerten sind. Personen werden dann tendenziell eher eine Verkehrsmittelwahlentscheidung entsprechend ihrem angestrebtem, denn ihrem tatsächlich Lebensstil fällen.

3.1.2   Erhebung

Entsprechend dem in Kapitel 2 entwickelten Verkehrsmittelwahlmodell gilt es, mit Hilfe der empirischen Erhebungen unterschiedliche Aufgaben zu erfüllen:

- Es müssen die für die Gruppenbildung notwendigen Daten, vor allem in Form der für die Clusterung herangezogenen Variablen erhoben werden.
- Es muss eine Validierung der Gruppen mittels deren faktischem Verhalten ermöglicht werden, um somit nicht nur deren Existenz, sondern auch deren Raumwirksamkeit zu belegen.

Die Kombination dieser beiden Ziele führte zu einer komplexen Vorgehensweise innerhalb der Untersuchung. Es musste einerseits mittels einer Haushaltsbefragung ein Einblick in die Freizeit- und Verkehrsorientierungen der bundesdeutschen Bevölkerung im Generellen erreicht werden und gleichzeitig ein Überblick über eben jene Aspekte der Besucher von Freizeitgroßeinrichtungen. So wurde eine regional geclusterte Haushaltsbefragung mit acht Vor-Ort-Erhebungen kombiniert.

3.1.2.1 Haushaltsbefragungen

Für die Ermittlung der Basisdaten zur Konstruktion der Freizeitverkehrsgruppen diente eine schriftliche Haushaltsbefragung. Um die notwendige Repräsentativität sicherzustellen, erfolgte eine mehrfache Schichtung der Stichprobe sowohl nach regionalen wie auch nach raumstrukturellen Variablen. Die Erhbung bezog grundsätzlich zwei Untersuchungsräume mit ein; Ostwestfalen-Lippe im Bundesland Nordrhein-Westfalen und Oberbayern. Innerhalb dieser beiden Räume wurden nach den siedlungsstrukturellen Gegebenheiten vier Einzelstichproben gezogen.

- Kernraum einer Metropole: Stadt München innerhalb des „Mittleren Ringes"
- Großstadt: Paderborn (NRW)
- Mittelstädte: Detmold und Lemgo im Kreis Lippe (NRW)
- Ländlicher Raum: Gemeinden Extertal und Kalletal im Kreis Lippe (NRW).

Diese raumstrukturelle Schichtung geht von einer differenzierten Bewohnerstruktur der einzelnen Teilräume aus, die sich sowohl in einer spezifischen Verkehrs- als auch Freizeitorientierung zeigt. Basis dieses Ansatzes der differenzierten Bewohnerstruktur von Teilräumen ist unter anderem bei KAGERMEIER (1998) zu finden. Im Rahmen einer Mobilitätsstudie stellte KAGERMEIER (1998) einen deutlich erhöhten Anteil von jungen, einkommensstarken Ein- und Zweipersonenhaushalten in den Gründerzeitvierteln innerhalb des Mittleren Ringes im Stadtgebiet Münchens fest. Es wird im Rahmen dieser Studie der Bereich der Münchner Innenstadtrandgebiete innerhalb des mittleren Ringes, als Gebiet identifiziert, das durch seine relativ spezifische Bevölkerungszusammensetzung, eine gute Möglichkeit zur Identifikation bestimmter Lebensstilgruppen bietet.

Um neben besonders lebensstilaffinen Bevölkerungsgruppen innerhalb des metropolitanen Kernraumes auch die übrigen Bevölkerungsgruppen einer Großstädte, sowie der Suburbanisierung Rechnung zu tragen, wurde im Rahmen der Erhebung auch das Umfeld der kleineren Großstadt Paderborn berücksichtigt. Die Erhebung gibt somit ein breit gefächertes Bild der Bevölkerung einer Großstadt sowie ihres engeren Einzugsbereiches wieder. Die dritte Raumkategorie bilden Mittelstädte im ländlichen Raum. Ihre deutlich geringere Ausstattung an Freizeitmöglichkeiten sowie ihre spezifische Bevölkerungszusammensetzung ergänzen das Spektrum der Erhebungen im großstädtischen Umfeld. Die Erhebung erfährt ihre Abrundung durch die Einbeziehung ländlich peripherer Räume, die wiederum ein noch geringeres Angebotsniveau auf dem Freizeitsektor offerieren und darüber hinaus ebenfalls eine spezifische Bevölkerungszusammensetzung repräsentieren. Diese Raumkategorien wurden, – angenähert an den jeweiligen Gesamtanteil an der bundesdeutschen Bevölkerung – geschichtet in die Haushaltsbefragung mit einbezogen. Dementsprechend wurde in den unterschiedlichen Teilräumen die nachfolgende Anzahl an Fragebögen versendet:

*   München: 1.000 Fragebögen
*   Paderborn: 500 Fragebögen
*   Detmold/Lemgo: 250 Fragebögen
*   Extertal/Kalletal: 250 Fragebögen.

3.1.2.2 Vor-Ort-Befragung

Ergänzend zu der Haushaltsbefragung wurde eine Erhebung an unterschiedlichen Freizeitgroßeinrichtungen durchgeführt.

3.1.2.2.1 Auswahl der Standorte

Für die Validierung der Raumrelevanz der Freizeitverkehrsgruppen und der gleichzeitigen Verbreiterung der empirischen Basis der Gruppenkonstruktion wurden an unterschiedlichen Freizeitstandorten, ergänzend zur Haushaltsbefragung, Vor-Ort-Interviews durchgeführt. Entsprechend der grundsätzlich unterschiedlichen Ansprüche an die Freizeit selbst bzw. das jeweilige in der Freizeit präferierte Verkehrsmittel ist eine selektive Nutzung von verschiedenen Freizeitstandorten nach ihrer inhaltlichen Ausrichtung zu erwarten. Zur Validierung dieser These muss also nach der inhaltlichen Ausrichtung der Einrichtungen, deren verkehrlicher Erschließung und nicht zuletzt – dem interregionalen Vergleich folgend – nach regionalen Standorten unterschieden werden. Diese dreistufige Differenzierung der Standorte führte zur Einbeziehung von insgesamt acht Standorten. Die erste Stufe der Auswahl bezog sich auf die inhaltliche Ausrichtung der Freizeiteinrichtungen. Stellvertretend für die Vielzahl von Einrichtungen wurden zum einen relativ klassisch ausgerichtete Einrichtungen aus dem Marktsegment „Edutainment" gewählt. Als Beispiele für „Edutainment"-Einrichtungen stehen im Raum Ostwestfalen das „Westfälische Freilichtmuseum" in Detmold sowie der „Dinosaurierpark" in Münchehagen. Im Untersuchungsraum München sind die korrespondierenden Einrichtungen der „Tierpark Hellabrunn" sowie das Museum „Mensch und Natur". Zum Anderen wurden diesen „Edutainment"-Einrichtungen stärker auf hedonistische Motive ausgerichtete Einrichtungen, in Form der so genannten „Spaß- und Erlebnisbäder" gegenübergestellt. Neben dieser inhaltlichen Ausrichtung wurden die gewählten Beispiele in den jeweiligen Regionen wiederum nach dem Grad ihrer verkehrlichen Erreichbarkeit im ÖPNV ausgewählt. Pro Region wurden jeweils ein nicht integrierter Standort mit der damit einhergehenden vermuteten hohen MIV-Affinität und je ein gut bis sehr gut integrierter Standort mit qualitativ hochwertigem ÖPNV-Anschluß einbezogen. Die nachfolgende Tabelle 3 gibt einen Überblick über die ausgewählten Standorte sowie deren Funktion hinsichtlich der Selektionskriterien.

Tab. 3: Übersicht der Erhebunsgstandorte

Untersuchungsraum	Einrichtungstyp	Standort	Einrichtung
Ländlicher Raum Ostwestfalen	Edutainment	integriert	Westfälisches Freilicht-museum Detmold
		nicht integriert	Dinosaurierpark Münchehagen
	Spaß- und Erlebnisbad	integriert	ISHARA Bielefeld
		nicht integriert	Westfalentherme Bad Lippspringe
Großstädtischer Verflechtungsraum München	Edutainment	integriert	Tierpark Hellabrunn
		teil integriert	Museum Mensch und Natur
	Spaß- und Erlebnisbad	integriert	Westbad München
		nicht integriert	Therme Erding

Quelle: Eigene Darstellung

3.1.2.2.2 Vorstellung der einzelnen Standorte

Nach den Ausführungen bezüglich der Kriterien für die Auswahl der einzelnen Standorte werden im Folgenden die Rahmenbedingungen der jeweiligen Standorte und Einrichtungen nochmals detailliert aufgearbeitet.

Westfälisches Freilichtmuseum Detmold (WFM)

Das WFM repräsentiert das größte und eines der am stärksten besuchten Freilichtmuseen Deutschlands. Dessen umfassende Sammlung historischer Gebäude aus der Region östliches Nordrhein-Westfalen, ergänzt um seltene regionalspezifische Tiere und Pflanzen, offeriert dem Besucher in einer didaktisch wie auch wissenschaftlich ansprechend aufgearbeiteten Art und Weise den Einblick in das Leben und Arbeiten der Bevölkerung der Region vom späten 18. Jahrhundert bis heute. Zur museumspädagogischen Leitidee gehört die aktive Einbeziehung des Besuchers etwa in Form des „Hauses zum Anfassen", indem der Besucher sich innerhalb des historischen Gebäudes frei bewegen kann und zum Beispiel im alten Bauernbett „Probe liegen" kann. Das Freilichtmuseum stellt einen der Kernpunkte des touristischen Potentials der Region Lippe dar.

Die verkehrliche Erschließung des WFM erfolgt über den Stadtbus Detmold im 15-Minuten-Takt, über einen Regionalbus im 1-Stunden-Takt sowie über die spezielle, nur am Wochenende im 1-Stunden-Takt verkehrende, Freizeitlinie, die alle touristischen Einrichtungen im Lipperland verbindet. Die Haltestelle selbst – etwas mehr als fünf Gehminuten vom Eingang der Einrichtung entfernt – besteht lediglich aus einem herkömmlichen Haltestellenschild. Die Anbindung der Einrichtung erfolgt über die Ausfallstraße Richtung Paderborn. Detmold selbst verfügt über ein standardmäßiges, regionales Straßennetz; allerdings ohne eine direkte Fernstraßenanbindung. Die Beschilderung zur Einrichtung er-

Abb. 8: Lageskizze Westfälisches Freilichtmuseum Detmold

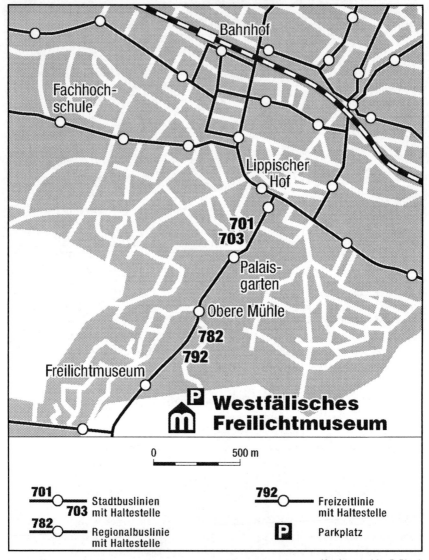

Karthographie: P. Blank

folgt vorbildlich mit Verkehrsschildern. Vor Ort steht in kurzer Distanz zum Eingangsbereich der Einrichtung eine große Anzahl kostenloser Parkplätze zur Verfügung, die allerdings zu Stosszeiten regelmäßig an ihre Kapazitätsgrenzen stoßen. Die Einrichtung verkörpert somit sowohl in Zielsetzung wie auch in Umsetzung eine typische zeitgemäße Edutainment-Einrichtung mit einer für die Verhältnisse des ländlichen Raumes ungewöhnlich guten ÖPNV-Erschließung.

Dinosaurierpark Münchehagen

Der sich in privater Trägerschaft befindende Dinosaurierpark im Ortsteil Münchehagen der niedersächsichen Stadt Rehberg-Loccum im Kreis Nienburg wendet sich in einer umfassenden Bildungsabsicht an seine Besucher. Das Kernstück der Einrichtung stellt ein Naturdenkmal in Form mehrerer versteinerter Dinosaurierspuren aus der Kreidezeit dar. Im Umfeld dieses Naturdenkmals begibt sich der Besucher mittels eines 2,5 Kilometer langen Rundwegs auf eine Zeitreise von den Anfängen der Dinosaurier im Zeitalter Devon über deren Blüte bis zu ihrem Untergang am Ende der Kreidezeit. Die Entwicklung der Dinosaurier wird anhand von 120 lebensgroßen Replikaten der prähistorischen Lebewesen sowie informativen Schautafeln verdeutlicht. Ergänzend dazu kann der Besucher auf einen kostenpflichtigen Führer, in Form einer aufwendig gestalteten Broschüre, die von zwei namhaften deutschen Paläontologen verfasst wurde, zurückgreifen. Die beiden Wissenschaftler, die bereits in die Konzeption des Parks mit einbezogen wurden, sorgen mit ihrem fachlichen Hintergrund für eine fundierte Auseinandersetzung mit dem Thema Dinosaurier. Über den Rundweg und das Naturdenkmal der Saurierspur hinaus verfügt der Park über eine spezielle Ausstellungshalle, in der die wissenschaftliche Präparation von Fossilien beobachtet werden kann.

Abb. 9: Lageskizze Dinosaurierpark Münchehagen

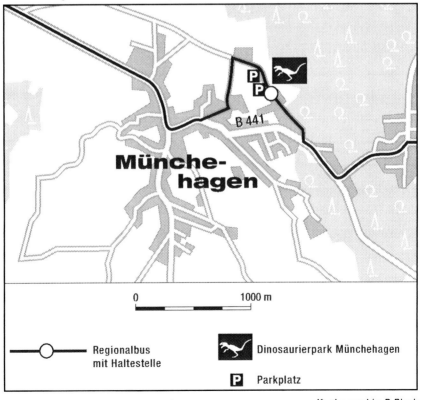

Karthographie: P. Blank

Die verkehrliche Erschließung im ÖPNV erfolgte zum Zeitpunkt der Erhebung durch 4 Fahrtenpaare an Werk- und Samstagen mittels zwei Regionalbuslinien, die die Einrichtung mit den beiden Regionalbahnhöfen in Leese-Stolzenau und Wunstorf verbindet. Die Haltstelle selbst, die lediglich aus einem Haltestellenschild besteht, befindet sich an einer Wohnstraße die an der Einrichtung vorbei führt.

Die Gegend selbst verfügt über die übliche Ausstattung an Kreis- und Gemeindestraßen, es fehlen jedoch Verknüpfungen zu überregionalen Straßen. Die Beschilderung zur Einrichtung erfolgt über die ortsüblichen Hinweistafeln auf Sehenswürdigkeiten. Die Einrichtung bietet im direkten Umfeld des Eingangsbereichs eine ausreichende Anzahl an kostenfreien Parkplätzen, die allerdings zu den Stosszeiten regelmäßig an ihre Grenzen stoßen.

Der Dinosaurierpark stellt somit eine für den regionalen Kontext typische, MIV-zentriert erschlossene Freizeiteinrichtung mit grundsätzlichem edutainmentorientiertem Inhalt dar.

„ISHARA" Bielefeld

Das im Jahre 2000 eröffnete Erlebnisbad befindet sich innerhalb des neuen Bahnhofsviertels von Bielefeld. Dieses „Urban-Entertainment-Center" in unmittelbarer Nähe zum Hauptbahnhof Bielefeld und zur Fußgängerzone umfasst neben einem Großkino, einer Großdiskothek, diversen Themenrestaurants, Bistros, Cafes auch ein Fitnesstudio und eine Bowlingbahn. Darüber hinaus stehen 10.000 m^2 Büroflächen zur Verfügung. Als Bestandteil dieses Komplexes positioniert sich das „ISHARA" als vollthematisiertes Freizeit- und Erlebnisbad unter dem Motto „Baden wie in 1001 Nacht". Die Einrichtung besteht aus den drei Einzelbereichen: Sportbad, Erlebnisbereich und Sauna. Mit Ausnahme des Sportbereichs folgen die übrigen Bereiche klar dem vorgegeben Thema „Orient". Der Erlebnisbereich – „Ali Baba" genannt – verfügt über eine Vielzahl an Einzelattraktionen. Beispielhaft seien hier nur die 90 Meter lange „Black-Hole-Rutsche" mit optischen und akustischen Effekten oder das in Deutschland einzigartige Wasserkatapult genannt. Darüber hinaus wird den jüngeren Besuchern mit dem Bereich „Sind-Bad" Rechnung getragen. Der Saunabereich offeriert unter dem Motto „Serail" spezielle Massagen, Wellness- und Beautyangebote im orientalischen Ambiente.

Aus verkehrlicher Sicht ist das Gelände durch ein sehr großzügiges, aber kostenpflichtiges Parkplatzangebot – in Form des neu errichteten Parkhaus – gekennzeichnet. Die Erreichbarkeit für den MIV ist über eine kleine Stichstraße zu dem direkt an das Gelände angrenzenden, mehrspurigen Ostwestfalendamm optimal gewährleistet. Auch die Anbindung an das Fernstraßennetz erfolgt direkt über eben jene Straße. Die Beschilderung wiederum erfolgt über die ortsüblichen Verkehrsschilder.

Aus Sicht des ÖPNV ist die Nähe zum Hauptbahnhof und damit zum Knotenpunkt des städtischen Nahverkehrs ebenfalls sehr positiv einzuschätzen. Der zum Zeitpunkt der Erhebung noch zwischen dem Hauptbahnhof und dem „ISHARA" verkehrende Pendelbus im 15-Minuten-Takt, der die Fahrgäste zur Haltestelle direkt vor den Eingangsbereich der Einrichtung bringt, wurde nach Fertigstellung des direkten Fußgängerverbindungstunnels zwischen dem Gelände und der Bahnhofshalle eingestellt.

Abb. 10: Lageskizze ISHARA Bielefeld

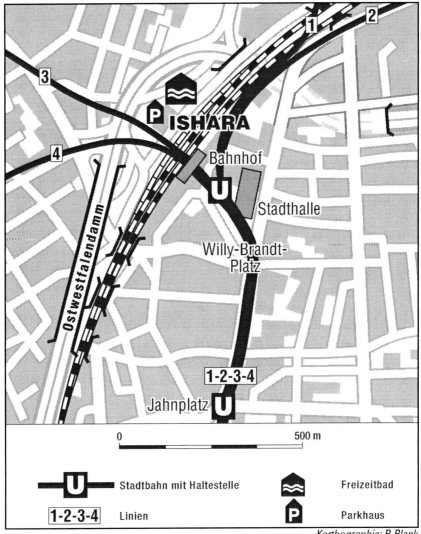

Karthographie: P. Blank

Westfalentherme Bad Lippspringe

Die Westfalentherme im ostwestfälischen Bad Lippspringe (Kreis Paderborn) verfügt über eine „Indoor-(Wasser)welt" von 6.200 m². Die Einrichtung lässt sich in einen Sport-, Spaß- und Erlebnisbereich, eine Saunawelt sowie ein Fitnesstudio unterteilen. Die Angebote reichen von Massagen über spezielle Fitnessprogramme, Bräunungsgeräten bis hin zu den beiden Großrutschen. Die Einrichtung ist sowohl im Hinblick auf das offerierte Angebot, als auch auf das zugrunde liegende Konzept durchaus mit dem „ISHARA" vergleichbar. Allein die starke Themenorientierung fehlt der im Kern aus den 70'er Jahren stammenden Westfalentherme. Zur Abrundung des Angebots wurde in jüngerer Vergangenheit der Komplex noch um das so genannte „Vital-Hotel" ergänzt, so dass heute auch die Möglichkeit eines Kurzurlaubes im direkten Umfeld der Einrichtung gegeben ist.

Die in privater Trägerschaft geführte Westfalentherme befindet sich innerhalb der Kurstadt Bad Lippspringe in einem an den Kurpark angrenzenden Wohngebiet durch das auch die Zufahrtsstraße führt. Die Einbindung in den regionalen Kontext kann als durchschnittlich bezeichnet werden. Eine direkte Anbindung der Westfalentherme an das Fernstraßennetz besteht nicht. Die Beschilderung erfolgt spärlich, aber kontinuierlich über die ortsüblichen Verkehrsschilder. Vor Ort befindet sich im direkten Umfeld des Eingangsbereichs eine große Anzahl an kostenfreien Parkflächen. Aus Sicht des ÖPNV ist die im Halbstundentakt bediente, einfache Regionalbushaltestelle in etwa 10 Gehminuten Entfernung zu erwähnen.

Abb. 11: Lageskizze Westfalentherme Bad Lippspringe

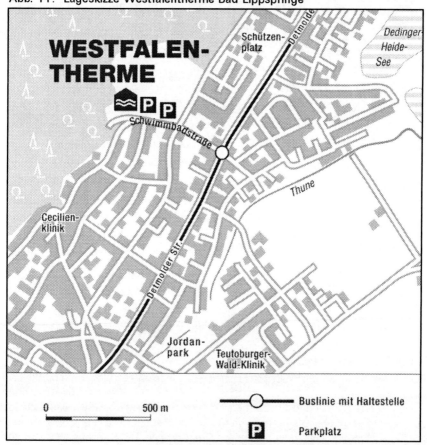

Karthographie: P. Blank

Zoologischer Garten München

Der zoologische Garten München repräsentiert mit rund 1,5 Millionen Besuchern jährlich einen der am stärksten besuchten Tierparks in Deutschland. Sein einzigartiges Konzept der lebensraumorientierten Zusammenstellung der Tiere innerhalb des Zoogeländes sowie die starke Einbettung in die zoologische Forschungspraxis, geben eine Vorstellung von dem fundierten Anspruch des Tierparks zur Wissensvermittlung. Der Kombination aus Bildungs- und Unterhaltungsanspruch wird in vielerlei Hinsicht Rechnung getragen, so werden zum Beispiel im Umfeld unterschiedlichster Vorführungen die Eigenarten und Spezifika der einzelnen Tiere den Besuchern in spielerischer Weise näher gebracht. Das Konzept „GEO-Zoo", das für Präsentation der Tiere entsprechen ihrer tatsächlichen Lebensgemeinschaften innerhalb der Gehege steht, macht die Einrichtung zu einer in Deutschland einmaligen Attraktion. Die Zielsetzung der naturnahen Präsentation der Tierwelt steht eindeutig über dem klassischen Ziel einer umfassenden Tierschau, wie sie oftmals in anderen Einrichtungen gepflegt wird. Die parkähnliche Anlage im Umfeld des Landschaftsschutzgebietes „Isarauen", ermöglicht zudem eine harmonische Einbettung der Gehege in die natürliche Umgebung und verleiht der Einrichtung die Stellung eines Naherholungsgebietes.

Abb. 12: Übersicht innerstädtische Standorte München

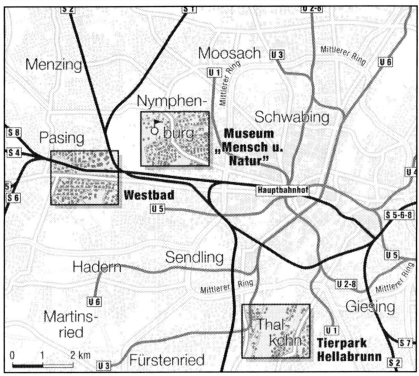

Karthographie: P. Blank

Die zentrale Lage innerhalb des Stadtgebietes München bedeutet für die verkehrliche Erreichbarkeit der Einrichtung vor allem eine sehr attraktive Anbindung im ÖPNV. Die direkte U-Bahn-Anbindung im 10-Minuten-Takt an Werktagen und am Wochenende sowie die direkte Bus-Anbindung vom Marienplatz im 10-Minuten-Takt an Werk- und Samstagen und im 20-Minuten-Takt an Sonn- und Feiertagen stellt ein sehr hochwertiges Angebot dar. Die U-Bahn-Haltstelle befindet sich in etwa 100 Meter Entfernung zur Einrichtung und verfügt neben einem WC auch über einen kleinen Kiosk. Die Bushaltestelle wiederum befindet sich in unmittelbarer Nähe des Eingangsbereiches und besteht aus dem üblichen Wetterschutz.

Die MIV-Anbindung der Einrichtung erfolgt nach dem Verlassen des „Mittleren Ringes" über eine einige hundert Meter lange Wohnstraße. Die überregionale Verkehrsanbindung könnte durch den Anschluss an mehrere Bundesautobahnen kaum besser sein, ebenso wie die Ausschilderung, die flächendeckend aus dem gesamten Stadtgebiet zur Einrichtung leitet. Vor Ort stellt sich demgegenüber die Situation für den MIV deutlich problematischer dar. Die beiden etwa 10 Gehminuten vom Eingangsbereich entfernten Parkflächen gelten gerade zu den Stosszeiten als notorisch überbelastet und werden darüber hinaus an den Wochenenden bewirtschaftet.

Abb. 13: Lageskizze Zoologischer Garten München

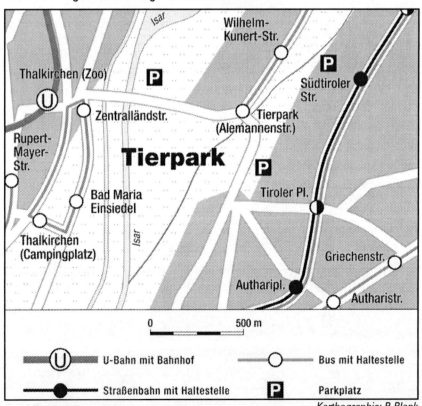

Karthographie: P. Blank

Museum „Mensch und Natur" München

Das Museum „Mensch und Natur" in München ist das zentrale Ausstellungsforum der Staatlichen Naturwissenschaftlichen Sammlungen Bayerns. Das im Nordflügel des Schloss Nymphenburg angesiedelte Museum offeriert dem Besucher die Möglichkeit, sich auf eine spannende Reise durch die Geschichte der Erde und des Menschen zu begeben. Die Entwicklung der Erde und des Lebens, die Vielfalt der Arten, die Biologie des Menschen und sein Verhältnis zur Umwelt werden auf lebendige und unterhaltsame Weise durch Schaubilder, Modelle, Nachbildungen, interaktive Exponate und eindrucksvolle Naturobjekte vermittelt. Die didaktische Aufarbeitung verbindet den musealen Anspruch geradezu idealtypisch mit dem interaktiven Erleben. Das Museum hat sich selbst zur Aufgabe gemacht, stets aktuell und wegweisend bezüglich der Inhalte wie auch der Vermittlung zu sein und stellt somit eine gute Ergänzung zu den übrigen „Edutainment-Einrichtungen" dar.

Abb. 14: Lageskizze Museum „Mensch und Natur" München

Karthographie: P. Blank

Aus verkehrlicher Sicht sind die beiden Straßenbahnlinie im 10-Minuten-Takt sowie die Busanbindung, ebenfalls im 10-Minuten-Takt, zu nennen. Allen ÖPNV-An-
geboten ist die ca. 10 Gehminuten von dem Museum entfernte einfache Haltestelle mit Wetterschutz gemeinsam. Darüber hinaus stellt nur eine der Trambahnlinien
eine Verbindung zu einem zentralen Standorte, in diesem Fall dem Hauptbahnhof,
dar, womit sich für den Grossteil der Besucher mehrere Umsteigevorgänge ergeben.
Die MIV-Anbindung erfolgt nach dem Verlassen der Zubringerstraße des „Mittleren
Rings" zur Stuttgarter Autobahn, die eine hervorragende überregionale Anbindung
offeriert, einige hundert Meter über die alte schmale kopfsteingepflasterte Schlossauffahrt. Die Beschilderung wiederum erfolgt lediglich an der direkten Abzweigung
zur Schlossauffahrt. Vor Ort steht aus Sicht des MIV-Nutzers eine große Anzahl an
kostenfreien Parkplätzen direkt am Schlossrondell zur Verfügung.

Abb. 15: Lageskizze Westbad München

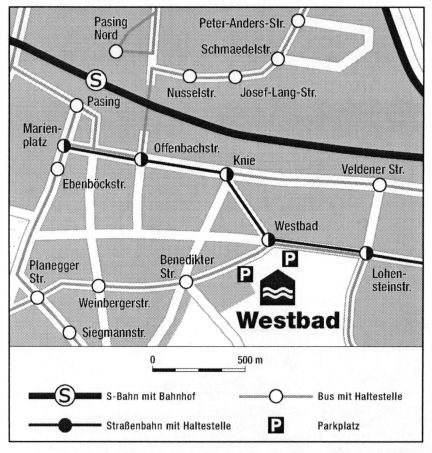

Karthographie: P. Blank

Westbad München

Das Westbad, im Münchner Stadtteil Pasing, repräsentiert die Reaktion der Stadt-werke München auf die zunehmend anspruchsvollere Klientel der Bäderbesucher. Das im Jahr 1998 komplett neu errichtete Bad vereinbart unterschiedlichste An-sprüche miteinander. Neben dem klassischen Schwimmerbecken bieten die Groß-rutsche und der Strömungskanal ein entsprechendes Angebot für spaßzentrierte, zu meist jüngere Besucher. Das Solebecken im Freibereich, die Sprudelliegen sowie die Whirlpools orientieren sich demgegenüber eher an den wellnessorientierten Ba-degästen. Die unterschiedlichsten Saunaangebote sowie eine große Anzahl an So-larliegen runden das Angebot ab. Das angenehme Ambiente mit umfangreicher Bepflanzung sowie ein ausgewogenes, gastronomisches Angebot machen die Einrichtung zu einem auch preislich sehr attraktiven Angebot, das sich der privaten Konkurrenz im Großraum München, wie etwa dem „Alpamare" in Bad Tölz oder der „Therme Erding", selbstbewusst stellen kann.

Aus verkehrlicher Sicht sind am Standort Westbad der Trambahnhalt im 10 Minuten-Takt bzw. in den Abendstunden im 20-Minuten-Takt vom Hauptbahnhof sowie eine Buslinie im 10-Minuten-Takt zu nennen. Die Haltstelle ist in etwas mehr als 5 Gehminuten von der Einrichtung zu erreichen und weist den in München übli-chen Wetterschutz auf. Die Anbindung für die MIV-Nutzer erfolgt, ausgehend von der häufig überbelasteten Hauptausfallstraße Richtung Westen, durch ein Wohn-gebiet. Vor Ort steht darüber hinaus nach etwa 5-minütiger Gehzeit ein, bei starker Nachfrage häufig überlasteter, kostenfreier Parkplatz zur Verfügung.

Therme Erding

Die im Oktober 1999 eröffnete „Therme Erding" verbindet das Thema Südsee in einzigartiger Weise mit dem Thermenkonzept. Die größte, zu öffnende Glaskuppel Mitteleuropas überwölbt die Thermenlandschaft mit einer Wasserfläche von 1.400 m^2. Tropische Großpflanzen mit bis zu zwölf Metern Höhe in Kombination mit einer ausgedehnten Grottenlandschaftsollen beim Besucher „Südseefeeling" wecken. Das Angebot umfasst neben einer ausgedehnten Saunawelt auch unter-schiedlichste Wellness- und Massageangebote. Die ansprechende Gastronomie fehlt ebensowenig wie ein Frisör, ein Kosmetikstudio oder ein Bademodenshop. Der bewusste Verzicht auf „spaßorientierte" Attraktionen, wie etwa Wasserrutschen, positioniert die Einrichtung klar als Wellness- und Erholungsoase. Diese Aus-richtung wird auch durch den offensiven Bezug auf das mineralische Heilwasser unterstrichen, dass innerhalb der Therme zum Einsatz kommt. Eine Besucherzahl von fast 500.000 Menschen pro Jahr sowie die stetigen Erweiterungsmaßnahmen belegen den großen Erfolg der „Therme Erding".

Der Standort der Therme befindet sich in der Peripherie Münchens am Stadtrand der Umlandgemeinde Erding. Die verkehrliche Erschließung erfolgt zum Einen über einen Pendelbus, der im Takt der S-Bahn mit zwei Fahrten pro Stunde die Gäste bis direkt vor den Haupteingang der Therme bringt. Die Fahrzeit beträgt nur wenige Minuten, so dass die Therme auch auf einem Fußweg von der S-Bahn-Station Altenerding in etwas mehr als 10 Minuten zu erreichen ist. Zur Stärkung des ÖPNV am Modal-Split wurde im Jahr 2001 durch die „Therme Erding" in enger Zusammenarbeit mit dem Münchner Verkehrsverbund (MVV) ein so genanntes „Thermenticket" eingeführt. Dieses ermöglicht zusätzlich zum Eintritt in die Therme die Hin- und Rückfahrt aus dem gesamten MVV-Raum für nur 3 Euro. Dies entspricht einer Ersparnis gegenüber dem Einzelfahrschein von etwa 50 Prozent.

Die MIV-Anbindung erfolgt über die im Rahmen des Neubaus des Münchner Flughafens errichtete Ortsumgehung der Stadt Erding und ermöglicht die direkte Verbindung zur Bundesautobahn. Vor Ort steht dem MIV-Nutzer im direkten Umfeld des Eingangsbereichs eine zumeist ausreichende Zahl an kostenfreien Parkplätzen zur Verfügung.

Abb. 16: Lageskizze Therme Erding

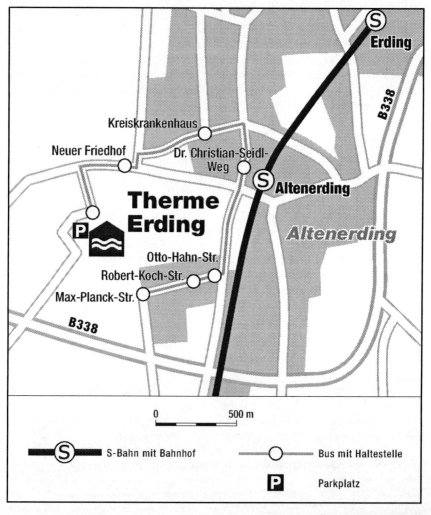

3.1.2.2.3 Erhebungsmethodik an den Standorten

Freizeitaktivitäten werden häufig an speziellen Orten, den so genannten „Aktivitätsgelegenheiten" - wie im vorliegenden Fall - an Freizeiteinrichtungen ausgeübt. Im Rahmen empirischer Untersuchungen zum Freizeitverhalten und insbesondere zur Freizeitmobilität liegt es deshalb nahe, Personen am Ort der Aktivitätsausübung zu der betreffenden Aktivität sowie zum Mobilitätsverhalten zu befragen, d.h. eine „Erhebung am Aktivitätsort" durchzuführen. Wie bei jeder empirischen Erhebung sind auch bei Erhebungen am Aktivitätsort aus einer Grundgesamtheit Einheiten auszuwählen, bei denen dann gewisse Merkmale durch Beobachtung oder Befragung festgestellt werden (vgl.: HAUTZINGER 2001).

Im Rahmen der vorliegenden Untersuchung erleichterte die Eigenarten der generellen Abgeschlossenheit der zu untersuchenden Einrichtungstypen das Auswahlverfahren. Die Eigenheit der in die Erhebung einbezogenen Freizeiteinrichtungen besteht vor allem darin, dass alle Besucher den Aktivitätsraum durch einen Eingang betreten bzw. verlassen müssen, an dem eine lückenlose Überwachung des Besucherstroms und das Herausgreifen einzelner Besucher möglich ist. Dieser Sachverhalt ermöglicht eine einstufige Stichprobenziehung direkt aus einem laufenden Ereignisprozess, also dem Zu- und Abgang der Besucher an der Pfortensituation. Die Tatsache, dass kein vollständiges Verzeichniss der Einheiten in der Grundgesamtheit vorliegt – verknüpft mit der bereits beschriebene Tatsache, der lückenlosen Überwachbarkeit der Zu- und Abgänge – legt die Verwendung einer systematischen Zufallsauswahl nahe. Beim Verfahren der systematischen Zufallsauswahl muss zunächst die so genannte Schrittweite festgelegt werden. Diese Schrittweite dient zur Identifikation der Probanden innerhalb des Besucherstromes. Ausgehend von einem zufällig ausgewählten Besucher werden so dann entsprechend der Schrittweite die weiteren Probanden für die Untersuchung ausgewählt (vgl. COCHRAN 1977, S. 205ff.). Das soeben beschriebene Auswahlverfahren diktiert den Mikrostandort der Erhebung innerhalb der Einrichtungen, nämlich eben jene Zu- bzw. Abgangssituation an den jeweiligen Standorten. Im vorliegenden Fall wurden die Besucher beim Verlassen der Einrichtung befragt, da auf diese Art und Weise auch die Wahrnehmung der einzelnen Einrichtungen durch die Besucher erfragt werden konnte. Aus organisatorischen und finanziellen Gründen musste die Erhebung, korrespondierend zu der regionalen Differenzierung, in zwei Wellen erfolgen. Aufgrund der jahreszeitlich grundsätzlich stark unterschiedlichen Nachfragesituation innerhalb der Freilufteinrichtungen und der Bäderstandorte wurden die Übergangsjahreszeiten (Mai und Oktober) als Erhebungszeitraum festgelegt.

Dieser Zeitraum stellt eine ausreichende Auslastung sowohl der „in-" wie auch der „outdor"-Standorte sicher. Um neben den jahreszeitlichen auch die wöchentlichen und tageszeitlichen Schwankungen im Besucheraufkommen und der Besucherklientel abzubilden, wurde die Erhebung an vier Erhebungstagen von Donnerstag bis Sonntag über die kompletten Öffnungszeiten der Einrichtungen durchgeführt. Konkret erfolgte die Erhebung für den Raum Ostwestfalen von Donnerstag 24. bis Sonntag 27. Mai 2001 und im Raum München von Donnerstag 11. bis Sonntag 14. Oktober 2001.

Grundsätzlich wurde in allen Fällen der identische Fragebogen bei identischem Vorgehen, in Form einer „face-to-face"-Befragung, angewendet. Es ergaben sich lediglich aus dem Interesse der jeweiligen Betreiber der Einrichtungen an zusätzlichen Ergebnissen geringfügige standortspezifische Ergänzungen des Fragebogens (vgl. Anhang).

3.2 Konstruktion der Freizeitverkehrsgruppen

Nach der kurzen Erläuterung des methodischen Vorgehens für die empirische Erhebung wird im weiteren Verlauf die konkrete Konstruktion der Freizeitverkehrsgruppen auf Basis der in der Erhebung ermittelten Variabeln beschrieben.

3.2.1 Arbeitsschritte zur Entwicklung der Freizeitverkehrsgruppen

Der Ansatz zur Entwicklung von Freizeitverkehrsgruppen fußt auf folgenden, grundsätzlichen Bedingungen:

* Lassen sich ausreichend differenzierte Ausprägungen hinsichtlich der erhobenen Variablen innerhalb der Stichprobe identifizieren?
* Lässt sich eine überschaubare Anzahl von Clustern bezüglich der verwendeten Variablen bilden?
* Lassen sich zwischen den einzelnen Clustern hinsichtlich der Ausprägung der einzelnen Variablen ausreichende Differenzierungen ermitteln?

Inwieweit die einzelnen Bedingungen tatsächlich erfüllt werden können, wird in den folgenden Abschnitten geklärt.

3.2.2 Streuung der Ausprägung der ermittelten Variablen

Zunächst ist an die grundsätzlichen Schwierigkeiten bei der Messung von Meinungen und Einschätzungen zu erinnern. Schlagworte, wie etwa die „Zentraltendenz" mögen an dieser Stelle zur Illustration ausreichen. Grundsätzlich sind in der Betrachtung die beiden in Kapitel 3.1.1 bereits vorgestellten Variablengruppen zu trennen, zum einen bezüglich der Freizeitorientierung und zum anderen bezüglich der Verkehrsorientierung. In nachfolgender Tabelle seien die Einzelvariablen, der jeweiligen Orientierung nochmals explizit genannt. Die Variabeln wurden jeweils mittels einer fünf stufigen Skala abgefragt. Eine deskriptive Analyse der Variablenausprägungen im Bündel der Verkehrsvariablen zeigt eine mäßige Streuung bezüglich der Mittelwerte der einzelnen Variablen. Dieses Ergebnis ist angesichts der umfangreichen Studien zur Relevanz einzelner Faktoren für die Verkehrsmittelwahl – die ja bei der

Tab. 4: „Erhebungsvariablen"

Freizeitorientierung	Verkehrsorientierung

• mit Freunden zusammen sein
• Zeit mit Familie, Kindern verbringen
• etwas Aufregendes erleben
• Verreisen
• aktiv sport treiben
• die Natur genießen
• Museen/Ausstellungen besuchen
  ins Konzert/Theater gehen
• mit dem Auto/Motorrad spazieren
  fahren
• einmal aus den eigenen vier
  Wänden raus kommen.
	• Preis
	• Bequemlichkeit/Komfort
	• Schnelligkeit
	• Spaß
	• Erholung/Entspannung
	• Umweltfreundlichkeit
	• Flexibilität
	• körperliche Bewegung

Quelle: Eigene Darstellung

Auswahl der Variablen umfassend berücksichtigt wurden – nicht erstaunlich. So belegt die geringe Streuung der Mittelwerte die Gleichwertigkeit der erfassten Variablen und demonstriert somit anschaulich die Relevanz aller erhobenen Variablen. Die zugrunde liegende fünf-stufige Bewertungsskala erbrachte für die Variablen bezüglich des Verkehrs, eine gemittelte Standardabweichung der einzelnen Standardabweichungen von einem erstaunlich hohen Wert von 1,1. Gleichzeitig ergibt sich aber auch eine relativ gleichmäßige Streuung über alle Variablen. Dies verdeutlicht die sehr unterschiedlichen individuellen Bewertungen aller offensichtlich als wichtig anerkannten Einzelvariablen. Die Analyse der freizeitorientierten Variablen erbringt ein gänzlich divergierendes Bild. Die Streuung der Mittelwerte im Umfeld der Freizeitvariablen liegt mehr als doppelt so hoch wie die der Verkehrsvariablen. Dies deutet auf eine sehr viel selektivere Wichtigkeit einzelner Variablen hin. Bezieht man jedoch an dieser Stelle auch die Streuung um den Mittelwert mit ein, so zeigt sich, dass gerade die Variablen mit eher kleiner Wichtigkeit eine breite Streuung aufweisen. Mit anderen Worten: Gerade die generell als nicht so wichtig empfundenen Variablen weisen eine starke Differenzierung auf. Dies deutet darauf hin, dass diese Variablen nur von einzelnen Individuen als bedeutsam anerkannt werden, in diesen Fällen aber eine sehr starke Position haben. Generell bleibt an dieser Stelle ein starke Differenzierung der Variablen sowohl im Umfeld der Freizeit- als auch der Verkehrsvariablen zu konstatieren.

3.2.3   Clusterbildung

Für die Clusteranalyse mit dem Ziel, Freizeitverkehrsgruppen zu bilden, wurden die zehn Faktoren der Freizeitorientierung sowie die acht Faktoren zur Verkehrsorientierung herangezogen. Für die Clusterung wurden sowohl die Fragebögen aus der Haushaltsbefragung als auch der Vor-Ort-Befragung herangezogen. Aufgrund teils unvollständiger bzw. offensichtlich fehlerhafter Angaben könnten von den insgesamt 2.297 Fällen innerhalb der Clusterlösung leider nur 1.793 Fälle berücksichtigt werden. Zur Durchführung der Clusteranalyse wurde das „Ward-Verfahren" eingesetzt. Als Distanzmaß dient jeweils die euklidische Metrik. Die Analyse selbst erfolgt mit dem Softwarepaket „SPSS". Die Bestimmung der geeigneten Anzahl von Clusterlösungen wurde in unterschiedlichsten Varianten mit bis zu 12 verschiedenen Clustern berechnet. Um die Handhabbarkeit der Gruppen zu gewährleisten, wurde jedoch eine Lösung mit einer übersichtlichen Zahl von Clustern angestrebt. Diese Lösung stellt darüber hinaus eine ausreichende Besetzung der einzelnen Cluster für weitere statistische Verfahren sicher. Die endgültige Lösung erbrachte sieben Clusterzentren.

3.2.4   Divergenzen der Eigenschaften zwischen den Clustern

Unter Einbeziehung der Variablen zur Orientierung in der Freizeit und den Ansprüchen an das Verkehrsmittel in der Freizeit konnten somit mit Hilfe der Clusteranalyse sieben Cluster ermittelt werden. Bevor eine detaillierte Analyse der Cluster erfolgt, soll an dieser Stelle zunächst die Divergenz der Cluster untereinander bezüglich der einzelnen Variablen dargestellt werden. Die Darstellung beruht auf der absoluten Abweichung vom Mittelwert über alle Cluster. Abweichungen vom Mittelwert nach oben stellen eine überdurchschnittliche Bedeutung des Aspektes dar und Abweichungen nach unten ein unterdurchschnittliches Bedeutungsgewicht. Die zwischen den einzelnen Clustern bestehenden Divergen-

zen werden anhand der nachfolgenden Abbildungen verdeutlicht. Innerhalb der Abbildungen sind die Divergenzen der jeweiligen von 1 bis 7 durchnummerierten Cluster hinsichtlich einzelner ausgewählter Variablen dargestellt. Es zeigen sich grundsätzlich über
alle Variablen deutliche Unterschiede zwischen den einzelnen Clustern. Die sich erge-
benden Divergenzen sind generell mit einer Abweichung von teilweise größer als 1 angesichts der fünf-stufigen Skala beachtlich. Im Folgenden wurden exemplarisch für die Freizeitorientierung die Variablen „wandern" und „aktiv Sport treiben" dargestellt. Zusätzlich zu
den Freizeitaktivitäten zeichnen sich die Gruppen auch durch eine unterschiedliche
Relevanz der für die Verkehrsmittelwahl bestimmenden Faktoren aus. Hier wurden exemplarisch die Variablen „Rolle der Geschwindigkeit" und „Rolle des Preises" dargestellt.

Abb. 17: „Aktivsporttreiben"   Abb. 18: „Wandern"

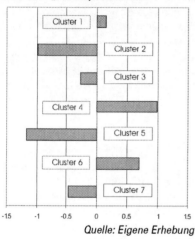

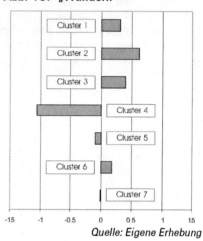

Quelle: Eigene Erhebung   Quelle: Eigene Erhebung

Abb. 19: „Geschwindigkeit"   Abb. 20: „Preis"

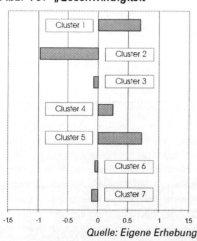

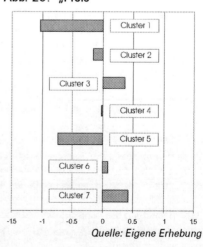

Quelle: Eigene Erhebung   Quelle: Eigene Erhebung

3.3 Eigenschaften der Freizeitverkehrsgruppen

Im Anschluss an die im vorherigen Abschnitt dargestellte Entwicklung der Freizeitverkehrsgruppen dient der nachfolgende Abschnitt der Konkretisierung der Gruppen hinsichtlich ihrer inhaltlichen Dimensionen.

3.3.1 Charakterisierung der Freizeitverkehrsgruppen

Im anschließenden Abschnitt werden die – auf Basis der Cluster entwickelten –
Freizeitverkehrsgruppen detailliert anhand der einbezogenen Variabeln vorgestellt.

3.3.1.1 Vorstellungen der einzelnen Freizeitverkehrsgruppen an Hand der Clustervariablen

Im Folgenden sollen die, mit Hilfe der Clusteranalyse erarbeiteten, Freizeitverkehrsgruppen (N = 1.793) anhand der jeweiligen Variablen bezüglich ihrer Freizeitorientierung und ihrer Ansprüchen gegenüber dem Verkehrsmittel in der Freizeit betrachtet
werden. Dargestellt sind die Abweichungen der absoluten Werte je Gruppe vom
Mittelwert der jeweiligen Variablen über alle Gruppen. Diese Darstellungsweise er-
leichtert es, die für die jeweiligen Gruppen typischen Variablen zu identifizieren. Des
weiteren sind aus Gründen der Übersichtlichkeit jeweils nur die Variablen dargestellt
deren absolute Abweichung größer als 0,3 vom jeweiligen Mittelwert ist.

Eilige Individualisten (N = 159)

Die Gruppe der „Eiligen Individualisten" zeigt hinsichtlich ihrer Ansprüche gegenüber dem
potentiellen Verkehrsmittel in der Freizeit eine klare Betonung der Aspekte „Geschwindigkeit" und „Komfort". Variablen wie etwa Ökologie oder der Preis des Verkehrsmittels werden hingegen vernachlässigt. Im Hinblick auf die Freizeitorientierung fällt die geringe Stellung der Familie als Freizeitinhalt auf, was auf die geringe Quote an Familien mit Kindern
innerhalb dieser Gruppe zurückzuführen ist (vgl. Kapitel 3.3.1.3). Insgesamt kann sich
diese Gruppe nur mäßig von den mittleren Ausprägungen aller Gruppen abheben.

Ruhige Genießer (N = 204)

Die Gruppe der „Ruhigen Genießer" zeigt gerade im Hinblick auf die Ansprüche hinsichtlich der verkehrlichen Variablen ein sehr differenziertes Bild. Im Vordergrund
stehen Aspekte wie Umweltfreundlichkeit oder die Möglichkeit, sich körperlich fit
zu halten und dabei Spaß zu haben. Die Geschwindigkeit und der Komfort des Verkehrsmittels sind demgegenüber untergeordnet. Hinsichtlich der Feizeitorientierung
finden sich wiederum die Aspekte der Bewegung in Form des „Wanderns", sowie
die Umweltorientierung in Form des Interesses an der Natur als solches. Dementsprechend werden Spazierfahrten mit dem Auto eher abgelehnt.

Vielseitige Familienmenschen (N = 525)

Unter allen Gruppen zeichnet sich die Gruppe der „Vielseitigen Familienmenschen"
durch die stärkste Orientierung auf die Familie aus. „Ökologie" und „Preis" gehören zu
den bestimmenden Faktoren hinsichtlich des Verkehrsmittels. Die Freizeitinteressen
sind sehr breit und weichen dementsprechend nur gering von der allgemeinen Orientierung aller Gruppen ab.

Abb. 21: „Eilige Individualisten"

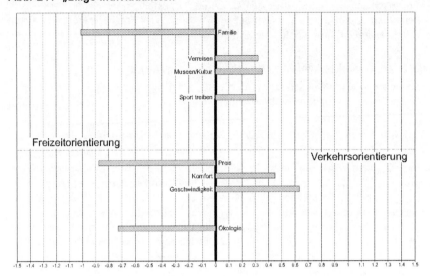

Quelle: Eigene Erhebung

Abb. 22: „Ruhige Genießer"

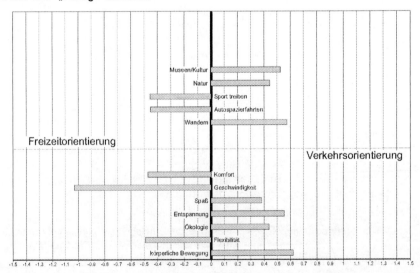

Quelle: Eigene Erhebung

Abb. 23: „Vielseitige Familienmenschen"

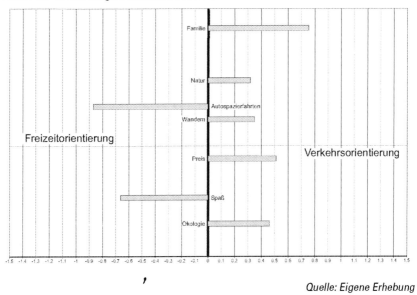

                                                                    *

                                                                    Quelle: Eigene Erhebung

Abb. 24: „Außenorientierte Sportler"

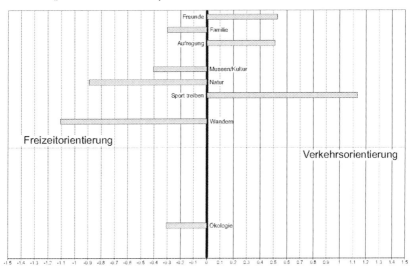

                                                                    Quelle: Eigene Erhebung

Abb. 25: „Spaßorientierte Autofreunde"

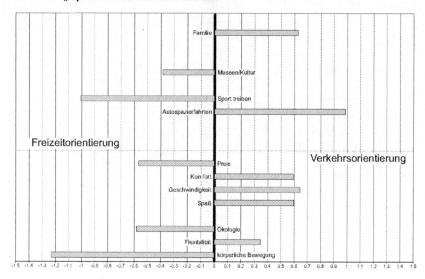

Quelle: Eigene Erhebung

Abb. 26: „Sportlich Umweltbewußte"

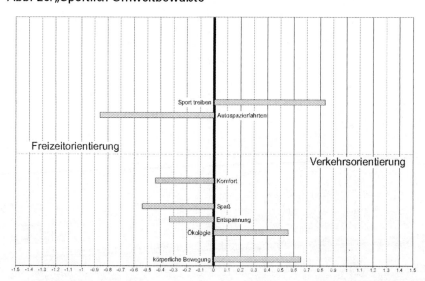

Quelle: Eigene Erhebung

Außenorientierte Sportler (N = 143)

Die Gruppe der „Außenorientierten Sportler" sieht das Verkehrsmittel lediglich als Mittel zum Zweck. Es werden kaum spezifische Ansprüche gestellt. Die Freizeitorientierung hingegen zeigt klare Polaritäten. So spielt die Familie nur eine geringe Rolle, wohl aber der individuelle Freundeskreis. Entsprechend hoch ist auch die Orientierung auf aktive, aufregende Erlebnisse in der Freizeit, die dem passiven Konsum in Museen, Kulturveranstaltungen oder dem ruhigen Naturerlebnis entgegenstehen.

Spaßorientierte Autofreunde (N = 129)

Die Gruppe der „Spaßorientierten Autofreunde" zeigt ein klar MIV-affines Erwartungsspektrum. So spielt der Aspekt der körperlichen Bewegung, ein Index für den nichtmotorisierten Verkehr, ebenso keine Rolle wie auch die Variablen „Ökologie" und „Preis". „Spaß" und „Geschwindigkeit" hingegen stehen im Vordergrund. Dazu korrespondierend zeigt diese Gruppe auch eine sehr starke Ausprägung hinsichtlich der Variable „Autospazierfahrten" als Freizeitinteresse.

Sportlich Umweltbewusste (N = 424)

Die Gruppe der „Sportlich Umweltbewussten" legt besonderen Wert auf den Faktor Bewegung. So stellt dies sowohl den wichtigsten Faktor bei der Verkehrsmittelwahl dar, als auch die wichtigste Freizeitaktivität. Neben dem Faktor „Bewegung" spielt auch die Umweltverträglichkeit des Verkehrsmittels eine große Bedeutung. Entsprechend der ökologischen Orientierung und dem Drang nach Bewegung werden konsequenterweise Autospazierfahrten grundsätzlich abgelehnt.

Abb. 27: „Preissensible Bequeme"

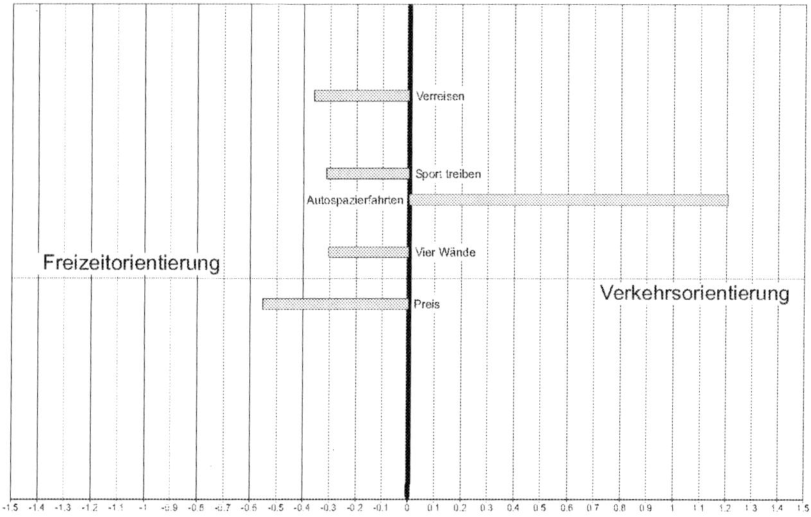

Quelle: Eigene Erhebung

Preissensible Bequeme (N = 219)

Die Gruppe der „Preissensiblen Bequemen" besticht fast schon einzig durch ihre Betonung des Aspektes „Preis" bei der Verkehrsmittelwahl sowie die geringe Außenorientierung, sowohl im Bezug auf die alltägliche Freizeit als auch auf die klassische Urlaubsreise. Gut mit dieser Tendenz zur Passivität korrespondiert auch die ablehnende Haltung dieser Gruppe gegenüber sportlichen Betätigungen und die hohe Affinität zu „Autospazierfahrten".

3.3.1.2 Häufigkeit der einzelnen Gruppen

Nach der kurzen Vorstellung der einzelnen Freizeitverkehrsgruppen verdeutlicht die nachfolgende Abbildung die jeweilige Häufigkeit der Gruppen. Es kristallisieren sich zwei relativ große Gruppen , die „Vielseitigen Familienmenschen" mit 29 % und die „Sportlich Umweltbewußten" mit 24 % heraus. Die Anteil der übrigen Gruppen liegen etwa um die 10 %-Marke.

Abb. 28: Häufigkeit der Freizeitverkehrsgruppen

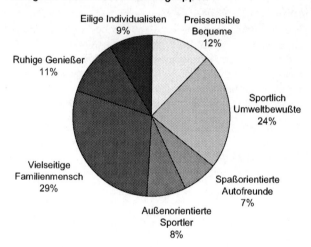

Quelle: Eigene Erhebung (N = 1.793)

3.3.1.3 Beschreibung der Freizeitverkehrsgruppen anhand weiterer Variablen

Das erste grobe Bild der einzelnen Gruppen, mittels der zur Clusteranalyse herangezogenen Variablen, soll im Folgenden weiter konkretisiert werden. Die vertiefte Analyse der für die Verkehrsmittelwahl in der Freizeit relevanten Variablen, wie etwa der Bewertung einzelner Verkehrsmittel bzw. das Interesse an unterschiedlichen Freizeitaktivitäten und Einrichtungen, wird Bestandteil der empirischen Umsetzung des zuvor entwickelten Verkehrsmittelwahlmodells sein (vgl. hierzu Kapitel 4). Die nachfolgenden Ausführungen dienen somit primär zu einer ersten Veranschaulichung der Eigenheiten der einzelnen Freizeitverkehrstypen und basieren dementsprechend nur auf wenigen, ausgewählten Variablen. Der Hauptaspekt dieses Kapitels liegt in der theoretischen wie praktischen Entwicklung der Freizeitverkehrsgruppen als Basis innerhalb des zuvor entwickelte Verkehrsmittelwahlmodells.

3.3.1.3.1 Klassische Aspekte der Soziodemographie

Welche Rolle die klassischen Aspekte der Soziodemographie für die entwickelten Gruppen spielen, wird im Folgenden beleuchtet. Zunächst wird mittels der Betrachtung der Altersstruktur der einzelnen Gruppen die Frage nach möglichen Unterschieden geklärt.

Die Auswertung zeigt nur eine schwache Abweichung hinsichtlich des Durchschnittsalters über die Gruppen. Eine Ausnahme bilden hier lediglich die Gruppe der „Außenorientierten Sportler", die deutlich jünger iund die Gruppe der „Ruhigen Genießer", die erkennbar älter ist als die übrigen Gruppen.

Tab. 5: „Altersniveau der Freizeitverkehrsgruppen"

Freizeitverkehrsgruppen	Alter (Mittelwert)	Fallzahl	Standard-abweichung
Preissensible Bequeme	39,69	218	12,27
Sportlich Umweltbewußte	40,49	419	14,78
Spaßorientierte Autofreunde	39,85	129	12,58
Außenorientierte Sportler	29,68	142	12,17
Vielseitige Familienmenschen	43,70	524	12,68
Ruhiger Genießer	47,96	204	14,91
Eilige Individualisten	42,76	157	14,18
Insgesamt	41,48	1.793	14,14

Quelle: Eigene Erhebung (N = 1.793)

Der Wert der Standardabweichung der Variable „Alter" über alle Gruppen liegt mit 14,15 nur gering oberhalb der Abweichung innerhalb der einzelnen Gruppen. Demgegenüber zeigt sich eine merkliche Differenzierung hinsichtlich des Bildungsstandes der Gruppen. So schwankt etwa die Quote der Abiturienten zwischen 75 % im Fall der „Außenorientierten Sportler" und lediglich 30 % im Fall der „Ruhigen Genießer". Darüber hinaus weißt die Gruppe der „Spaßorientierten Autofreunde" ebenso wie die Gruppe der „Außenorientierten Sportler" ausschließlich Personen mit Realschulabschluss bzw. Abitur auf.

Diese starke Differenzierung innerhalb des Bildungsniveaus muss jedoch auch vor dem Hintergrund der Altersunterschiede der Gruppen interpretiert werden. Zur Verdeutlichung sind in der nachfolgenden Abbildung die beiden Variablen „mittleres Bildungsniveau" sowie „mittleres Alter" je Gruppe dargestellt. Für den Ursprung im Falle des Bildungsniveaus wurde ein Realschulabschluß gewählt. Im Fall der Variable „Alter" stellt der Ursprung das Alter von 40 Jahren dar. Es zeigt sich, dass die Gruppe mit dem höchsten Durchschnittsalter das geringste Bildungsniveau bzw. die jüngste Gruppe das höchste Bildungsniveau aufweist. Diese Beobachtung ist wenig überraschend, wenn die gesamtgesellschaftliche Bildungsentwicklung betrachtet wird, so stiegen doch seit den 60'er Jahren die Bildungsquoten deutlich an.

Abb. 29: Alters- und Bildungsniveau der Freizeitverkehrsgruppen

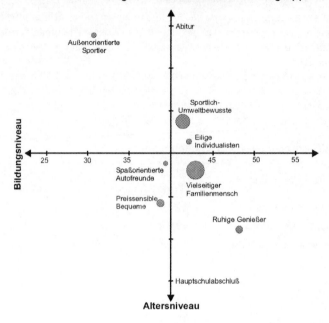

Quelle: Eigene Erhebung (N = 194)

Abb. 30: Familienstand der Freizeitverkehrsgruppen

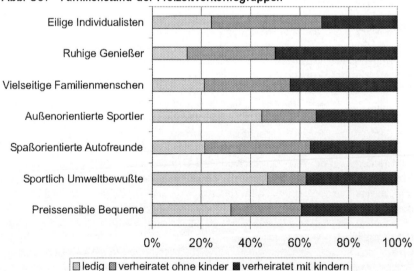

Quelle: Eigene Erhebung (N = 194)

Dass sich die Unterschiede des Bildungsniveaus auch auf die Wahl der Lebensumstände auswirkt wird deutlich, wenn man die Variable Familienstand heranzieht. Innerhalb dieser Variable ergibt sich ein durchaus differenziertes Bild. Dies erstaunt umso mehr, wenn man die weitgehend identische Streuung der Variable Kinderhäufigkeit über die Gruppen hinweg berücksichtigt. So schwankt die Singlequote zwischen 52 % im Fall der „Sportlich Umweltbewussten" und 14 % innerhalb der Gruppe der „Ruhigen Genießer". Es finden sich in den beiden Gruppen mit dem höchsten Bildungsniveau auch die höchsten Singlequoten. Dass sich dieser Sachverhalt nicht allein auf das Alter innerhalb der Gruppen zurückführen läßt, zeigt der Vergleich mit der Gruppe der „Spaßorientierten Autofreunde", die zwar hinsichtlich des Alters durchaus ähnliche Werte erreicht, jedoch einen deutlich geringeren Anteil an Singles aufweist. Stark generalisiert läßt sich bei steigendem Alter bzw. fallendem Bildungsniveau eine Erhöhung des Anteils der Verheirateten und Familien feststellen.

Diese wenigen einfachen Auswertungen geben einen Eindruck von der Komplexität der grundsätzlichen Frage, in welchem Verhältnis soziodemographische Variablen zu lebenstilorientierten Betrachtungen stehen, bzw. welchen Erklärungswert soziodemographische Variablen für eben solche liefern können. Für den vorliegenden Fall ist aufgrund der geringen Abweichungen der Variable „Alter" zwischen den Gruppen klar ersichtlich, dass diese keinen direkten Erklärungswert für die vorliegenden Freizeitverkehrsgruppen liefern kann. Es zeigt sich jedoch auch, dass mit abnehmendem Altersdurchschnitt der Gruppen eine Ausdifferenzierung sowohl hinsichtlich der Bildung wie auch des Familienstandes stattfindet. Die altersspezifische Homogenität wird von einer starken Heterogenität abgelöst. Dies deutet auf ein momentanes Übergangsstadium hin, in dem sowohl klassische wie auch lebenstilorientierte Erklärungsansätze ihre Berechtigung haben.

Der gesellschaftliche Wandel ist ein Prozeß, der bei weitem noch nicht abgeschlossen ist. Die Individualisierung und ihre Auswirkungen sind spürbar, aber eben noch nicht innerhalb aller Altersklassen der Gesellschaft. Für die Zukunft ist jedoch vor dem Hintergrund der Ausdifferenzierung der Werte und Vorstellungen – gerade der jüngeren Gruppen – eine Orientierung hin zu Lebensstilen erkennbar.

3.3.1.3.2 Allgemeine verkehrliche Variablen

Zunächst sei an dieser Stelle die Pkw-Verfügbarkeit betrachtet. Bei der hohen bundesdeutschen Motorisierungsrate überrascht es wenig, dass der größte Teil der Befragten, zumindest nach Absprache, über einen Pkw verfügt. Es finden sich jedoch auch vereinzelt Personen die nie über einen PKW verfügen können. Eine besondere Häufung lässt sich in der Gruppe der „Außenorientierten Sportler" sowie der Gruppe der „Sportlich Umweltbewussten" feststellen. In beiden Fällen korrespondiert dieser Sachverhalt mit der starken ökologischen Orientierung dieser Gruppe. Bezieht man an dieser Stelle auch die regionale Differenzierung innerhalb der Haushaltsbefragung mit ein, so ergibt sich ein interessanter Sachverhalt.

Es zeigt sich eine, zwischen den räumlichen Kontexten gleichermaßen, über alle Gruppen ansteigende Pkw-Verfügbarkeit. Grundsätzlich finden sich überhaupt nur im großstädtischen Kontext Personen, die gar nicht über einen Pkw verfügen können. Dies zeigt, dass etwa die ökologische Orientierung innerhalb der beiden beschriebenen Gruppen nur bei ausreichenden Alternativen in Form eines hochwer-

Abb. 31: Pkw-Verfügbarkeit der Freizeitverkehrsgruppen allgemein

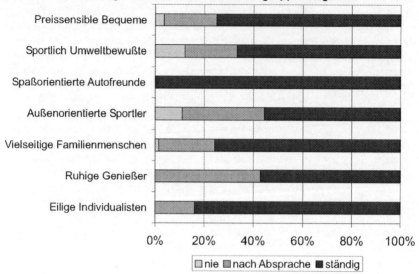

Quelle: Eigene Erhebung (N = 194)

Abb. 32: Pkw-Verfügbarkeit der Freizeitverkehrsgruppen (Metropolraum München)

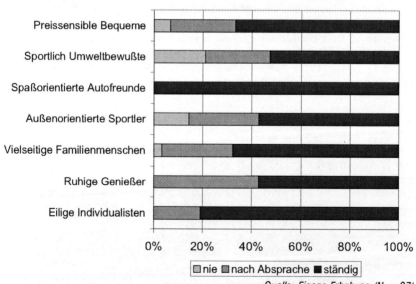

Quelle: Eigene Erhebung (N = 97)

Abb. 33: Pkw-Verfügbarkeit der Freizeitverkehrsgruppen (ländlicher Raum)

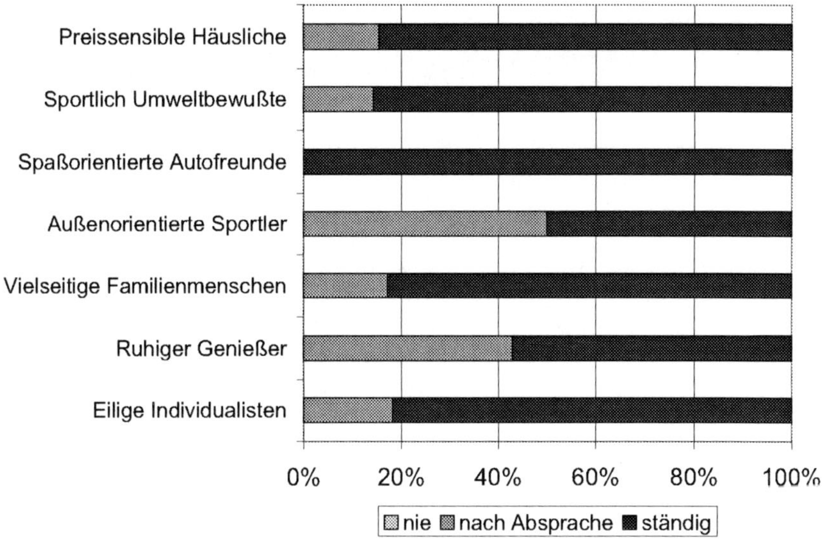

Quelle: Eigene Erhebung (N = 80)

tigen ÖPNV-Angebotes tatsächlich umgesetzt wird. So zeigt sich inerhalb der Auswertung, dass in denjenigen Gruppen, die im großstädtischen Kontext über keinen
Pkw verfügen, in den ländlichen Räumen, zunächst nur der Anteil derer, die nach Absprache über eine Fahrzeug Verfügung können ansteigt. Dieses wird vom Autor
dahingehend interpretiert, dass ihre Orientierung zum eigenen Auto geringer, wie die
der anderen Gruppen ist, diese Personen jedoch auf Grund der Rahmenbedingungen
im ländlichen Raum nicht in allen Fällen auf einen Pkw verzichten können, um ihre
verkehrlichen Bedürfnisse zu befriedigen. Ein weiterer Beleg für diesen Sachverhalt
stellt die – unabhängig vom räumlichen Kontext – bestehende 100 % Verfügbarkeit
eines Pkw innerhalb der Gruppe der „Spaßorientierten Autofreunde" dar. Auch innerhalb der Gruppe der „Eiligen Individualisten" besitzt nahezu jeder Befragte einen
eigenen PKW. Dies bedeutet, dass in diesem Fall der PKW nicht allein wegen seiner
verkehrlichen Notwendigkeit, sondern aufgrund individueller Werte zum Lebensumfeld
der jeweiligen Personen gehört.

Diese These wird weiter gestützt, wenn die Variable „Zeitkartenbesitz" zusätzlich
betrachtet wird (vgl. Abb. 34). Jene Gruppe der „Spaßorientierten Autofreunde"
stellt die Einzige dar, in der keinerlei Zeitkartenbesitz vorliegt, nicht einmal im großstädtischen Kontext der Stadt München. Wiederum ordnet sich die Gruppe der
„Eiligen Individualisten" mit dem zweitniedrigsten Zeitkartenbesitz dahinter ein.

Dies gibt einen ersten Eindruck für die Relevanz der individuellen Vorstellungen
hinsichtlich des Verkehrsmittelwahlverhaltens. Es zeigt aus Sicht des Autors auf,
dass die mentale Orientierung Menschen, die grundsätzlich über unterschiedliche
Verkehrsmittelalternativen verfügen, zu selbst gewählten „MIV-Captives" machen kann.

Abb. 34: Zeitkartenbesitz der Freizeitverkehrsgruppen

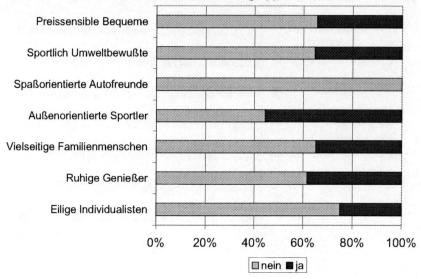

Quelle: Eigene Erhebung (N = 194)

Abb. 35: Nutzung von Sonderangebote der DB

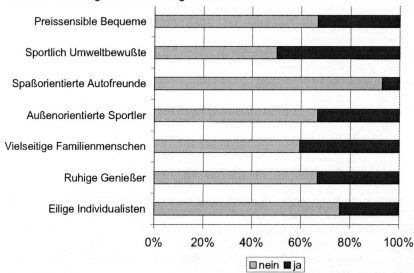

Quelle: Eigene Erhebung (N = 194)

Ihre Wahrnehmung wird derart eingeschränkt, dass sie nur noch sehr schwer für andere Verkehrsmittelalternativen zu erreichen sind. Dies wird an der Abbildung 35 „Nutzung von Sonderangeboten der DB" deutlich. Eben jene Gruppen, die sich bereits durch eine sehr hohe Pkw-Verfügbarkeit bzw. einen minimalen Zeitkartenbesitz ausgezeichnet haben, zeigen wiederum auch die geringste Affinität im Hinblick auf die Nutzung von Sonderangeboten der Deutschen Bahn. Während hingegen andere – unterschiedlichen Verkehrsmitteln offen gegenüberstehende – Gruppen, wie etwa die der „Vielseitige Familienmensch", trotz einer hohen Pkw-Verfügbarkeit derartige Angebote durchaus nutzen.

3.3.2 Analyse der Verteilung der Freizeitverkehrsgruppen

Die zur Konstruktion der Freizeitverkehrsgruppen verwendeten Daten stammen aus drei unterschiedlichen Erhebungskontexten. Sie wurden bewusst zur Bildung der Gruppen zusammengefasst, um mögliche regionale Unterschiede bzw. Anteile der einzelnen Gruppen zu nivellieren und so Verzerrungseffekte aufgrund der Stichprobe bzw. der Erhebungsmethodik auszugleichen. Dieser Sachverhalt führt somit zum ersten Analyseschritt, der sich der Frage zuwendet, inwieweit tatsächlich ein Unterschied hinsichtlich der Variablenausprägungen innerhalb der Erhebungskontexte zu beobachten war.

3.3.2.1 Regionale Unterschiede in der Verteilung der Freizeitverkehrsgruppen

Im Rahmen der Auswertung der Haushaltsbefragung wurden drei Raumkategorien verwendet. Die in der Erhebung noch getrennt erhobene Raumkontexte der Großstädte bzw. Mittelstädte wurde aufgrund der hohen Homogenität zur Kategorie „Städtische Räume" zusammengefasst.

Es stellt sich in der Erhebung tatsächlich eine unterschiedliche Verteilung der Gruppen über den regionalen Kontext ein (vgl. Abb. 36). Dies bedeutet, dass zum Einen alle Gruppen in allen Erhebungsteilräumen identifiziert werden konnten. Zum Zweiten belegen diese Ergebnisse, ähnlich wie dies in unterschiedlichen anderen Studien bereits erarbeitet wurde, dass sich vorhandene Lebensstile in unterschiedlichen regionalen Kontexten in differierender Stärke entfalten. So zeigt sich innerhalb der Erhebung eine grundsätzlich Abhängigkeit der Freizeitverkehrsgruppen vom regionalen Kontext. Einzelne Gruppen zeigen eine starke Affinität zu bestimmten räumlichen Rahmenbedingungen. So steigt etwa der Anteil der Gruppe der „Spaßorientierten Autofreunde" mit der Zunahme der Ländlichkeit deutlich an, wohingegen die Gruppe der „Eiligen Individualisten" einen genau gegenläufigen Trend zeigt. Wie stark hier tatsächlich ein Unterschied in der lebensweltlichen Orientierung eine Rolle spielt bzw. inwieweit der räumliche Kontext bestimmte Wertevorstellungen so stark einschränkt, dass sich Personen zwangsläufig einem anderen Freizeitverkehrsstil verschreiben müssen, bleibt an dieser Stelle ungeklärt, wird jedoch in der weiteren Analyse nochmals thematisiert. Mit anderen Worten: Es kann hier die Frage nicht beantwortet werden, ob etwa die Zunahme der „Spaßorientierten Autofreunde" eine Eigentümlichkeit des ländlichen Raumes darstellt und unabhängig von dem vor Ort vorhandenen Angebot ist, oder ob eben das fehlende Angebot an alternativen Verkehrsmitteln die Menschen praktisch in diese Rolle hineinzwängt.

Abb. 36: Regionale Häufigkeit der Freizeitverkehrsgruppen

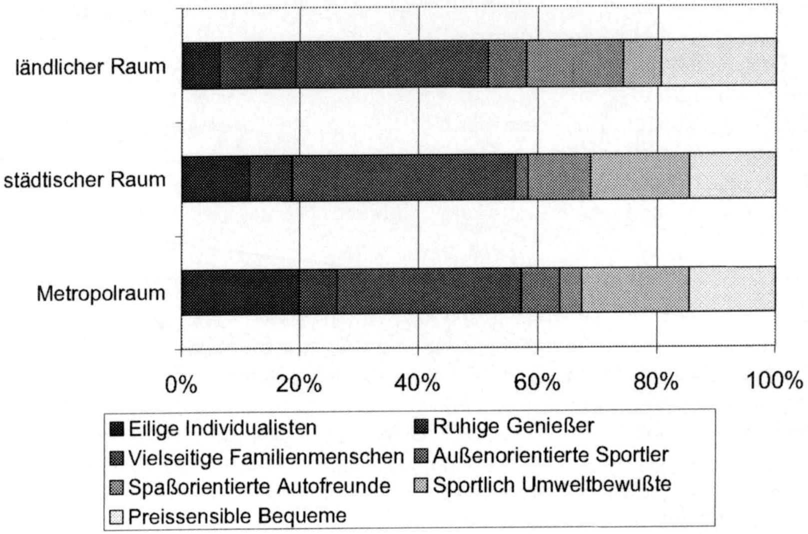

■ Eilige Individualisten		■ Ruhige Genießer				
■ Vielseitige Familienmenschen		■ Außenorientierte Sportler				
▓ Spaßorientierte Autofreunde		▓ Sportlich Umweltbewußte				
☐ Preissensible Bequeme						

Quelle: Eigene Erhebung (N = 194)

Ein ähnliches Phänomen könnte für die Zunahme der Gruppe der „Preissensiblen Bequemen" zutreffen. Das deutlich geringere Angebot in ländlichen Räumen würde dann die ohnehin geringe Tendenz zu außerhäuslichen Aktivitäten noch weiter einschränken. Für die Gruppe der „sportlich Umweltbewussten" stellt sich eine ähnliche Frage. Die für die Gruppe charakteristische starke Ablehnung des motorisierten Individualverkehrs macht ein ihren Werten und Vorstellungen entsprechendes Handeln in ländlichen Räumen sehr schwer. Es kann an dieser Stelle nicht mit Sicherheit festgestellt werden, ob dieser Sachverhalt grundsätzlich zu einer Ablehnung der ländlichen Räume durch diese Gruppe führt und sie sich somit aus diesem regionalen Kontext zurückzieht oder ob sie sich in abgeschwächter bzw. abgewandelter Form innerhalb anderer Gruppen wiederfindet. Neben diesen stark selektiven Verteilungen finden sich auch Gruppen, deren Abweichung zwischen den räumlichen Kontexten deutlich geringer ausfällt. So findet sich verständlicherweise zwar die größte Gruppe an „Vielseitigen Familienmenschen" im Umfeld der städtischen Räume, die Abweichungen zu den übrigen regionalen Kontexten fällt aber eher gering aus. So bleibt an dieser Stelle zu konstatieren, dass eine eindeutige Streuung der Häufigkeit der einzelnen Gruppen in Abhängigkeit des regionalen Kontexts festzustellen ist. Dieser Sachverhalt bedingt, dass bei der Betrachtung der einzelnen Gruppen bzw. deren Wertigkeit stets der jeweilige regionale Bezugsrahmen in Betracht gezogen werden muss. So schwankt die Relevanz einzelner Gruppe teils stark zwischen dem Gesamtkontext und den einzelnen Teilräumen.

3.3.2.2 Selektivität der Freizeitverkehrsgruppen an Freizeiteinrichtungen

Die aufwendige Erhebungsmethodik unter Einbeziehung differierender Erhebungsarten und Erhebungsstandorte ermöglicht für die Analyse auch einer Differenzierung der Gruppen, nicht nur, wie im vorherigen Abschnitt gezeigt, nach dem räumlichen Kontext, sondern auch nach deren tatsächlichen Aktivitätsmustern. Das heißt der tatsächlich realisierten Außenorientierung der Gruppen. Diese tatsächliche Außenorientierung kann dabei gleichzeitig zur Validierung der theoretischen – also der aus den Angaben der Probanden innerhalb der Haushaltsbefragung zu errechnenden – Außenorientierung dienen.

Diese theoretische Außenorientierung stellte unter anderem die Basis für die Beschreibung und die Benennung der Gruppen dar. Die Abbildung zeigt eine Zusammenfassung über alle Erhebungsstandorte. Sie bezieht somit sowohl die unterschiedlichen inhaltlichen Ausrichtungen als auch die unterschiedlichen räumlichen und verkehrlichen Kontexte der Einrichtungen mit ein. Dieser Wert, der die Intensität der Nutzung der Standorte durch die Gruppen beschreibt, ermöglicht den Rückschluss auf die generelle Inanspruchnahme von Freizeiteinrichtungen durch die einzelnen Gruppen. Es zeigt sich eine grundsätzliche Unterscheidung in die Gruppen, die im Verhältnis zu ihrer Häufigkeit innerhalb der Haushaltsbefragung an den Standorten über- bzw. unterrepräsentiert sind. Diese Über- bzw. Unterrepräsentanz wiederum stellt nach Ansicht des Autors ein Maß für die Selektivität der realisierten Außenorientierung der einzelnen Gruppen da. Drei der sieben Gruppen zeigen eine unterdurchschnittliche Repräsentanz an den Standorten, hierzu zählen die Gruppe der „Vielseitigen Familienmenschen", die Gruppe der „Preissensiblen Bequemen" sowie in geringem Umfang auch die Gruppe der „Spaßorientierten Autofreunde". Demgegenüber stehen die Gruppe der „Außenorientierten Sportler", der „Eiligen Individualisten", der „Ruhigen Genießer" sowie die Gruppe der „Sportlich Umweltbewussten", die eine Überrepräsentanz an den Standorten aufweisen.

Abb. 37: Häufigkeit der Freizeitverkehrsgruppen

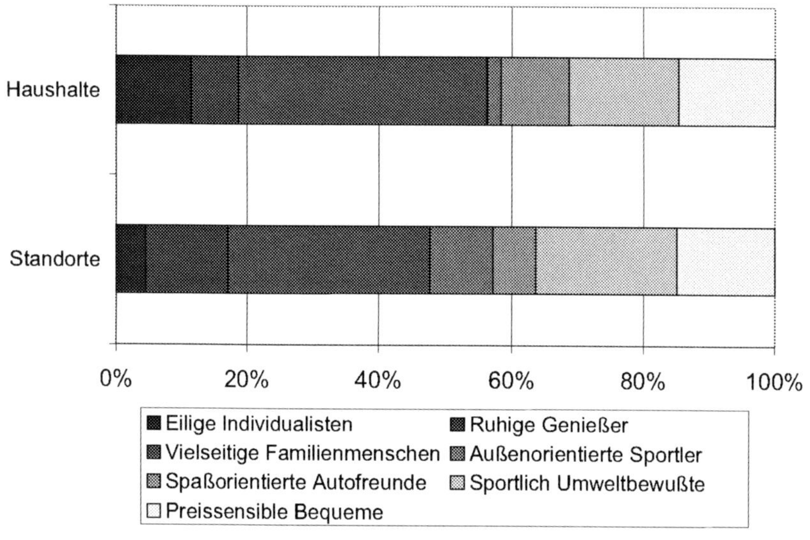

Quelle: Eigene Erhebung (N = 194)

3.3.4 Zusammenfassung

Innerhalb des Kapitels 3 konnten die für das zuvor entwickelte Verkehrsmittelwahl-modell als Ausgangsbasis notwendigen Freizeitverkehrsgruppen entwickelt werden. Insbesondere die für das weitere Verständnis notwendige Typisierung der einzelnen Gruppen sowie ihr spezifischen Eigenheiten, hinsichtlich der für das Verkehrs-mittelwahlverhalten relevanten Eigenschaften, etwa im Falle der Pkw-Verfügbarkeit, konnten geklärt werden. Darüber hinaus ließ sich eine differenzierte Verteilung der Gruppen sowohl im Hinblick auf unterschiedliche räumliche Kategorien, wie auch im Hinblick auf die Verteilung an unterschiedlichen Freizeitstandorten feststellen. Im weiteren Verlauf gilt es nun, die dargestellten Gruppen in das Verkehrsmittel-wahlmodell zu integrieren.

4   Empirische Umsetzung des Modells zur Verkehrs-mittelwahl

Bevor im Rahmen dieses Kapitels das in Kapitel 2 entwickelte theoretische Modell zur Verkehrsmittelwahl mit konkreten empirischen Befunden auf seine Tragfähigkeit überprüft wird, soll an dieser Stelle zunächst ein kurzer Rückblick auf die in den vorherigen Kapiteln erarbeiteten Ergebnisse stattfinden.

Das erste Kapitel gab einen Überblick über die Forschungsaktivitäten unterschiedlicher Disziplinen im Umfeld der Freizeitmobilität. Es verdeutlichte die Relevanz eines integrierten Vorgehens in diesem Bereich.

Im Mittelpunkt von Kapitel 2 stand die Entwicklung eines lebensstilorientierten Verkehrsmittelwahlmodells. Dieses Modell stellt für sich bereits ein zentrales Ergebnis der vorliegenden Arbeit dar, da es die Integration unterschiedlichster bisheriger Ansätze ermöglicht. Die individuellen Wahrnehmungsfilter der Menschen wie auch deren individuelle Restriktionen wurden bei der Entwicklung des Modells beachtet. Zugleich wurde erstmals der Rolle der „Routinen" an zentraler Stelle Rechnung getragen. Eng damit verbunden löst die begrenzte Rationalität die realitätsferne Forderung nach dem „Homo oeconomicus" ab. Darüber hinaus konnte auch der regionale Kontext als mitbestimmende Größe integriert werden. Schließlich wurde mit der Aufteilung des Routenwahlverfahrens in die beiden Komponenten der Relations- und Routenwahl eine weitere Erklärungsdimension für das Verkehrshandeln der Menschen integriert. Um die grundsätzliche Umsetzbarkeit dieses Modells zu belegen, musste in einem ersten Schritt die Machbarkeit der Konstruktion von repräsentativen Freizeitverkehrsgruppen belegt werden.

Diese Funktion übernimmt das Kapitel 3. Die Problemstellung dieses Kapitels besteht aus der theoretischen Herleitung und der erfolgreichen empirischen Umsetzung der so genannten „Freizeitverkehrsgruppen". Die Rolle dieser empirischen Umsetzung muss an dieser Stelle nochmals ausdrücklich betont werden. Stellte diese doch einen weiteren, wenn auch kleinen Schritt hin zu einer zielgruppenspezifischen Mobilitätsforschung dar. Den gegen Ende der 90'er Jahre entstandenen, regional sehr begrenzten Einzelfallstudien von LANZENDORF (2001) oder des „Instituts für sozial-ökologische Studien" (ISOE), wird eine weitere überregionale empirische Erhebung auf Basis eines neuen theoretischen Entscheidungsmodells zur Seite gestellt. Die bisherigen Befunde der grundsätzlichen Konstruierbarkeit von Gruppen homogenen Verkehrsverhaltens, konnte einmal mehr bestätigt werden. Darüber hinaus konnte der überregionale Charakter derartiger Verkehrsstilgruppen sowie ihre selektive Verteilung über differierende räumliche Kontexte belegt werden. Dieser erneute Erfolg bildet die Basis für die Weiterentwicklung derartiger lebensstilorientierter Ansätze in Richtung einer tatsächlichen Integration in ein Verkehrsmittelwahlmodell.

Im nachfolgenden Kapitel 4 werden nun die zur Umsetzung des in Kapitel 2 entwickelten Verkehrsmittelwahlmodells notwendigen weiteren Operationalisierungen erarbeitet. Hierzu müssen die innerhalb des Modells entwickelten theoretischen Konstrukte in Einzeldimensionen umgesetzt werden, für die wiederum messbare Variablen zu entwickeln sind. Um das weitere Vorgehen der Operationalisierung des Verkehrsmittelwahlmodells so transparent wie möglich zu gestalten, wird das Modell in drei Einzelbausteine zerlegt (vgl. hierzu nachstehende Abbildung).

Abb. 38:　Bausteine des Verkehrsmittelwahlmodells

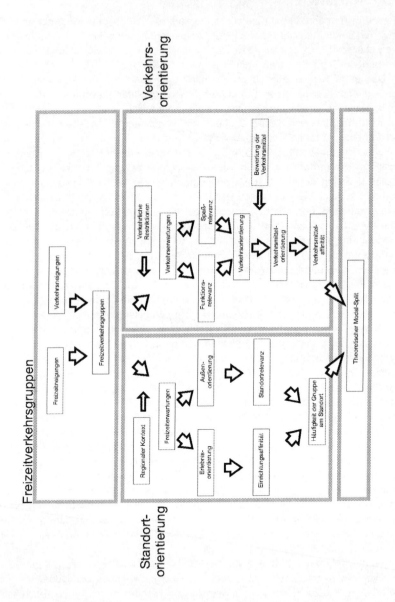

Quelle: Eigene Darstellung

- Baustein 1 „Freizeitverkehrsgruppen":
  Dieser Baustein beinhaltet die Entwicklung der Freizeitverkehrsgruppen und
  wurde bereits in Kapitel 3 ausführlich behandelt.
- Baustein 2 „Standortorientierung":
  Innerhalb dieses Teilbereiches werden, aufbauend auf den Freizeiterwartungen
  der Freizeitverkehrsgruppen, Affinitätsmuster für bestimmte Freizeiteinrich-
  tungstypen entwickelt, um auf diesem Wege eine gruppenspezifische, mögliche
  Nutzungsintensität bestimmter Einrichtungen zu simulieren.
- Baustein 3 „Verkehrsorientierung":
  Der Baustein 3 dient der Entwicklung von gruppenspezifischen Verkehrsmittel-
  affinitäten, die Aufschluss über das zu erwartende gruppenspezifische Verkehrsmittelwahlverhalten erlauben.
- Baustein 4 „Verkehrsmittelwahlverhalten":
  An dieser Stelle werden die Ergebnisse der Bausteine 2 und 3 zusammengeführt. Damit kann sodann ein theoretischer Modal-Split auf Basis der Standort-
  und Verkehrsorientierung abgeleitet werden.

Die einzelnen Bausteine werden innerhalb des Kapitels Schritt für Schritt aufgearbeitet, um am Ende des Kapitels nochmals in Form einer Zusammenschau miteinander in Bezug gesetzt zu werden. Es ist an dieser Stelle unabdingbar, sich der
Struktur des Gesamtmodells während des nachfolgenden Prozesses stets bewusst
zu sein (vgl. Abb. 38).

4.1 Ableitung der Standortorientierung der Freizeitverkehrsgruppen

In der vorliegenden Arbeit wird von einer starken Rückkopplung der Freizeitorientierungen und den damit verbundenen Freizeitaktivitäten mit dem jeweiligen Freizeitstandort ausgegangen. Eben jene Freizeitstandorte und deren verkehrlichen Ge-
staltungsmöglichkeiten stehen im Fokus dieser Arbeit, denn diese bieten die Möglichkeit, einerseits Verkehr zu mindern, andereseits diesen verträglicher zu gestalten. Somit steht im Mittelpunkt dieses Kapitels die Entwicklung gruppenspezifischer Freizeiterwartungen, mit deren Hilfe die Nutzungsintensität verschiedener
Freizeitstandorte durch die einzelnen Freizeitverkehrsgruppen prognostiziert werden kann. Bevor jedoch mit der konkreten Konstruktion der Freizeiterwartung begonnen werden kann, ist zunächst die Rolle des regionalen Kontextes für die Freizeiterwartung der Gruppen zu überprüfen.

4.1.1 Rolle des regionalen Kontextes

Eine spätere Simulation kann nur erfolgreich sein, wenn die Freizeiterwartung der
Gruppen zwischen den räumlichen Kontexten nicht zu sehr streut bzw. sich keine
raumspezifischen gruppenunabhängigen Freizeiterwartungen ergeben.

Die zuvor entwickelten Freizeitverkehrsgruppen sind zwar durch das bei ihrer Entwicklung verwendete Verfahren grundsätzlich unabhängig vom räumlichen Kontext,
in dem die Individuen leben, da sie sich auf die Gruppenzugehörigkeit der jeweiligen Individuen konzentrieren, nicht aber auf deren individuelles, regionales Umfeld.
Jedoch soll an dieser Stelle diese Unabhängigkeit anhand typischer Einzelvariablen
nochmals überprüft werden.

Als Basis für die Umsetzung des regionalen Kontextes dient die im Rahmen der Haushaltsbefragung vorgenommene räumliche Differenzierung der Erhebungsräume. An dieser Stelle sei auf die drei unterschiedlichen räumlichen Kontexte der Haushaltsbefragung verwiesen (vgl. Kap. 3.3.2.1):

* Metropolraum,
* städtischer Raum,
* ländlicher Raum.

4.1.1.1 Die Zufriedenheit mit dem Freizeitangebot in Abhängigkeit des regionalen Kontextes

Als erste Annäherung an die mögliche Relevanz des regionalen Kontextes sei an dieser Stelle auf die Variable „Zufriedenheit mit dem lokalen Freizeitangebot" eingegangen. Diese einfache Frage liefert bereits einen grundlegenden Anhaltspunkt zur Gesamtthematik der räumlichen Differenzierung. So zeigt sich zunächst eine deutliche Differenzierung der Zufriedenheit über die drei räumlichen Kontexte.

Dabei ist erwartungsgemäß offensichtlich geworden, dass das Freizeitangebot des Metropolraumes kaum Wünsche bei den Befragten offen lässt. Überraschenderweise stellt sich jedoch unter den Bewohnern der ländlichen Räume eine sichtbar höhere Zufriedenheit mit dem lokalen Angebot dar als im städtischen Kontext. Die bereits zuvor im Kapitel 3.3.2.1 festgestellte unterschiedliche räumliche Verteilung der Gruppen über die einzelnen räumlichen Kontexte könnte an dieser Stelle eine mögliche Erklärung liefern. Eine Analyse der Zufriedenheit über die räumlichen Kontexte innerhalb der einzelnen Gruppe zeigt jedoch den in Abb. 39 bis Abb. 41 dargestellten Effekt:

Abb. 39: Zufriedenheit mit dem Freizeitangebot (über alle Gruppen)

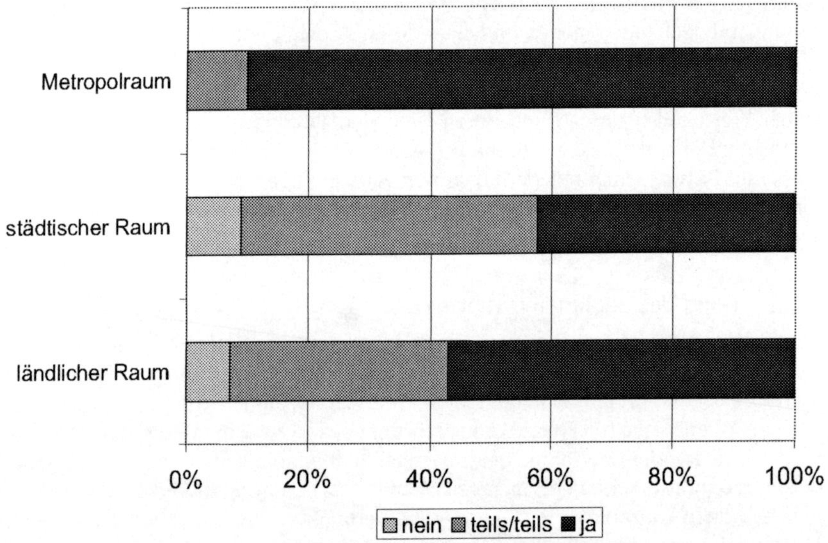

Quelle: Eigene Erhebung (N = 313)

Abb. 40: Zufriedenheit mit dem Freizeitangebot (Vielseitige Familienmenschen)

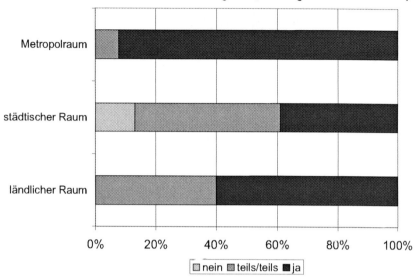

Quelle: Eigene Erhebung (N = 67)

Abb. 41: Zufriedenheit mit dem Freizeitangebot (Preissensible Bequeme)

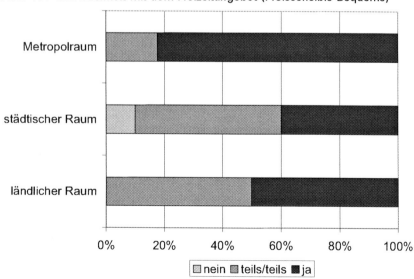

Quelle: Eigene Erhebung (N = 29)

Die Differenzierung im Hinblick auf die Zufriedenheit mit dem Freizeitangebot zeigt sich – wenn auch nicht in identischer Stärke – so doch in seiner Grundtendenz, in gleicher Weise innerhalb der einzelnen Gruppen ebenso wie im Gesamtmittel der Stichprobe. Beispielhaft seien hier die Gruppe der „Vielseitigen Familienmenschen" sowie die Gruppe der „Preissensiblen Bequemen" dargestellt. Die in der Abbildung 41 erkennbaren Unterschiede hinsichtlich der Zufriedenheit sind somit nicht auf die Zusammensetzung der Gruppen in den unterschiedlichen räumlichen Kontexten zurückzuführen, sondern auf eine räumlich differenzierte Wahrnehmung hinsichtlich des zur Zufriedenheit notwendigen Angebotes.

4.1.1.2 Differenzen im Bezug auf die außerhäuslichen Aktivitäten

Nach der ersten Annäherung an die grundsätzliche Problematik der räumlichen Differenzierung in Form der Zufriedenheit mit dem Freizeitangebot wird im Nachfolgenden der Aspekt der außerhäuslichen Aktivitäten im Hinblick auf eine räumliche Differenzierung betrachtet.

Zunächst muss in analoger Weise die Frage nach der grundsätzlichen, gruppenunabhängigen räumlichen Differenzierung der außerhäuslichen Aktivitäten gestellt werden. Zur Operationalisierung der außerhäuslichen Aktivitäten wird an dieser Stelle die Aussage „Aus den eigenen 4 Wänden rauskommen" benutzt. Der mögliche Wertebereich erstreckt sich von 1 (sehr wichtig) bis 5 (gänzlich unwichtig). In der nachfolgenden Tabelle werden die auf eine Nachkommastelle gerundeten Mittelwerte dieser Variable an zwei ausgewählten Gruppen über die unterschiedlichen Raumkontexte dargestellt.

Es zeigt sich an dieser Stelle eine grundsätzliche Abhängigkeit der Zufriedenheit zwischen den außerhäuslichen Aktivitäten und dem räumlichen Kontext. So nimmt diese Abhängigkeit ausgehend vom Metropolraum über den städtischen Kontext hin zum ländlichen Raum sichtbar ab. Dieser Sachverhalt verdeutlicht die Relevanz eines adäquaten Angebotes für die Stärke der Ausprägung dieser Variable. Mit der Zunahme der Möglichkeiten an außerhäuslichen Freizeitangeboten steigt auch die außerhäusliche Aktivität an. Wiederum könnte an dieser Stelle die differenzierte Zusammensetzung der Freizeitverkehrsgruppen in den unterschiedlichen räumlichen Kontexten als Erklärungsmöglichkeit angeführt werden. Doch analog zu den Befunden im Hinblick auf die Zufriedenheit mit dem Freizeitangebot ergibt sich auch für die außerhäuslichen Aktivitäten, dass sich die Abweichungen zwar in unterschiedlicher Stärke abzeichnen, sie aber dieselbe Tendenz, in Form eines Anstieges der Häuslichkeit mit der Zunahme der Ländlichkeit, innerhalb aller Gruppen wiedergeben. Als Beispiele seien die in der Tabelle exemplarisch angeführten Gruppen der „Vielseitigen Familienmenschen" sowie die Gruppe der „Ruhigen Genießer" angeführt. Besonders deutlich zeigt sich der Effekt der räumlichen Ausdifferenzierung an

Tab. 6: Stärke der außerhäuslichen Aktivitäten

Raumkategorie	Mittelwert (alle Gruppen)	Vielseitige Familienmenschen	Ruhige Genießer
ländlicher Raum	2,5	3	3
städtischer Raum	2,3	2,3	2,4
Metropolraum	2,1	2,0	2,3

Quelle: Eigene Erhebung (N = 313)

der Gruppe der „Vielseitigen Familienmenschen". Hier ergibt sich ein Unterschied in der außerhäuslichen Aktivität zwischen dem Wert 2 im metropolitanen und dem Wert 3 im ländlichen Raum von 50 Prozent (vgl. Tab. 6). Der hohe Wert für die Außen-orientierung gerade in metropolitanen Räumen ist zum Teil sicherlich auf den Anteil von Familien mit Kindern innerhalb der Gruppe der „Vielseitigen Familienmenschen" zurückzuführen. Die Freizeit wird als Chance begriffen, mit den Kindern der Enge der Wohnung zu entfliehen und somit eventuell den Mangel eines Gartens zu kompen-sieren. Dieses Zusammentreffen von unterschiedlichen „Push- und Pullfaktoren" ver-stärkt somit den grundsätzlich über alle Gruppen beobachtbaren Effekt der zuneh-menden Außenorientierung bei zunehmender Verstädterung.

4.1.1.3 Differenzen des Aktionsraumes in Abhängigkeit des regionalen Kontextes

Als dritten und abschließenden Punkt soll hinsichtlich der räumlichen Ausdifferen-zierung der Ansprüche der Probanden die Bereitschaft zur Raumüberwindung be-trachtet werden. Innerhalb der Haushaltsbefragung wurden von den Probanden Daten bezüglich ihres zeitlichen Aufwands (Angaben in Minuten) zum Besuch ein-zelner Freizeiteinrichtung erhoben. Hierbei ergab sich für einen Teil der Einrich-tungen (Freizeitbad, Kino oder Disco) ein relativ homogenes Ergebnis. Gerade jene Einrichtungen sind es auch, die mit einer gemittelten akzeptablen Fahrzeit zwischen 30 Minuten (Kino) und 37 Minuten (Freizeitbad und Disco) das untere Ende der akzeptierten Fahrzeit bilden. Dies bedeutet, dass diese Einrichtungen offenbar un-abhängig von ihrem regionalen Standort auf relativ isochrone Einzugsbereiche aus-strahlen können.

Ein differenzierteres Bild ergibt sich für kulturelle Einrichtungen. So ist der zeitli-che Aufwand, den die Bevölkerung im städtischen Umfeld bereit ist auf sich zu neh-men, um etwa ein Musical, Theater oder Museum zu besuchen, größer als in länd-lichen Räumen und gleichzeitig sehr viel größer als in metropolitanen Räumen. Die sehr viel niedrigere Akzeptanz von langen Fahrzeiten im Metropolraum mag mit der Erwartung der Bewohner derartiger Räume verknüpft sein, dass sie ein hochwerti-

Tab. 7: Fahrbereitschaft für außerhäusliche Aktivitäten (in Minuten)

Raumkategorie	Basiseinrichtungen			Kultureinrichtungen			Gesamt (inkl. Freizeit-parks und Sport-veranstaltungen)
	Freizeitbad	Disco	Kino	Musical	Theater	Museum	
ländlicher Raum	38	36	29	102	50	69	58
städtischer Raum	32	36	29	110	54	73	62
Metropolraum	41	37	30	65	40	40	49

Quelle: Eigene Erhebung (N = 313)

ges Kulturangebot als festen Bestandteil des Freizeitangebotes einer Großstadt betrachten. Im Unterschied dazu erscheint das Interesse an derartigen Einrichtungen – zumindest, soweit es mit der Bereitschaft verknüpft ist, einen weiten Weg dafür zurückzulegen – unter der ländlichen Bevölkerung deutlich geringer. Die Bewohner städtischer Räume hingegen schätzen offensichtlich ein eher umfangreiches Kulturangebot, was jedoch in der Regel in diesem räumlichen Kontext nicht vorhanden ist. Dies führt zu einer – speziell in städtischen Räumen – sehr großen Bereitschaft zum Besuch derartiger Einrichtungen auch sehr große Distanzen zu überwinden.

Speziell die Einrichtungen im kulturellen Bereich sind ausschlaggebend für die höchste Fahrbereitschaft im städtischen Umfeld. Somit bleibt an dieser Stelle zu konstatieren, dass nicht etwa die ländlichen Räume – wie möglicherweise auf Grund des geringen Angebotsniveaus zu erwarten – den größten Verkehrsaufwand erzeugen, sondern die städtischen Räume. Analog zur vorher betrachteten Variable „außerhäusliche Aktivitäten" stellt sich auch hier die Frage, inwieweit diese Abweichungen ebenso innerhalb der einzelnen Gruppen identifiziert werden können. Wiederum zeigt sich, wie in nachfolgender Tabelle deutlich wird, dass sich zwar geringfügige Abweichungen zwischen den Gruppen ergeben, grundsätzlich jedoch die Bereitschaft zur Distanzüberwindung im Kontext der Freizeit im städtischen Raum noch vor dem ländlichen Raum und dem metropolitanen Raum am größten ist.

Tab. 8: Fahrbereitschaft nach Gruppen (in Minuten)

Raumkategorie	Mittelwert (alle Gruppen)	Vielseitige Familienmenschen	Eilige Individualisten
ländlicher Raum	58	60	50
städtischer Raum	62	74	52
Metropolraum	49	52	44

Quelle: Eigene Erhebung (N = 313)

4.1.1.4 Zusammenfassung der räumlichen Differenzierung

Ausgangspunkt für die Überlegungen hinsichtlich der räumlichen Differenzierung war die Frage, ob sich die Freizeiterwartungen der Gruppen über die räumlichen Kontexte unterscheiden bzw. ob sich raumspezifische, gruppenunabhängige Freizeiterwartungen innerhalb der Gruppen ergeben. Diese Frage ist insofern von Relevanz, als sie die Frage der Verhaltenshomogenität hinsichtlich der beiden Kriterien „Raumkontext" und „Zugehörigkeit zu einer Freizeitverkehrsgruppe", bzw. die Wechselbeziehungen zwischen diesen beiden Faktoren, näher beleuchtet. Es hat sich am Beispiel der untersuchten Variablen ein grundsätzlicher Zusammenhang zwischen dem regionalen Kontext und der Ausprägung der einzelnen Variablen ergeben, welcher sich jedoch ebenso innerhalb der einzelnen Freizeitverkehrsgruppen identifizieren ließ. Dies belegt, dass die grundsätzlich über die Gruppen differierenden Ausprägungen nicht durch die räumliche Differenzierung in Frage gestellt werden. Das Verhältnis der Ansprüche der Gruppen bleibt im Verhältnis zueinander über den räumlichen Kontext hinaus konstant.

4.1.2 Theoretische Außenorientierung

Die Außenorientierung der einzelnen Gruppen dient als Maß für die Wahrscheinlichkeit des Auftretens einzelner Gruppen an den möglichen Freizeitstandorten. Diese
stellt somit die bestimmende Größe für die verkehrlichen Folgen der Gruppe vor dem
Hintergrund ihrer absoluten Häufigkeit und ihrer verkehrlichen Ansprüche dar. Eine
möglicherweise sehr große absolute Zahl der jeweiligen Gruppe, und damit ein diesen Gruppen beigemessenes, sehr hohes Gewicht hinsichtlich des durch sie erzeug-
ten Verkehrsaufwandes, kann unter Umständen durch eine geringe Außenorientierung stark relativiert werden. Die starke MIV-Orientierung einer Gruppe kann bei
einer mäßigen Außenorientierung unerhebliche Auswirkungen auf die Verkehrsin-
duktion im Bereich des MIV haben, da sie durch die minimalen außerhäuslichen Aktivitäten kaum in tatsächliche Verkehrsleistung umgesetzt werden.

Zur Konstruktion dieser Außenorientierung wurde nach unterschiedlichen Tests
und Bewertungsverfahren das Statement „Aus den eigenen 4 Wänden rauskommen" in Kombination mit der geäußerten Präferenz für „Verreisen" als Freizeitaktivität ausgewählt. Weder die Einbeziehung weiterer Variablen noch die Verwendung
anderer Variablen aus dem Umfeld der Freizeitorientierung erbrachte einen höheren
Erklärungswert hinsichtlich des tatsächlichen Verhaltens.

Aus diesem Grund wurden diese beiden Variablen nach einem Verfahren, auf das
im Folgenden nochmals ausdrücklich eingegangen wird, zu einem gemeinsamen
Index bezüglich der theoretischen Außenorientierung verrechnet. Diese einbezogenen Variablenausprägungen stellen eine individuenbezogene Bewertung der jeweiligen Variable dar.

Zur Erarbeitung dieser individuenbezogenen Bewertungen wurde zunächst die
Abweichung jeder freizeitbezogenen Einzelvariable vom Mittelwert über alle freizeitbezogenen Variablen gebildet. Auf diese Weise kann nicht nur die absolute,
sondern auch die relative Wichtigkeit jeder einzelnen Variable betrachtet werden.
Diese relative Wichtigkeit in Form der Differenz zwischen der absoluten Wichtigkeit
jeder einzelnen Variable und dem Mittelwert der absoluten Wichtigkeit aller freizeitbezogenen Variablen diente als Ausgangsbasis für die weitere Betrachtung der
Variablen. Auf diese Weise wurde sichergestellt, dass tatsächlich das individuelle
Verhältnis der einzelnen Variablen zueinander, also auch das entsprechende Gewicht zwischen den Freizeitvorlieben, als Basis der weiteren Konstruktion dient. Das
Vorgehen soll an einem kurzen Beispiel erläutert werden. Existiert etwa in einem
Fall eine sehr große Streuung hinsichtlich der Ausprägungen der einzelnen Variablen (gibt der Proband beispielsweise auf die Frage nach der Wichtigkeit der Aktivität „verreisen" eine sehr geringe Wichtigkeit an und etwa für eine zweite Variable
beispielsweise „sich mit Freunden treffen" eine sehr hohe Wichtigkeit), so zeugt
dies von einer bewussten Nutzung der möglichen Bandbreite der Antwortvorgaben
und auch von einem deutlichen Relevanzunterschied dieser beiden Variablen.

Im Unterschied dazu kann auch der Fall einer geringen Streuung innerhalb der Antworten vorkommen. Dies legt wiederum die Vermutung nach geringen Relevanz-
unterschieden zwischen den Einzelvariablen nahe. Dieses Beispiel zeigt, dass die
Berücksichtigung der absoluten Ausprägungen der einzelnen Variablen zu einer un-
gewollten Verzerrung führen kann, da mögliche identische absolute Werte nicht
auch zwangsläufig das identische Relevanzgefälle abbilden müssen. So nutzen

möglicherweise bestimmte Probanden nicht die gegebene Breite der Antwortvorgaben und beschränken sich auf eine sehr viel schmalere Skala, um die identischen
Relevanzunterschiede auszudrücken. Die Einbeziehung der mittleren Streuung,
über alle Antworten des jeweiligen Probanden ermöglicht es, diese Verzerrung weitgehend zu umgehen. Durch die Bildung der Differenz zwischen der mittleren Streuung pro Proband über alle Ausprägungen und der jeweiligen Ausprägung der Einzelvariable kann das tatsächliche individuelle Relevanzgefälle pro Proband zwischen
den Variablen Berücksichtigung finden. Auf diese Weise wird dem relativen Unterschied zwischen identischen absoluten Ausprägungen Rechnung getragen.

Über diese so entwickelten, fallspezifischen Werte wird sodann, entsprechend
der Zugehörigkeit des jeweiligen Probanden zu einer der sieben Freizeitverkehrsgruppen, ein gruppeninterner Mittelwert für jede einzelne der freizeitbezogenen
Variablen gebildet. Dieser gruppenspezifische Mittelwert einer jeden der freizeitbezogenen Variablen dient als Basis zur Entwicklung sowohl der „theoretischen
Außen-" als auch der „theoretischen Standortorientierung".

Entsprechend der zuvor bereits beschriebenen Testverfahren werden zur Konstruktion der „theoretischen Außenorientierung" die beiden Statements zur Wichtigkeit der außerhäuslichen Aktivitäten sowie zur Wichtigkeit des „Verreisens"
herangezogen. In der Umsetzung bedeutet dies eine einfache Mittelwertbildung
über die jeweiligen Ausprägungen der beiden gruppenspezifischen Werte.

Entsprechend der Entwicklung der Werte verfügen diese über einen theoretischen
Wertebereich von -2 bis +2, wobei positive Werte für eine überdurchschnittliche
und negative Werte für eine unterdurchschnittliche Außenorientierung stehen. Die
gruppenspezifischen Werte können nachfolgender Tabelle 9 entnommen werden. Es
zeigt sich, dass die Gruppe der „Eiligen Individualisten" die geringste Außenorientierung aufweißt. Den Gegenpart stellt die Gruppe der „Außenorientierten Sportler" dar.

Tab. 9: Stärke der Außenorientierung nach Freizeitverkehrsgruppen

Freizeitverkehrgruppen	Außenorientierungsfaktor
Preissensible Bequeme	0,00
Sportlich Umweltbewußte	0,32
Spaßorientierte Autofreunde	-0,30
Außenorientierte Sportler	0,50
Vielseitige Familienmenschen	-0,26
Ruhige Genießer	0,39
Eilige Individualisten	-0,52

Quelle: Eigene Erhebung (N = 313)

4.1.3 Theoretische Erlebnisorientierung

Die Erlebnisorientierung wird synchron zur Außenorientierung aus den Variablen-
werten der relativen Typisierung der Gruppen zum Freizeitverhalten entwickelt
(vgl. Kapitel 4.1.2). In diesem Fall wurden die Variablen „Etwas Aufregendes erleben" sowie „Verreisen" für die Konstruktion herangezogen. Analog zum Vorgehen

bei der Entwicklung der Außenorientierung wird aus den fallspezifisch normierten Variablenausprägungen ein Mittelwert für die jeweilige Gruppe entwickelt. Die theoretische Erlebnisorientierung stellt darauf aufbauend wiederum den Mittelwert aus den beiden herangezogenen gruppenspezifischen Variablenmittelwerten dar. Die Erlebnisorientierung dient primär der Attraktivitätsmessung einzelner Freizeitstandorte für die jeweiligen Gruppen. Folgt man dem Ansatz des Autors, so lassen sich innerhalb der vorhandenen Freizeitangebote, bzw. Freizeiteinrichtungen unterschiedliche Hauptzielsetzungen extrahieren. Diese werden innerhalb der Arbeit primär nach ihrem Erlebniswert unterschieden (vgl. hierzu Kapitel 5.1.2). Damit einhergehend wird eine in Abhängigkeit von der Erlebnisorientierung der Gruppe spezifische Nutzung von in besonderer Weise auf den Erlebniswert abzielenden Einrichtungen erwartet. Somit dient die Erlebnisorientierung zur Vorhersage, welche Einrichtungstypen von welchen Gruppen wie stark genutzt werden, während die

Tab. 10: Stärke der Erlebnisorientierung nach Freizeitverkehrsgruppen

Freizeitverkehrsgruppe	Außenorientierungsfaktor
Preissensible Bequeme	0,00
Sportlich Umweltbewußte	0,32
Spaßorientierte Autofreunde	-0,30
Außenorientierte Sportler	0,50
Vielseitige Familienmenschen	-0,26
Ruhige Genießer	0,39
Eilige Individualisten	-0,52

Quelle: Eigene Erhebung (N = 313)

Außenorientierung Angaben über die grundsätzliche Häufigkeit des Auftretens der jeweiligen Gruppen an Freizeiteinrichtungen allgemein liefert.

Entsprechend der Konstruktion ergibt sich auch für die theoretische Erlebnisorientierung ein Wertebereich von -2 bis +2, wobei wiederum die negativen Werte für eine unterdurchschnittliche, die positiven Werte für eine überdurchschnittliche Erlebnisorientierung stehen. Die Stärke dieser Orientierung lässt sich, aufgegliedert nach den Gruppen, in nachfolgender Tabelle ablesen. Insgesamt fällt auf, dass die Erlebnisorientierung über alle Gruppen nicht sehr stark streut. Den höchsten Wert weist die Gruppe der „Preissensiblen Bequemen" mit 0,20 auf. Am kritischsten steht die Gruppe der „Außenorientierten Sportler" dem „Erlebnis" als Freizeitinhalt gegenüber. Neben diesen beiden Extremgruppen weisen noch die Gruppe der „Preissensiblen Bequemen" und die Gruppe der „Vielseitigen Familienmenschen" eine erhöhte Erlebnisorientierung auf, während sich die übrigen Gruppen in einem schmalen Band um den Wert 0 befinden.

4.1.4 Theoretische Standortorientierung der Gruppen

Auf Basis der zuvor konstruierten Außen- und Erlebnisorientierung der Freizeitverkehrsgruppen lässt sich eine gruppenspezifische Standortorientierung entwickeln. Diese ermöglicht, ausgehend von der Häufigkeit der Gruppen innerhalb der Haushaltsbefragung, in einem ersten Schritt über die jeweilige Außenorientierung eine Annäherung an die mögliche Häufigkeit der Gruppe in Freizeiteinrichtungen. Diese Näherung wird zusätzlich mittels der Erlebnisorientierung der Gruppen über die inhaltliche Ausrichtung, also den Erlebniswert des jeweiligen Freizeitstandortes, weiter präzisiert. Um zunächst einen Überblick über die gruppenspezifischen Orientierungen zu erhalten, werden die Gruppen in nachfolgender Abbildung entsprechend ihrer Außen- (x-Achse) bzw. Erlebnisorientierung (y-Achse) in einem Koordinatensystem dargestellt. Der Radius ist hierbei proportional zum Anteil der Gruppe innerhalb der Erhebung.

Die Abbildung 42 verdeutlicht die gruppenspezifischen Ausprägungen hinsichtlich der Standortrelevanz der einzelnen Gruppen. Zum Einen fällt der deutliche Unterschied zwischen den Gruppen hinsichtlich der beiden Orientierungen auf. Zum Anderen zeigt sich eine nur geringe Neigung der Gruppen in Richtung der jeweils möglichen Extremwerte. Stattdessen stellt sich im Falle beider Orientierungen nur eine maximal 50 %-ige zweiseitige Schwankung ein. Dies deutet, wie auch schon im Rahmen einzelner Studien durch das Institut „mensch verkehr umwelt" (vgl. GSTALTER 2001) festgestellt, darauf hin, dass das Freizeitverhalten der deutschen Bevölkerung eben nicht, wie von OPASCHOWSKI zwar häufig behauptet, aber

Abb. 42: Standortorientierung nach Freizeitverkehrsgruppen

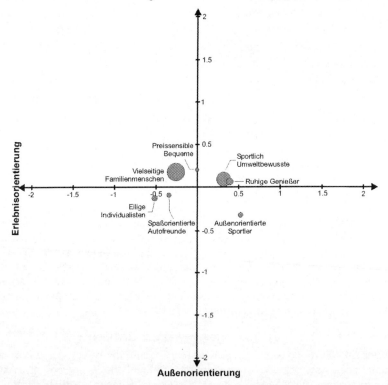

Quelle: Eigene Erhebung (N = 313)

empirisch kaum belegt, von sehr starken Extremen geprägt wird. Darüber hinaus lässt sich die ebenfalls so häufig in der Literatur rezitierte starke Erlebnisorientierung nur bedingt nachweisen. Sicherlich werden derartig extreme Orientierungen Einzelner innerhalb der Gruppen durch die Mittelwertbildung nivelliert. Die hohe Empfindlichkeit des zur Konstruktion der Mittelwerte herangezogenen arithmetichen Mittels auf einzelne Ausreißerwerte unterstreicht aber vor dem Hintergrund der nur mäßigen Streuung der Werte innerhalb der Gruppen die geringe Zahl derartiger Extremwerte.

4.2 Entwicklung der gruppenspezifischen Verkehrsmittelaffinität

Nachdem im vorherigen Abschnitt die Entwicklung der freizeitverkehrsgruppenspezifischen Standortorientierung im Mittelpunkt stand, gilt es im Folgenden, die Verkehrsorientierung sowie die damit verbundene Verkehrsmittelaffinität umzusetzen.

4.2.1 Rolle der individuellen Restriktionen

Die aus der Verkehrsorientierung zu entwickelnde Verkehrsmittelaffinität der Freizeitverkehrsgruppen ist grundsätzlich unabhängig von den Lebensumständen der Individuen innerhalb einer Gruppe. Daher ist es im Vorfeld notwendig zu überprüfen, inwieweit eine derartige Entkopplung von den individuellen Restriktionen nicht zu einer möglichen Verfälschung führen kann. Insofern sind an dieser Stelle die individuellen Restriktionen hinsichtlich der Verkehrsmittelwahl über alle Probanden zu prüfen bzw. mögliche gruppenspezifische Restriktionen zu berücksichtigen. Für das vorliegende Gegensatzpaar MIV und ÖPNV lassen sich diese vor allem auf Seiten des MIV identifizieren, wohingegen der ÖPNV grundsätzlich jedem Nutzer unabhängig von körperlichen Behinderungen oder Führerscheinbesitz offen steht. Anders verhält es sich demgegenüber mit der Nutzungsmöglichkeit des MIV. Hier lassen sich vor allem zwei elementare Einschränkungen identifizieren; es muss ein Führerschein vorhanden sein, um den MIV benutzen zu dürfen und darüber hinaus muss ein Fahrzeug zur Verfügung stehen. Inwieweit diese beiden Haupthindernisse heute für die Verkehrsmittelwahl tatsächlich noch eine Rolle spielen, soll im Folgenden geklärt werden. Weiterhin bleibt ebenfalls die Frage zu beantworten, inwieweit eine Entkoppelung der Konstruktion der Verkehrsmittelaffinität ohne individueller Berücksichtigung von Restriktionen vertretbar ist.

Abb. 43: Führerscheinbesitz

7%

93%

nein ja

Quelle: Eigene Erhebung (N = 329)

4.2.1.1   *Führerscheinbesitz*

Grundsätzlich lässt sich im Rahmen der Erhebung nur noch ein marginaler Anteil von Nicht-Führerscheinbesitzern feststellen. Lediglich 7 % der Befragten gaben an, keinen Führerschein zu besitzen (vgl. Abb. 43). Bei einer Differenzierung nach den Freizeitverkehrsgruppen zeigt sich

Abb. 44: Führerscheinbesitz nach Freizeitverkehrsgruppen

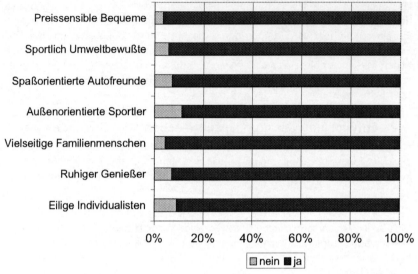

Quelle: *Eigene Erhebung (N = 313)*

darüber hinaus keine deutliche Differenzierung des Führerscheinbesitzes über die einzelnen Gruppen. Allein die Gruppe der „Außenorientierten Sportler" fällt mit einem Anteil von Nichtführerscheinbesitzern von knapp über 10 % etwas aus dem Rahmen. Dieser Sachverhalt ist jedoch sehr leicht durch das recht niedrige Alter eines Großteils dieser Gruppe zu erklären. Wird die Gruppe um die unter 18-jährigen bereinigt, die ja noch gar nicht über einen Führerschein verfügen können, ergibt sich bezüglich des Führerscheinbesitzes eine sehr ähnliche Quote wie innerhalb der übrigen Gruppen.

4.2.1.2 PKW-Verfügbarkeit

Auch im Hinblick auf die PKW-Verfügbarkeit zeigt sich eine nur sehr geringe Restriktion für die Nutzung des MIV. 74 % aller Befragten verfügen ständig über einen PKW, weitere 22 % immerhin nach Absprache (vgl. Abb. 45). Dies bedeutet, dass tatsächlich nur 4 % nie über einen PKW verfügen können. Gliedert man wiederum die PKW-Verfügbarkeit über die einzelnen Gruppen auf, so zeigt sich, dass auch hier kein signifikanter Unterschied zwischen den Gruppen besteht. Wiederum tritt die Gruppe der „Außenorientierten Sportler" etwas hinter den Durchschnitt zurück. Das

Abb. 45: Pkw-Verfügbarkeit

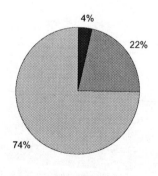

Eigene Erhebung (N = 329)

Abb. 46: Pkw-Verfügbarkeit nach Freizeitverkehrsgruppen

0%   20%   40%   60%   80%   100%

☒ nie ▨ nach Absprache ■ ständig

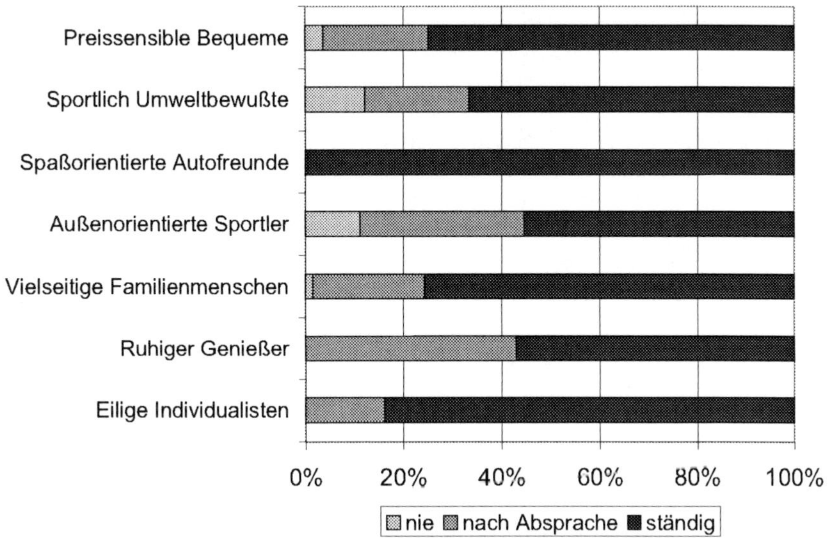

Quelle: Eigene Erhebung (N = 313)

ist wie zuvor mit dem hohen Anteil der Jugendlichen zu erklären. Auffällig ist an dieser Stelle allerdings die 100 % Pkw-Verfügbarkeit der Gruppe der „Spaßorientierten Autofreunde", auch wenn dies aufgrund der bereits analysierten MIV-affinen Einstellungen nicht überraschend ist.

4.2.1.3 Gewicht der individuellen Restriktionen

Die in der Befragung konstatierte sehr hohe Quote sowohl der Führerscheinbesitzer als auch der Pkw-Verfügbarkeit lässt den Schluss zu, dass die individuellen Restriktionen eine so geringe Relevanz hinsichtlich der Einschränkung der Verkehrsmittelwahl erreichen, dass sie auch im Hinblick auf die stark generalisierte Betrachtung innerhalb des Modells nur von geringer Bedeutung sind. Hinzu kommt noch die sehr ähnliche Verteilung des Anteils der von Restriktionen Betroffenen über die Freizeitverkehrsgruppen, so dass nicht mit einer selektiven Verzerrung auf Grund individueller Restriktionen über die Gruppen gerechnet werden muss.

4.2.2 Entwicklung der gruppenspezifischen Verkehrsorientierung

Nach der Betrachtung der individuellen Restriktionen gilt es nun die Verkehrsorientierung, die zweite tragende Säule der Freizeitverkehrsgruppen, neben der Freizeitorientierung zu entwickeln. Identisch zum Vorgehen innerhalb der Freizeitorientierung werden im Umfeld der Verkehrsorientierung ebenfalls zwei grundsätzliche Orientierungen bzw. im Umfeld der Verkehrsorientierung Relevanzen genannte Variablenbündel konstruiert. An die Stelle der zuvor herangezogenen Variablen zu den Präferenzen im Hinblick auf die Freizeitaktivitäten treten an dieser Stelle die Variablen hinsichtlich der Präferenzen zur Nutzung eines Verkehrsmittels im Umfeld der Freizeitaktivitäten.

Die Ausprägungen der verkehrlichen Variablen werden ebenso wie die zuvor im Umfeld der Konstruktion der Standortorientierung genutzten Variablen zum Freizeitverhalten, in einem ersten Schritt über die Individuen normiert, um schließlich in ein relatives Relevanzgefälle der einzelnen Variablen transformiert zu werden (vgl. Kapitel 4.1.2). Ausgehend von diesen auf diese Art relativierten Ausprägungen der einzelnen verkehrlichen Variablen werden wiederum, wie bereits beschrieben, zwei Orientierungen, im Fall der Verkehrsorientierung „Relevanzen" genannte Variablenbündel, entwickelt. So wird innerhalb der Verkehrsorientierung zwischen der Spaß- und der Funktionsrelevanz unterschieden. Diese beiden Relevanzen korrespondieren eng mit der zuvor bereits im Umfeld der Standortorientierung erarbeiteten Außen- bzw. Erlebnisorientierung. Gemäß dem dortigen Vorgehen werden die Spaß- bzw. Funktionsrelevanz ebenfalls als Variablenbündel, hier allerdinsgs aus den verkehrlichen Variablen, verstanden. Im Fall dieser beiden später zur Verkehrsorientierung zu verschmelzenden Relevanzen wurden jedoch sämtliche im Umfeld der verkehrlichen Präferenzen abgefragten Variablen, getrennt nach den Aspekten „Spaß" und „Funktion" berücksichtigt. Allein die Einzelvariable „Ökologie" des Verkehrsmittels wurde nicht miteinbezogen, da diese nach umfassenden statistischen Analysen für das faktische Verhalten nur einen marginalen Erklärungswert besitzt.

Abb. 47: Spaß- und Funktionsorientierung nach Freizeitverkehrsgruppen

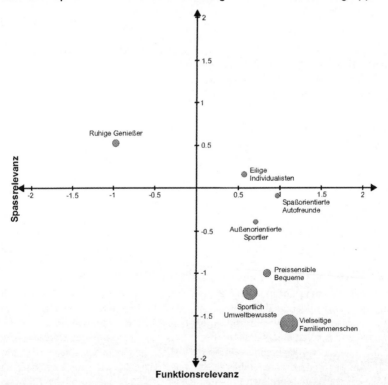

Quelle: Eigene Erhebung (N = 313)

Dieses Ergebnis steht zwar im teilweisen Widerspruch zu anderen Forschungsergebnissen hinsichtlich verkehrsmittelwahlrelevanter Faktoren. Allerdings ist darauf zu verweisen, dass derartige Untersuchungen bisher den Bereich des Freizeitverkehrs kaum berücksichtigt haben. Somit bleibt an dieser Stelle für die Relevanz der Ökologie im Umfeld des Freizeitverkehrs eine offensichtlich deutlich geringere Wertigkeit zu konstatieren. Das für die Bildung der Funktionsrelevanz herangezogene Faktorenbündel setzt sich somit aus den Einzelvariablen „Preis", „Geschwindigkeit" und „Flexibilität" zusammen. Analog zur Konstruktion der Funktionsrelevanz wurde die Spaßrelevanz mit Hilfe eines Faktorenbündels, bestehend aus den Variablen „Komfort", „Entspannung", „Erholung" und „körperliche Bewegung", entwickelt. Grundsätzlich wurde bei den beiden Faktoren Spaß- und Funktionsrelevanz nicht von einem Gegensatzpaar ausgegangen. Es ergab sich jedoch bei der Auswertung eine weitgehende Spiegelbildlichkeit dieser Faktoren (vgl. Abb. 47). Die konkrete Berechnung des Wertes der Funktions- bzw. Spaßrelevanz erfolgt wiederum analog dem Vorgehen zur Entwicklung der Außen- bzw. Erlebnisorientierung.

Die individuellen Ausprägungen der einzelnen, verkehrlichen Variablen werden über die jeweilige Gruppenzugehörigkeit des Probanden zu einem für jede Gruppe typischen Wert hinsichtlich dieser Variable zusammengefasst. Da im Umfeld der Spaß- und Funktionsrelevanz das jeweilige Variablenbündel aus einer Vielzahl von Einzelvariablen besteht, muss zum Abschluss der Konstruktion nochmals ein Mittelwert über die innerhalb des Bündels genutzten Variablen erfolgen. Die Bewertung der Relevanzen wurde aus Gründen der Anschaulichkeit in einem ersten Schritt entsprechend der fünfstufigen Skala in einen Wertebereich zwischen + 2,0 und - 2,0 transformiert.

Abb. 48: Spaß- und Funktionsrelevanz nach Freizeitverkehrsgruppen

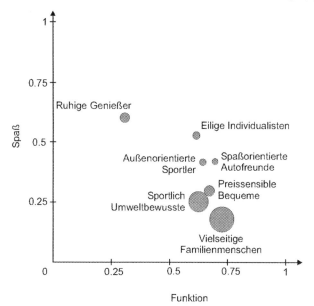

Quelle: Eigene Erhebung (N = 313)

Die auf diesem Wege entwickelte Spaß- bzw. Funktionsrelevanz wird sodann in den Wertebereich zwischen 0 und +1 transformiert. Der Grund für diese Formation liegt im mathematischen Verständnis dieses Wertebereichs zwischen 0 und + 1 als Anteile einer Wahrscheinlichkeit. So können die in diesen Wertebereich transformierten Werte grundsätzlich als Wahrscheinlichkeit gedeutet werden. Diese Wahrscheinlichkeit wiederum kann als Nutzungswahrscheinlichkeit für einzelne, nach diesen Faktoren bewerteten Verkehrsmitteln interpretiert werden. Auch im Hinblick auf die Entwicklung der Verkehrsmittelaffinität, die eben auf dem Produkt der Bewertung der Spaß- bzw. Funktionsrelevanz der beiden Verkehrsmittelalternativen und der gruppenspezifischen Wichtigkeit dieser Faktoren fußt, ist diese Transformation von Vorteil.

Betrachtet man nun anhand der Abbildung 48 die Verteilung der einzelnen Gruppen hinsichtlich ihrer Spaß- bzw. Funktionsorientierung im Koordinatensystem, so ergibt sich eine große Spannbreite in Bezug auf die beiden Relevanzen. Der Faktor Spaßrelevanz streut bei einem Wertebereich von 0 bis + 1 zwischen dem Wert 0,18 („Vielseitige Familienmenschen") und dem Wert 0,60 („Ruhige Geniesser"). Auch der Faktor „Funktionsrelevanz" kann bei einem identischen Wertebereich eine mäßige Streuung zwischen dem Wert 0,30 („Ruhige Genießer") und 0,72 („Vielseitige Familienmenschen") verzeichnen. Es bleibt jedoch anzumerken, dass, abgesehen von der Gruppe der „Ruhigen Genießer", alle übrigen Gruppen die Funktion des Verkehrsmittels über deren jeweiligen Spaßfaktor stellen. Die Wichtigkeit des Faktors „Funktion" streut insofern nur mäßig zwischen den Gruppen. Dagegen zeigt sich bei dem Faktor Spaßrelevanz eine deutlich breitere Streuung.

4.2.3 Entwicklung der gruppenspezifischen Verkehrsmittelbewertung

Im vorherigen Abschnitt wurde die für das weitere Vorgehen entscheidende Funktions- bzw. Spaßrelevanz entwickelt. Nun muß, um dem Ziel der Konstruktion einer Verkehrsmittelaffinität der verschiedenen Freizeitverkehrsgruppen näher zu kommen, die Brücke von den noch grundsätzlich verkehrsmittelunabhängigen Relevanzen zu den jeweiligen Verkehrsmitteln geschlagen werden. Dies erfolgt mit Hilfe einer Bewertung der Verkehrsmittelalternativen anhand der zur Konstruktion dieser Relevanzen herangezogenen Variablen durch die einzelnen Freizeitverkehrsgruppen. Die Gruppen geben somit ihre Wahrnehmung bezüglich des Erfüllungsgrades der zuvor konstruierten Spaß- bzw. Funktionsrelevanz für die einzelnen Verkehrsmittelalternativen wieder. Auf diesem Weg kann die Stärke der Zuordnung der beiden Relevanzen zu den jeweiligen Verkehrsmitteln ermittelt werden. Mit anderen Worten: Zur Errechnung der gruppenspezifischen Affinität werden neben den bereits ermittelten Relevanzen von „Funktion" und „Spaß" auch Bewertungen der unterschiedlichen Verkehrsmittel bezüglich dieser beiden Aspekte benötigt.

Aus diesem Grund mussten die zur Konstruktion der beiden Relevanzen herangezogenen Einzelvariablen innerhalb der Befragungen neben ihrer grundsätzlichen Wertigkeit auch in Bezug auf ihren jeweiligen Erfüllungsgrad durch das Verkehrsmittelalternativpaar ÖPNV und MIV bewertet werden. Somit ergibt sich eine gruppenspezifische Bewertung hinsichtlich der zur Konstruktion der Funktions- bzw. der Spaßrelevanz herangezogenen Variablen. Diese wurden analog zum Vorgehen der Entwicklung der Spaß- bzw. Funktionsrelevanz zu identischen Variablenbündeln zu-

sammengefasst, so dass im Ergebnis eine ebenfalls fünfstufige Bewertung der Ver-
kehrsmittelalternativen ÖPNV und MIV hinsichtlich der Spaß- wie auch der
Funktionsdimension vorliegt. Diese Werte werden, wie zuvor bei der Ermittlung der
Relevanzen, innerhalb der jeweiligen Dimensionenbündel nach dem analogen
Verfahren zu einer Gesamtbewertung weiterentwickelt. Diese Bewertung wiederum
wurde ebenfalls identisch mit dem Vorgehen bei der Konstruktion der Relevanzen
in einen Wertebereich zwischen -2,0 und + 2,0 verschoben, um so eine höhere
Anschaulichkeit zu erreichen. In der Darstellung wurden jeweils die Bewertung der
Funktionsdimension des Verkehrsmittels auf der x-Achse sowie der Wert für die
Spaßdimension auf der y-Achse eingetragen. Somit findet sich innerhalb der
Abbildung für jede Gruppe zum einen die Bewertung des ÖPNV sowie des MIV ent-
sprechend der beiden Dimensionen „Spaß" und „Funktion".

Beim Vergleich der beiden Verkehrsmittel fällt zunächst die grundsätzlich sehr
viel positivere Bewertung der Dimension „Funktion" beim MIV auf. Die Spaßdimension wird ebenfalls im Umfeld des MIV höher eingeschätzt, jedoch zeigen sich hier
weit geringere Unterschiede. In einem Fall kann der ÖPNV sogar höhere Bewertungen bezüglich des Spaßfaktors erreichen („Vielseitige Familienmenschen").

Abb. 49: Verkehrsmittelbewertungen nach Freizeitverkehrsgruppen

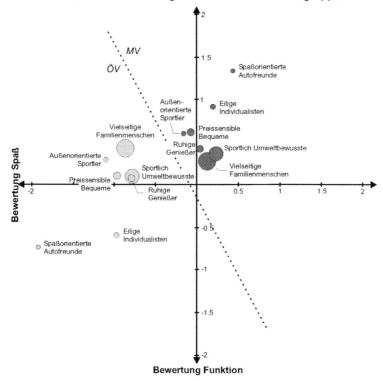

Quelle: Eigene Erhebung (N = 313)

Bezieht man die Streuung der Bewertungen in die Betrachtung mit ein, so fällt die
sehr viel breitere Streuung hinsichtlich des Funktionsfaktors im Umfeld des ÖPNV
auf. Betrachtet man wiederum die Bewertungen differenziert nach den Gruppen, so
ergibt sich ein interessantes Bild, bei dem sich zwei Cluster identifizieren lassen:
- Gruppen mit klar polarisierten Bewertungen, in diesem Fall sind die Bewertungen der Verkehrsmittel hinsichtlich der beiden Faktoren geradezu spiegel-
  bildlich („Konsumorientierte Autofreunde", „Eilige Individualisten") sowie
- Gruppen mit indifferenten Bewertungen, hier finden sich tendenziell ähnliche
  Bewertungen der Verkehrsmittel im Bezug auf den Spaßfaktor, aber eine klare
  Unterscheidung hinsichtlich des Funktionsfaktors („Preissensible Bequeme",
  „Sportlich Umweltbewusste", „Außenorientierte Sportler", „Ruhige Genießer").

4.2.4 Entwicklung der gruppenspezifischen gewichteten Verkehrs-mittelorientierung

Aufbauend auf der Verkehrsorientierung in Form der gruppenspezifischen Relevanz
der beiden Dimensionen „Spaß" und „Funktion" sowie der diesbezüglichen gruppenspezifischen Bewertung der Verkehrsmittelalternativen kann für jede Gruppe
eine spezifische Verkehrsmittelorientierung errechnet werden. Diese Orientierung
ergibt sich aus der Verrechnung der Bewertung des jeweiligen Verkehrsmittels bezüglich der beiden Dimensionen „Spaß" und „Funktion" mit der Relevanz des jeweiligen Aspektes. Die errechneten Werte stellen insofern ein Maß für die nach ihrer
gruppenspezifischen Relevanz gewichtete Wahrnehmung des jeweiligen Verkehrsmittels durch die einzelnen Freizeitverkehrsgruppen dar. Dies bedeutet, dass die
Bewertungen der Verkehrsmittel nochmals durch die gruppenspezifische Wichtigkeit der jeweiligen Aspekte für das Verkehrsmittelwahlverhalten relativiert werden. .
    Diese im weiteren Verlauf als Verkehrsmittelorientierung bezeichnete gruppen-
spezifische Variable stellt innerhalb des Modells den elementaren Baustein für die
Verkehrsmittelwahl dar. Diese Verkehrsmittelorientierung ist in ihrer Synopse aus
den – nach den gruppenspezifischen Relevanzen gewichteten – Wünschen an ein
Verkehrsmittel und der jeweiligen Bewertung der Verkehrsmittel ein Maß für die
Zielerfüllung der gegebenen Wünsche durch die Verkehrsmittelalternativen.
    So mag zwar für eine Gruppe die Bewertung der Dimension „Spaß" für ein be-
stimmtes Verkehrsmittel sehr ausgeprägt sein, die gruppenspezifische Orientierung
legt jedoch auf den Spaßfaktor nur einen geringen Wert, so wird sich die hohe
Spaßbewertung nur geringfügig auf das Verkehrsmittelwahlverhalten auswirken.
Demgegenüber kann auch der gegenteilige Fall eintreten. Eine schlechte Bewertung
der Dimension „Funktion" kann bei entsprechender Wichtigkeit derselben noch
weiter negativ verstärkt werden, so dass es im Extremfall trotz einer nur schwach
negativen Bewertung aufgrund der hohen Wichtigkeit der Dimension bis zu einem
Ausschluss dieser Verkehrsmittelalternative kommen kann. Entsprechend dieses
Sachverhalts wird im Rahmen der Konstruktion der Verkehrsmittelorientierung die
Bewertung der Verkehrsmittel mit der jeweiligen Relevanz, in Form einer Produkt-
bildung berechnet. Dieses Vorgehen der Multiplikation der gruppenspezifischen
Bewertung der Verkehrsmittel bezüglich der Variablenbündel „Spaß" bzw.
„Funktion" mit der entsprechenden Relevanz kann auch als Gewichtung der beiden
Faktoren hinsichtlich ihrer Relevanz verstanden werden.

Der vor der Gewichtung mit der Relevanz bereits festgestellte Trend zur Trennung der Gruppen in zwei Cluster verstärkt sich hier noch weiter.

- Cluster 1: mit den Gruppen der „Außenorientierten Sportler" und der „Eiligen Individualisten": Diese beiden Gruppen weisen eine sehr starke Polarität hinsichtlich ihrer Orientierung auf. Dies deutet auf eine sehr geringe Bereitschaft hin, zwischen den beiden Verkehrsträgern zu wechseln. In diesem Fall ist gleichzeitig eine starke MIV-Affinität zu verzeichnen, dies bedeutet, dass die Möglichkeit diese Personengruppen von den möglichen Stärken des ÖPNV zu überzeugen, aufgrund der sehr negativen Wahrnehmung dieses Verkehrsmittels nur sehr gering ist.

- Cluster 2: mit den Gruppen der „Preissensiblen Bequemen", „Sportlich Umweltbewussten", „Außenorientierten Sportler", „Ruhigen Genießer". Diese Gruppen weisen ein sehr viel indifferenteres Bild hinsichtlich ihrer Verkehrsmittelorientierung auf. Die Differenzen zwischen den jeweiligen Einschätzungen sind deutlich geringer, so dass an dieser Stelle eine grundsätzliche Wechselbereitschaft zwischen den Verkehrsträgern angenommen werden kann.

Abb. 50: Gewichtete Verkehrsorientierung nach Freizeitverkehrsgruppen

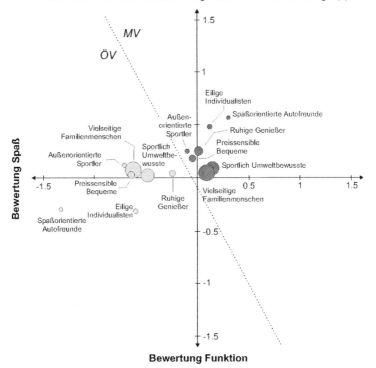

Bewertung Funktion

Quelle: Eigene Erhebung (N = 313)

4.2.5 Ermittlung der gruppenspezifischen Verkehrsmittelaffinität

Für die empirische Umsetzung innerhalb des Modells ist es zweckmäßig, die Handhabbarkeit der zuvor entwickelten, spezifischen zweidimensionalen Verkehrsmittelorientierung zu verbessern. Hierzu wird die gruppenspezifische gewichtete Wahrnehmung des Spaß- bzw. des Funktionsfaktors zu einer Dimension verschmolzen. Das Ergebnis stellt dann gewissermaßen eine eindimensionale gruppenspezifische Einordnung der Verkehrsmittel dar. Dieses Vorgehen ist vor dem Hintergrund des identischen Wertebereichs wie auch der identischen Konstruktion der Variablen problemlos umsetzbar. Es verbleibt an dieser Stelle jedoch die Frage nach der Art und Weise der Fusionierung der beiden Dimensionen. Der Grundannahme folgend, dass die beiden Dimensionen gleichberechtigte Bestandteile der Gesamtbewertung des jeweiligen Verkehrsmittels darstellen, wird an dieser Stelle als Verfahren zur Gewinnung der Gesamtbewertung eine Addition durchgeführt. Dieses Verfahren ermöglicht einerseits die Gleichberechtigung der Dimensionen und anderseits verhilft es zu einer breiteren Streuung der Gesamtbewertung.

Zur Veranschaulichung der so entwickelten, eindimensionalen Bewertung der beiden Verkehrsträger dient die nachfolgende Graphik. Jede Gruppe wird entsprechend ihrer Einschätzung des MIV (x-Achse) sowie des ÖPNV (y-Achse) im Koordinatensystem dargestellt. Bei dieser Darstellung ist die grundsätzlich negative Gesamteinschätzung des ÖPNV und die grundsätzlich positive Gesamteinschätzung des MIV zu beachten.

Diese Darstellung verdeutlicht die Differenzen zwischen der Bewertung des ÖPNV im Verhältnis zum MIV über alle Gruppen. Der MIV wird von allen Gruppen insgesamt positiver bewertet als der ÖPNV, allein die Stärke des Unterschiedes differiert. Je geringer die Differenzen innerhalb der Bewertungen sind, desto größer ist die Wahrscheinlichkeit einer gleichberechtigten Nutzung der beiden Verkehrsmittelalternativen. Gleichzeitig zeigt eine ähnliche Bewertung nur eine geringe Wahrnehmung spezifischer Vor- und Nachteile der jeweiligen Alternative. Dies stellt wiederum ein Indiz für eine mögliche Austauschbarkeit der beiden Verkehrsmittel dar. Diese Punkte bedeuten in ihrer Konsequenz, dass die Differenz der Bewertung der Verkehrsträger auch als Maß für die Bereitschaft, zwischen den Verkehrsmittelalternativen zu wechseln, interpretiert werden kann bzw. dass ein Zusammenhang zwischen der Differenz der Bewertungen und der Nutzungswahrscheinlichkeit für die Verkehrsmittelalternativen zu vermuten ist.

Ausgehend von der Grundannahme, dass die Erreichbarkeit eines möglichen Standortes aus Sicht des MIV wie auch des ÖPNV identisch ist, wird sich primär die Einschätzung der Verkehrsträger auf das tatsächliche Verkehrsmittelwahlverhalten auswirken. Dies bedeutet, dass bei einer identischen Erreichbarkeit theoretisch von einer Verteilung 50/50 zwischen den beiden Alternativen auszugehen ist. Da jedoch die Gruppen eine unterschiedlich stark ausgeprägte Tendenz hin zum MIV aufweisen, wird sich der Anteil des ÖPNV, um eben diesen Anteil, um den der MIV positiver eingeschätzt wird, verringern. Konkret heißt dies, dass bei einer sehr viel positiveren Bewertung des MIV gegenüber dem ÖPNV, vorausgesetzt die Möglichkeit besteht, sich der Anteil des ÖPNV weiter zu gunsten des MIV verringern wird, im Extremfall sogar bis auf den Wert 0.

Abb. 51: Verkehrsmittelaffinität nach Freizeitverkehrsgruppen

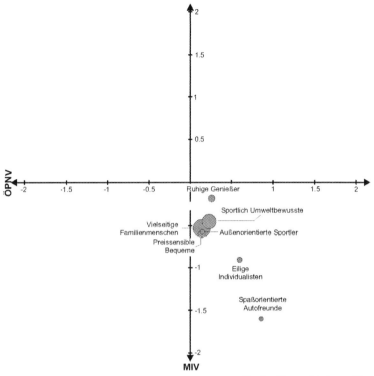

Quelle: Eigene Erhebung (N = 313)

Für die Umsetzung dieser Überlegung ist somit zunächst die Differenz aus den beiden Einschätzungen gegenüber den Verkehrsträgern auf Basis der Gruppen zu ermitteln. Die so gewonnenen Ergebnisse verfügen über einen theoretischen Wertebereich zwischen 0 (identische Einschätzung) und 4 (extrem gegensätzliche Einschätzungen). Auf Grund der durchweg positiveren Bewertung des MIV fungiert die Bewertung des ÖPNV als Subtrahend. Dies bedeutet für die Interpretation der Werte, dass ein positiver Wert für eine verstärkte Tendenz hin zum MIV steht. In der Tabelle 11 sind diese Differenzen entsprechend den Gruppen dargestellt.

Macht man sich nun den theoretischen Wertebereich bewusst, so kann an dieser Stelle wiederum mit einer Transformation auf den Wertebereich zwischen 0 und 1 eine potentielle Nutzungswahrscheinlichkeit simuliert werden. Ausgehend von der Interpretation dieser Werte als Maß für die Wechselbereitschaft der Gruppen zwischen den beiden Verkehrsträgern kann im Umkehrschluss auch eine unterschiedlich starke Fixierung auf einen Verkehrsträger konstatiert werden. Da allen Gruppen eine Abweichung zugunsten des MIV gemeinsam ist, können die Extremwerte des Wertebereichs einerseits als eine gänzliche Wahlfreiheit (Minimum: 0) anderseits als MIV-Fixiertheit (Maximum: 4) interpretiert werden.

Tab. 11:Differenzen der Verkehrsmittelbewertung nach Freizeitverkehrsgruppen

Freizeitverkehrsgruppen						
Preissensible Bequeme	Sportlich Umweltbewusste	Spaßorientierte Autofreunde	Außenorientierte Sportler	Vielseitige Familienmenschen	Ruhige Genießer	Eilige Individualisten
0,75	0,69	2,46	0,73	0,68	0,45	1,51

Quelle: Eigene Erhebung (N = 313)

Somit erklärt sich auch die erneute Transformation auf den Wertebereich zwischen 0 und 1. Diese bedeutet insofern nichts anderes als den Grad der MIV-Fixierung.

Demnach bedeutet ein Wert von 0,15, dass selbst bei einer identischen Erreichbarkeit des Zieles im MIV wie im ÖPNV die Wahrscheinlichkeit der Nutzung des MIV anstatt des ÖPNV bei dieser Gruppe um 15 % höher ist (vgl. Tab 12). Dies sagt wiederum aus, dass sich der theoretische Anteil des ÖPNV von 50 %, eine identische Erreichbarkeit mit den beiden Verkehrträgern vorraisgesetzt, um eben jene 15 % verringert. Im Extremfall kann, wie am Beispiel der Gruppe der „Spaßorientierten Autofreunde" aufgezeigt, die Wahrscheinlichkeit der MIV-Nutzung bis auf 99 % ansteigen. Somit ist an dieser Stelle der theoretische 50 %-Anteil des MIV um den Faktor der MIV-Nutzungswahrscheinlichkeit zu erhöhen.

Tab. 12: Steigerung des MIV-Anteils nach Freizeitverkehrsgruppen

Freizeitverkehrsgruppen						
Preissensible Bequeme	Sportlich Umweltbewusste	Spaßorientierte Autofreunde	Außenorientierte Sportler	Vielseitige Familienmenschen	Ruhige Genießer	Eilige Individualisten
0,15	0,14	0,49	0,15	0,14	0,09	0,30

Quelle: Eigene Erhebung (N = 313)

Dies führt zur nachfolgenden, theoretischen Verkehrsmittelaffinität hinsichtlich des Alternativpaares MIV und ÖPNV bei der jeweiligen Gruppe, wobei hier unter Verkehrsmittelaffinität die Wahrscheinlichkeit der Nutzung des MIV bei einer identischen Erreichbarkeit mit den beiden Verkehrsmittelalternativen verstanden wird. Die vorliegende Aufstellung verdeutlicht die grundsätzlich starke MIV-Orientierung über alle Gruppen. Selbst bei identischer Erreichbarkeit würde der gruppeninterne Modal-Split kaum unter 60 % zugunsten des MIV fallen. Im Falle der Gruppe der „Spaßorientierten Autofreunde" ist die Wahrscheinlichkeit der Nutzung des ÖPNV ohne den Einsatz von möglichen Restriktionen zugunsten des ÖPNV praktisch bei 0.

4.3 Berechnung des theoretischen Modal-Splits

Nach der Umsetzung aller notwendigen Schritte können an dieser Stelle die Befunde der bisher aufgezeigten Bausteine innerhalb des Modells wieder zusammengeführt werden. Innerhalb dieses Kapitels wurden auf der Seite der verkehrlichen Orientierung quantifizierbare Verkehrsmittelaffinitäten und auf der Seite der Freizeitorientierungen klar definierte Standortorientierungen für jede der zuvor mittels der Clusteranalyse errechneten Freizeitverkehrsgruppen entwickelt.

Diese konkreten Werte offerieren die Möglichkeit, quantitative Aussagen über die Standort- und die Verkehrsmittelwahl der Freizeitverkehrsgruppen zu treffen. Die prinzipielle Unabhängigkeit bei der Verkehrsmittelaffinität sowie bei der Außenorientierung der Gruppen von möglichen Rahmenbedingungen ermöglicht eine Quantifizierung der einzelnen Gruppen hinsichtlich des durch sie induzierten Verkehrsaufwandes und auch des spezifischen Modal-Splits. Auf diesem Weg besteht die Aussicht, sich dem gruppenspezifischen Verkehrsaufwand, getrennt, das heißt nach dem Alternativpaar ÖPNV und MIV, anzunähern.

Tab. 13:Theoretischer MIV-Anteil nach Freizeitverkehrsgruppen

Freizeitverkehrsgruppen						
Preissensible Bequeme	Sportlich Umweltbewusste	Spaßorientierte Autofreunde	Außenorientierte Sportler	Vielseitige Familienmenschen	Ruhige Genießer	Eilige Individualisten
0,65	0,64	0,99	0,65	0,64	0,59	0,80

Quelle: Eigene Erhebung (N = 313)

Grundsätzlich wird im Rahmen dieser Arbeit, aber das Ziel der Simulation des Verkehrsmittelwahlverhaltens an konkreten Freizeiteinrichtungen verfolgt. Dies führt zur dritten innerhalb dieses Kapitels entwickelten Orientierung, der Erlebnisorientierung. Diese ebenfalls quantitative Größe ermöglicht den Brückenschlag hin zur Verortung der Gruppen an Freizeiteinrichtungen. Um jedoch diese Standortorientierung entsprechend umzusetzen, bedarf es an dieser Stelle einer Erweiterung des Modells um die Angebotsseite. Diese Angebotsseite muss grundsätzlich mit den beiden, im Modell bereits vorhandenen Dimensionen der verkehrlichen Interessen wie der Freizeitinteressen der Freizeitverkehrsgruppen korrespondieren.

Erst nach dieser Integration lässt sich das in diesem Kapitel entwickelte Konstrukt des theoretischen Modal-Splits im Hinblick auf die Vorhersage der Verkehrsmittelwahlsituation an konkreten Einrichtungen weiterentwickeln. Dies ist das Ziel dieser Arbeit. Gleichzeitig wird durch diese Umsetzung anhand konkreter Einrichtungen auch eine Evaluation des Modells ermöglicht. Somit gilt es im nachfolgenden Kapitel, eine adäquate Operationalisierung für die Dimensionen der Angebotsseite zu finden, um auf diesem Wege das Modell zu komplettieren und somit die theoretische Modellierung des Verkehrsmittelwahlverhaltens an den Erhebungsstandorten zu ermöglichen.

5 Modellierung des realen Modal-Split

Wie im vorherigen Kapitel gezeigt wurde, lassen sich die notwendigen Parameter zur Berechnung eines theoretischen Modal-Split für nicht weiter spezifizierte Freizeitstandorte aus den Freizeitverkehrsgruppen ableiten. In diesem Kapitel werden nun die notwendigen Ergänzungen des Modells zu einem tatsächlichen Prognosemodell für das Verkehrsmittelwahlverhalten an konkreten Freizeiteinrichtungen weiterentwickelt. Hierzu ist in einem ersten Schritt, ergänzend zu dem gänzlich nachfrageorientierten Modell, die Angebotsseite zu integrieren. Die Angebotsseite muss hierbei sowohl inhaltlich – korrespondierend mit der Standortorientierung der Gruppen – als auch verkehrlich – korrespondierend mit der Verkehrsorientierung – abgebildet werden.

Somit ist das Modell um den im Weiteren als „Standortrahmenbedingungen" bezeichneten Baustein zu ergänzen (vgl. folgende Abb. 52). Innerhalb dessen werden standortspezifische Variablen in das Modell eingeführt. Diese Erweiterung führt im Bereich des Bausteins „Standortorientierung" zu einer für die jeweilige Einrichtung spezifischen Häufigkeitsverteilung der Freizeitverkehrsgruppen.

Im Hinblick auf das Verkehrsmittelwahlverhalten führt die Berücksichtigung der verkehrlichen Rahmenbedingungen eines Standortes zu einer Relativierung des theoretischen Modal-Split durch die realen Erreichbarkeitsverhältnisse zwischen dem ÖPNV und dem MIV (vgl. Abb. 52). Dies bedeutet, dass der Unterschied zwischen dem theoretischen und dem realen Modal-Split neben der Häufigkeit der Gruppen am Standort vor allem auf dem Unterschied zwischen der gleichwertigen Erreichbarkeit im ÖPNV und MIV innerhalb des Modells und der realen Erreichbarkeit beruht. Dies wiederum heißt, dass auf Basis der Erlebnis- sowie der Erreichbarkeitsmatrix eines beliebigen Standortes unter Verwendung der in den vorherigen Kapiteln hergeleiteten Kennwerte zur Einrichtungs- und Verkehrsmittelaffinität der Freizeitverkehrsgruppen Vorhersagen über den zu erwartenden Modal-Split am jeweiligen Standort getroffen werden können.

Aus der theoretischen Verortung der Gruppen am jeweiligen Standort lässt sich mit Hilfe der gruppenspezifischen Erlebnisorientierung und der standortspezifischen Erlebnismatrix unter Zuhilfenahme der gruppenspezifischen Verkehrsmittelaffinität ein verkehrliches Affinitätsprofil für den jeweiligen Standort entwickeln. Wird dieses Affinitätsprofil, welches mit dem theoretischen Modal-Split identisch ist, mit unterschiedlichen Erreichbarkeiten verrechnet, so ergeben sich konkrete, quantifizierbare Aussagen über die Veränderung des realen Modal-Split. Das heißt, es lassen sich einzelnen Eingriffen in die Erreichbarkeitsmatrix – etwa durch Mobilitätsmanagementmaßnahmen – quantifizierbare Auswirkungen auf das Verkehrsmittelwahlverhalten gegenüberstellen. Diese können, in Abhängigkeit vom Typ der Einrichtung und des damit angezogenen Besucherklientel, in Form der Häufigkeit einzelner Freizeitverkehrsgruppen stark differieren.

So wird sich eine Veränderung der Erreichbarkeitsmatrix zugunsten des ÖPNV nur dann entsprechend auswirken, wenn innerhalb der Affinitätsmuster der Besucher ein ausreichendes Potential zur Nutzung des ÖPNV vorhanden ist. Mit anderen Worten: Die Affinität der Besucher stellt das regulierende Moment im Hinblick auf die Potentiale zur Beeinflussung des Verkehrsmittelwahlverhaltens dar. Nur innerhalb der Toleranz des Besucherklientels lassen sich überhaupt Veränderungen des Verkehrsmittelwahlverhaltens mittels Mobilitätsmangementmassnahmen realisie-

Abb. 52: Bausteine des Verkehrsmittelwahlmodells

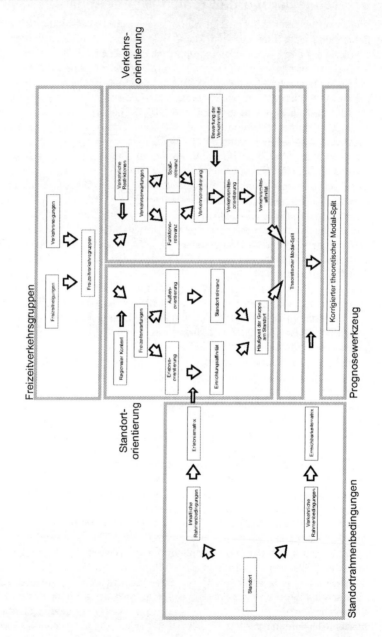

Quelle: Eigene Darstellung

ren. Dies bedeutet, dass die Potentiale für die Beeinflussung der Verkehrsmittelwahl direkt von den Affinitätsmustern der Besucher abhängen und nicht etwa von den möglichen Maßnahmen. Diese stellen die für eine maximale Ausschöpfung der Potentiale notwendigen Rahmenbedingungen dar, und können jedoch die Potentiale selbst nicht beeinflussen. Dieser Sachverhalt verdeutlicht auch die Relevanz der Häufigkeit der Freizeitverkehrsgruppen. Diese Häufigkeit determiniert auf Basis der Affinitäten der einzelnen Gruppen das maximale Potential für die Nutzung des ÖPNV am jeweiligen Standort. Die Verwirklichung höherer Anteile des ÖPNV ist aufgrund der zu überwindenden Ablehnung unter den verbleibenden Personengruppen nur mittels sehr starker Restriktionen denkbar, die dann jedoch mit hoher Wahrscheinlichkeit eher zu einer Verlagerung der Verkehrsnachfrage denn zu einer Änderung des Verkehrsmittelwahlverhaltens führen.

Um das Ziel der Weiterentwicklung des theoretischen Verkehrsmittelwahlmodells aus Kapitel 4 zu einem Prognosewerkzeug für das Verkehrsmittelwahlverhalten an Freizeiteinrichtungen zu erreichen, werden in einem ersten Schritt eine Operationalisierung der Rahmenbedingungen der Freizeitstandorte und eine dementsprechende Bewertung der Erhebungsstandorte benötigt. In einem zweiten Schritt wird mit Hilfe dieser Werte eine Validierung des theoretischen Modells und somit die tatsächliche Praktikabilität des Verfahrens belegt. Diese Validierung baut – wie bereits beschrieben – auf der grundsätzlichen Überführbarkeit des theoretischen in den realen Modal-Split mit Hilfe der Berücksichtigung der Erreichbarkeitsmatrix auf. Diesem Komplex wird sich der zweite Abschnitt dieses Kapitels zuwenden. Zunächst jedoch stehen die Eigenschaften der Freizeitstandorte im Vordergrund.

5.1 Ermittlung der Rahmenbedingungen der Freizeitstandorte

Das im vorherigen Kapitel empirisch umgesetzte theoretische Modell zum Verständnis des Verkehrsmittelwahlverhaltens an Freizeitstandorten bedarf für seine Weiterentwicklung zu einem tatsächlichen Prognosewerkzeug für reale Standorte eine Erweiterung in Form eines Inputs für den zu simulierenden Standort. Dieser Input erfolgt analog dem Gesamtmodell, unterteilt in die beiden unabhängigen Faktoren, inhaltliche und verkehrliche Rahmenbedingungen. Zur Operationalisierung dieser beiden Faktoren wird grundsätzlich das gleiche Vorgehen in Form zweier Matrizen, der Erreichbarkeits- sowie der Erlebnismatrix, verwendet.

Hierbei dient die Erlebnismatrix in ihrer Ausprägung als Maß für den Charakter einer Einrichtung primär der Simulation der Verteilung der Freizeitverkehrsgruppen an einem Freizeitstandort auf Basis ihrer jeweiligen Freizeitorientierungen.

Die Erreichbarkeitsmatrix wiederum bildet die Erreichbarkeit der jeweiligen Einrichtung in Form des Gegensatzpaares ÖPNV und MIV ab. Diese Erreichbarkeit wiederum dient der Simulation des realen Modal-Split vor dem Hintergrund der gruppenspezifischen Verkehrsmittelaffinität. Dem zuvor vorgestellten Modell folgend kann aus dem theoretischen Modal-Split unter Berücksichtigung der Erreichbarkeitsmatrix des jeweiligen Standortes der reale Modal-Split abgeschätzt werden. Dem Anspruch folgend, ein für die Planungspraxis anwendbares Werkzeug zu entwickeln, müssen an dieser Stelle besondere Anforderungen an die abzuschätzenden Werte gestellt werden. So ist es unabdingbar, dass die notwendigen Werte mit einem vertretbaren Aufwand zu erheben sind. Dies bedingt wiederum eine möglichst einfache Operationalisierung der komplexen Sachverhalte in Form der inhaltlichen und verkehrlichen Rahmenbedingungen der Standorte. In dem klaren Bewusstsein über die Schwierigkeit dieses Spagats zwischen der möglichst exakten Abbildung der Rahmenbedingungen der Standorte und dem möglichst geringen Erhebungsaufwand, werden im Folgenden Operationalisierungen gesucht, die beiden Zielsetzungen genügen können.

5.1.1 Operationalisierung der Erreichbarkeitsmatrix

Es ist an dieser Stelle zunächst notwendig, eine Erreichbarkeitsmatrix zu entwickeln, die die Erreichbarkeit des jeweiligen Standortes im ÖPNV und im MIV sowie eine Relation zwischen diesen beiden Verkehrsmittelwahlmöglichkeiten abbilden kann. Auf diese Weise findet die unbestreitbare Rolle der verkehrlichen Erschließung des jeweiligen Standorts für den örtlichen Modal-Split seinen Niederschlag. Die Erreichbarkeitsmatrix muss in diesem Zusammenhang zwei elementare Anforderungen erfüllen:

Zum Einen muss sie eine tragfähige Operationalisierung für die jeweilige Erreichbarkeit mit den beiden verschiedenen Verkehrsmitteln enthalten. Zum Anderen muss diese die Erreichbarkeiten so messen, dass auch das Verhältnis zwischen diesen beiden Erreichbarkeiten abgebildet werden kann. Gerade dieser Sachverhalt bedingt ein analoges Vorgehen bei der Auswahl der Verfahren selbst, als auch bei der Bewertung.

Die Operationalisierung des so genannten „Erreichbarkeitssaldos" eines Standorts, das als Relation zwischen der ÖPNV- und der MIV-Erreichbarkeit verstanden wird, muss somit in einem zweistufigen Verfahren erfolgen. Zunächst werden die Erreichbarkeiten im ÖPNV und im MIV getrennt voneinander ermittelt. Dann werden sie mittels einer Differenzbildung der beiden – im identischen Bewertungsverfahren entwickelten Faktoren – in eine Relation zwischen diesen beiden Verkehrsträgern überführt.

Grundsätzlich erfolgt die Operationalisierung der „Erreichbarkeit" mittels eines für das Verkehrsmittel spezifischen Variablenbündels. Somit besteht die Hauptschwierigkeit in der Ermittlung derjenigen Variablen, die einerseits einen hohen Einfluss auf die jeweilige Erreichbarkeit ausüben und dabei andererseits mit relativ geringem Aufwand zu erfassen sind. Nun blickt die Erreichbarkeitsmessung auf eine sehr lange Tradition innerhalb der Verkehrsforschung zurück. Bis heute besteht in der Fachwelt allerdings kein tatsächlicher Konsens hinsichtlich der Relevanz einzelner Faktoren, respektive dem möglicherweise unterschiedlichen Gewicht der einzelnen Variablen. Es lassen sich jedoch einzelne Faktoren, wie etwa der Takt des ÖPNV, bzw. die Strassenanbindung beim MIV, extrahieren, deren Relevanz unbestritten ist.

Hinsichtlich der Gewichtung der einzelnen Faktoren wird aus Gründen der Praktikabilität von einer grundsätzlichen Gleichgewichtung ausgegangen. Dies bedeutet jedoch nicht zwangsläufig eine Ablehnung der unterschiedlichen Wertigkeit einzelner Aspekte. So wird eine differenzierte Wertigkeit durch die Verwendung mehrerer Einzelvariablen stärker betont. Das genaue Vorgehen wird im weiteren Verlauf bei der konkreten Ausführung zu den Einzelvariablen nochmals aufgegriffen.

Grundsätzlich sei an dieser Stelle auf die Stellung der Erreichbarkeitsmatrix als Einzelfaktor in einem vielfältigen Geflecht aus Variablen innerhalb des Gesamtmodells verwiesen. Dies bedeutet wiederum, dass das primäre Ziel dieser Operationalisierung in einer hinreichend genauen Annäherung an das tatsächliche Verhältnis zwischen den Verkehrsträgern und nicht in deren exakter Abbildung liegt.

Vor diesem Hintergrund sind sowohl die Auswahl der einzelnen Variablen, als auch das grobe Bewertungsraster zu betrachten. Die zur Operationalisierung herangezogenen Variablen werden im nachfolgenden Abschnitt, getrennt nach den beiden Verkehrsträgern, nochmals konkret vorgestellt. Die Messung der jeweiligen Ausprägungen wiederum erfolgt durch eine verkehrsmittelübergreifende identische, fünfstufige Skala mit einem Wertebereich zwischen 0 und 1, das heißt es wird von einer theoretischen Zielerfüllung zwischen 0 % und 100 % ausgegangen. Da aufgrund der Standortauswahl stets eine grundsätzliche Möglichkeit der Erreichbarkeit sowohl im MIV, als auch im ÖPNV besteht und somit eine Grundausstattung (z.B. Haltestelle, Parkflächen) mit den Einzelvariablen gegeben ist, kann sich die Ausprägung 0 in keiner der Einzelvariablen einstellen. Die Ausprägung 1 wiederum wird aus Gründen der grundsätzlichen Subjektivität der Einschätzung der Einzelvariablen ebenfalls ausgeschlossen. Das Problem sei nur kurz an einem Beispiel verdeutlicht: Wie müsste man sich eine perfekte (100 %) Beschilderung vorstellen?

Vor dem Hintergrund des Ziels, eine Vergleichbarkeit der Standorte, untereinander zu erreichen und nicht etwa einer absoluten Erreichbarkeitsmessung, erscheinen diese Restriktionen aus Sicht des Autors als durchaus akzeptabel. Somit ergeben sich nach dem Ausschluss der beiden Extremwerte und der Festlegung einer grundsätzlich funfstufigen Skala die nachfolgenden drei Werte für die Ausdifferenzierung der Einzelvariablen: schlecht (0,25), mittel (0,5), gut (0,75) Für die Abbildung der Erreichbarkeit einer Einrichtung mit dem jeweiligen Verkehrsmittel findet das Verfahren der Mittelwertbildung mittels des Medians Verwendung.

5.1.1.1 Erreichbarkeit durch den MIV

Für die Erreichbarkeit der Standorte im MIV lassen sich grundsätzlich zwei Kategorien unterscheiden, zum Einen der Weg zur Einrichtung, zum Anderen die Gegebenheiten an der Einrichtung. Der Weg zur Einrichtung wird maßgeblich von der verkehrlichen Erschließung des jeweiligen Standorts bestimmt. Die Wichtigkeit dieses Aspektes legt somit dessen Ausdifferenzierung in mehrere Einzelgrößen nahe. Dies bedeutet sowohl eine verbesserte Beschreibung des auf diese Weise differenzierten Sachverhaltes als auch eine stärkere Betonung bei der zuvor festgelegten grundsätzlichen Gleichgewichtung der Einzelfaktoren.

Konkret wurde diesem System entsprechend, die Variable „Lage im Verkehrsnetz" in drei Variablen zerlegt. Entsprechend der Maßstabsebene wird, die Lage im lokalen (Umfeld der direkten Zufahrtsstraße), regionalen (Bezug zu Kreis/Verbindungsstraßen) sowie überregionalen Verkehrsnetzes (Bundesfernstraßennetz) berücksichtigt. Darüber hinaus wird die Erreichbarkeit gerade von Einrichtungen mit relativ großen Einzugsbereichen und der damit einhergehenden eher geringen Besuchsfrequenz maßgeblich von der Qualität der Ausschilderung zur Einrichtung beeinflusst.

Vor Ort stellen beim MIV vor allem die Parkmöglichkeiten den wichtigsten Aspekt dar. Die Fragen nach ausreichender Kapazität, eventueller Parkraumbewirtschaftung sowie nach der Lage der Parkflächen zur Einrichtung, werden im Folgenden als die bestimmenden Einzelvariablen des Aspektes „Parkmöglichkeiten" verstanden. In ihrer Kombination können sie maßgeblich die Mikro-Erreichbarkeit der Einrichtung bestimmen.

Somit werden in der vorliegende Arbeit die folgenden Variablen zur Operationalisierung der Erreichbarkeit im Umfeld des MIV verwendet:
* Lage im lokalen Verkehrsnetz (schlecht/mittel/gut)
* Lage im regionalen Verkehrsnetz (schlecht/mittel/gut)
* Lage im überregionalen Verkehrsnetz (schlecht/mittel/gut)
* Beschilderung (schlecht/mittel/gut)
* Anzahl der Parkplätze (nicht ausreichend/nur zeitweise ausreichend/ausreichend)
* Lage der Parkflächen (bis 5 Gehminuten/bis 10 Gehminuten/über 10 Gehminuten)
* Bewirtschaftung der Parkflächen (Bewirtschaftung/zeitweise Bewirtschaftung/ keine Bewirtschaftung).

5.1.1.2 Erreichbarkeit durch den ÖPNV

Die Erreichbarkeit im ÖPNV wird maßgeblich durch die Parameter des Angebotes bestimmt. Hier sind vor allem der Takt des Verkehrsmittels und der jeweilige Verkehrsträger zu nennen. Stellen diese beiden Faktoren für sich schon zentrale Elemente des Angebotes dar, so ergänzen diese sich gegenseitig zu einem weiteren wichtigen Faktor, der Kapazität. Bei der Bewertungsskala des Taktes musste dem Sachverhalt Rechnung getragen werden, dass sich sowohl innerstädtische wie auch peripher gelegene Einrichtungen innerhalb der Stichprobe befunden haben.

Dieser Sachverhalt in Kombination mit der faktisch nur dreistufigen Skala führt jedoch zwangsläufig zu sehr großen Sprüngen zwischen den Kategorien. Im Hinblick auf die Kategorisierung der Verkehrsträger wurde grundsätzlich zwischen straßengebundenem, nicht kreuzungsfreiem, schienengebundenen ÖPNV und Schnellbahnsystemen unterschieden. Sowohl der Anstieg des Fahrkomforts wie auch der durchschnittlichen Fahrgeschwindigkeit gaben den Ausschlag für diese Unterscheidung.

Ähnlich den Bedingungen im MIV bestimmen jedoch auch Gegebenheiten am Standort nicht unwesentlich die Gesamt-Erreichbarkeit eines Standortes. Hier ist vor allem die Lage und die Ausstattung der Haltestelle zu nennen. Diese Aspekte korrespondieren im Fall des MIV mit der Parksituation. Für die Distanz zur Einrichtung wurde daher dieselbe Bewertungsskala benutzt. Hinsichtlich der Variable „Ausstattung der Haltestelle" die mit der Variable „Bewirtschaftung der Parkflächen" korrespondiert und ein Maß für die Attraktivität darstellt, wurden vor allem Aspekte herangezogen, die das Warten an der Haltestelle für die Fahrgäste angenehmer machen. In diesem Zusammenhang zu nennen sind etwa ein Wetterschutz, ein Kiosk oder aber ein WC. Somit lassen sich für die vorliegende Arbeit die folgenden Variablen zur Operationalisierung der Erreichbarkeit mit dem ÖPNV konstatieren:
* Takt (bis 20-Minuten/bis 1-Stunde/über 1-Stunde),
* Verkehrsträger (Bus/Straßenbahn/U- bzw. S-Bahn),
* Lage der Haltstelle (bis 5 Gehminuten/bis 10 Gehminuten/über 10 Gehminuten),
* Ausstattung der Haltestelle (keine/Wetterschutz/weitere Einrichtungen).

5.1.1.3 Erreichbarkeitssaldo der Standorte

Hinsichtlich der Bewertung der einzelnen Variablen für den jeweiligen Standort sei an dieser Stelle auf die Vorstellung der einzelnen Standorte in Kapitel 3 verwiesen. Die ausführlichen Standortbeschreibungen mit den dazugehörigen Lageskizzen ermöglichen ein rasches Verständnis der vorgenommenen Einordnungen. Entsprechend dem Ziel der Matrix wird für jeden Standort die jeweilige Erreichbarkeit im Umfeld des ÖPNV wie auch des MIV in Form der Bildung des Median über die herangezogenen Einzelgrößen entwickelt. Die Verwendung des Medians beruht auf den charakteristischen Eigenheit dieses Mittelwertes, der mögliche Ausreißer innerhalb der Ausprägung der Einzelvariablen das Gesamtergebnis nicht so stark berücksichtigt wie das arithmetische Mittel.

Somit korrespondieren die mathematischen Eigenschaften des Medians sehr stark mit der inhaltlichen Intention der Messung von Erreichbarkeiten. Konkret bedeutet dies, dass sich in der Realität beim Auftreten eines Extremwertes innerhalb der herangezogenen Variablen die Erreichbarkeit eines Standortes ebenso wenig gravierend verändert wie der Wert des Medians. Darüber hinaus hat die Anzahl der verwendeten Daten bei der Ermittlung dieses Wertes keinen weiteren Einfluss. Dies ist im vorliegenden Sachverhalt von entscheidender Bedeutung, da die Anzahl der Einzelvariablen für die Messung der ÖPNV, bzw. MIV-Qualität voneinander abweichen. Dieser über die verkehrsmittelspezifischen Einzelvariablen errechnete Median stellt somit ein Maß für die spezifische Erreichbarkeit eines jeden Standortes, getrennt nach den Verkehrsträgern, dar.

In einem ersten Überblick (vgl. Tab. 14) hinsichtlich des Vergleichs der Erreichbarkeit im MIV mit der des ÖV fällt das deutlich geringere Erreichbarkeitsgefälle innerhalb des MIV auf. Unabhängig vom regionalen Kontext sowie der Raumkategorie ergibt sich eine durchweg sehr hohe Erreichbarkeit mit dem MIV. Innerhalb des faktischen Wertebereichs von 0,25 bis 0,75 erreichen alle Standorte mindestens den Faktor 0,5. Der Großteil der Standorte erreicht sogar die maximale Ausprägung von 0,75. Erwartungsgemäß fallen die Standorte Museum „Mensch und Natur", Tierpark Hellabrunn sowie das Westbad aufgrund deren Lage innerhalb des Kernbereichs der Metropole München hinsichtlich ihrer Erreichbarkeit mit dem MIV geringfügig hinter die Standorte außerhalb der Metropole zurück. Dieser Sachverhalt resultiert vor allem aus der prekären Parkplatzsituation. Die sehr gute, allgemeine Verkehrsanbindung kann dies nicht gänzlich kompensieren.

Ein anderes Bild ergibt sich für die Situation im ÖPNV. Diese ist durch starke Unterschiede innerhalb der Erreichbarkeit gekennzeicnet. Der Raum München kann als Beispiel für den metropolitanen Kontext dank des sehr viel besseren Angebotes im ÖPNV eine deutlich höhere Erreichbarkeit offerieren. Aber auch der städtische Raum am Beispiel Bielefeld fällt nur geringfügig ab. Die ländlichen Räume hingegen weisen eine teilweise sehr niedrige Erreichbarkeit mit öffentlichen Verkehrsmitteln auf. So erreichen sowohl der Standort Dinosaurierpark als auch der Standort Westfalentherme den Minimalwert von 0,25. Dieses Gefälle der Erreichbarkeiten zwischen den unterschiedlichen räumlichen Kontexten wird noch deutlicher, wenn man sich die geringen Unterschiede im MIV und die starken Kontraste im ÖPNV in Erinnerung ruft.

Dieser Vergleich der beiden Erreichbarkeiten führt zum Ziel der gesamten Betrachtungen, nämlich dem so genannten standortspezifischen Erreichbarkeitssaldo. Dies wird verstanden als die Differenz zwischen der Erreichbarkeit im MIV und dem ÖPNV. Aufgrund der tendenziell höheren Werte für die Erreichbarkeit im MIV fungiert die Erreichbarkeit im ÖPNV als Subtrahend. Dies bedeutet, dass ein positives Erreichbarkeitssaldo für einen Erreichbarkeitsvorteil des MIV steht.

Tab. 14: Erreichbarkeitsmatrix

Region	Ostwestfalen				Oberbayern			
Standorte	WFM	Dinosaurier-park	„ISHARA"	Westfalen-therme	Museum "Mensch und Natur"	Tierpark Hellabrunn	Therme Erding	Westbad München
Lokales Netz	0,75	0,50	0,50	0,50	0,50	0,50	0,75	0,50
Regionales Netz	0,50	0,50	0,75	0,50	0,50	0,50	0,75	0,50
Überregionales Netz	0,50	0,50	0,75	75,00	0,75	0,75	0,75	0,75
Beschilderung	0,75	0,75	0,75	0,50	0,50	0,75	0,75	0,50
Anzahl der Parkplätze	0,50	0,75	0,75	0,75	0,50	0,50	0,50	0,50
Lage der Parkflächen	0,75	0,75	0,75	0,75	0,50	0,50	0,75	0,75
Bewirtschaftung der Parkflächen	0,75	0,75	0,25	0,75	0,75	0,50	0,75	0,75
Erreichbarkeit MIV	0,75	0,75	0,75	0,75	0,50	0,50	0,75	0,50
Takt	0,75	0,25	0,75	0,50	0,75	0,75	0,50	0,75
Verkehrsträger	0,25	0,25	0,25	0,25	0,50	0,75	0,25	0,50
Lage der Haltstelle	0,75	0,50	0,75	0,25	0,50	0,50	0,75	0,25
Ausstattung der Haltestelle	0,25	0,25	0,25	0,25	0,50	0,50	0,50	0,25
Erreichbarkeit ÖPNV	0,50	0,25	0,50	0,25	0,50	0,63	0,50	0,38
Erreichbarkeits-saldo	0,25	0,50	0,25	0,50	0,00	-0,13	0,25	0,13

Quelle: Eigene Erhebung

Dementsprechend bedeutet ein negatives Erreichbarkeitssaldo einen Vorteil für den ÖPNV. In der Tabelle 14 sind sowohl die Bewertung der Einzelfaktoren für jeden Erhebungsstandort als auch das Erreichbarkeitssaldo dargestellt.

Hinsichtlich der Erreichbarkeit mit dem MIV zeigt sich eine durchgängig sehr hohe Erreichbarkeit, allein die Standorte im Kernbereich der Stadt München fallen etwas ab. Es ergeben sich jedoch insgesamt nur geringe Erreichbarkeitsunterschiede. Im deutlichen Gegensatz dazu steht die ÖPNV-Erreichbarkeit, die praktisch die komplette Bandbreite des Wertebereichs abdeckt. Somit sind die Differenzen des Erreichbarkeitssaldo zum Großteil auf die differierende Erreichbarkeit im ÖPNV zwischen den Standorten zurückzuführen. Es würde an dieser Stelle zu kurz greifen, die Unterschiede hinsichtlich der Erreichbarkeit im ÖPNV auf den regionalen Kontext der jeweiligen Einrichtung zurückzuführen. So kann am Standort des Westfälischen Freilichtmuseums in einer Mittelstadt aufgrund des hochwertigen Stadtbusangebots in Detmold eine ebenso hohe ÖPNV-Erreichbarkeit, wie etwa in der Kernstadt Bielefelds oder dem Stadtgebiet München, offeriert werden. Insgesamt stellt sich jedoch an sechs von acht Standorten ein Erreichbarkeitsvorteil für den MIV ein. Am Standort Museum „Mensch und Natur" ergibt sich eine identische Erreichbarkeit für die beiden Verkehrsträger lediglich der Standort Zoo kann einen leichten Erreichbarkeitsvorteil für den ÖPNV aufweisen.

5.1.2 Operationalisierung der Erlebnismatrix

Wie zu Beginn dieses Kapitels ausgeführt, beruht die Beschreibung der Freizeitstandorte auf den beiden Säulen der verkehrlichen und der inhaltlichen Faktoren. Nachdem im vorherigen Abschnitt der verkehrliche Faktor in Form der Erreichbarkeitsmatrix konkretisiert wurde, soll der inhaltliche Faktor wie folgt in Form der Erlebnismatrix erarbeitet werden. Dazu ist es in einem ersten Schritt notwendig, den Begriff „Erlebnis" zu fassen sowie in Form messbarer Einzelvariablen zu operationalisieren.

5.1.2.1 Eingrenzung des Erlebnisbegriffes

Der Erlebnisbegriff gilt bis heute als das ultimative Schlagwort für die Beschreibung von Nachfragetrends im Freizeitbereich. Geprägt wurde dieser vor allem durch die Vielzahl der BAT-Studien der 90er Jahre, die diesen Begriff als Triebfeder für die Freizeitgestaltung schlechthin herausstellten (vgl. OPASCHOWSKI 1999). Eine konkrete Definition dieses Begriffes fällt allerdings schwer, so dass sich die Autoren in der Regel mit einer Auflistung mehr oder minder bedeutsamer Aspekte zur Erzeugung eines Erlebnisses behelfen. Schlagworte wie „Inszenierung", „Multifunktionalität" oder „Thematisierung" geben eine vage Vorstellung von möglichen Aspekten, die aus Sicht der neueren Forschung Bestandteil des Erlebniswertes einer heutigen Freizeiteinrichtung sein können. Es mangelt diesen Begriffen jedoch erstens, an einer klaren Abgrenzung und zweitens liefern die Autoren praktisch keine brauchbaren Operationalisierungen für diese Begriffe. Des Weiteren werden von den Autoren in der Regel nur bestimmte Typen von Freizeiteinrichtungen zum Gegenstand der wissenschaftlichen Auseinandersetzungen gemacht, so dass eine Generalisierung jener Operationalisierungen für die Betrachtung eines breiten Spektrums an Freizeitgroßeinrichtungen sehr schwer fällt.

Nichtsdestotrotz soll an dieser Stelle, aufbauend auf einem der wenigen klar struktu-
rierten Modelle in diesem Umfeld, der Versuch unternommen werden, eine für eine
empirische Untersuchung hinreichend exakte, aber gleichzeitig breit genug angelegte
Operationalisierung des Erlebnisbegriffes von Freizeitgroßeinrichtungen zu erarbeiten.

Das als Basis dienende Modell der „MINDSCAPES" wurde von STEINECKE ur-
sprünglich zur Identifikation der Erfolgsfaktoren von so genannten „Mixed-Use-
Centern" (MUC), die als *Schnittstelle von Freizeit und Tourismus* (STEINECKE 2000,
S. 21) verstanden werden, entwickelt. Diese Einrichtungen definieren sich primär
über ihren *ausgeprägten Freizeit- und Erlebnischarakter* (STEINECKE 2000, S. 21).
STEINECKE sieht in diesen Einrichtungen auch die *Standards für öffentliche (und pri-
vate) Einrichtungen im Bereich von Kultur und Freizeit* (STEINECKE 2000, S. 21).
Zum Beleg dieser These führt STEINECKE sowohl die thematische Gestaltung von
Tiergehegen in zoologischen Einrichtungen als auch die Weiterentwicklung von
klassischen Museen, etwa im Sinne von Sonderausstellungen und Events an. Diese
Ausführungen zeigen die grundsätzliche Weite des Begriffes der „MUC's".

Demnach werden auch relativ klassische Einrichtungen wie Zoos oder Museen mit
einbezogen, so sich diese im Sinne der Multifunktionalität, der Steigerung des Freizeit-
und Erlebnischarakters, sowie unter dem Aspekt der „Convenience" weiterentwickelt
haben. Vor diesem Hintergrund erscheint eine Ausweitung des „MUC"-Begriffes auf
die im Rahmen dieser Arbeit einbezogenen Einrichtungen durchaus als legitim, verkör-
pern diese doch im Fall der Spaß- und Erlebnisbäder klar erlebnisorientierte Einrichtungen bzw. im Sinne der „MUC's" weiterentwickelte, klassische Einrichtungen.

Diese Einordnung der bearbeiteten Einrichtungen unter den Begriff der „MUC's"
macht auch die Anwendung des „MINDSCAPES"-Konzeptes als Basis für eine Operationalisierung des Erlebniswertes der vorliegenden Einrichtungen – dem Ziel dieser Ausführungen – verständlich. Das Konzept der „MINDSCAPES" umfasst eine große Zahl an
Einzelbausteinen, die in ihrer Gesamtheit gleichsam das Ideal eines „MUC"'s bilden.

Dieses Konzept bezieht jedoch neben dem Freizeit- und Erlebniswert auch andere, für „MUC"'s typische Aspekte wie die Vermarktung bzw. die Profilierung der Einrichtung mit ein. Im Hinblick auf die Operationalisierung des Erlebniswertes können
somit einzelne Bausteine des Konzeptes, die primär auf die Bereiche Vermarktung
und Profilierung abzielen, vernachlässigt werden. So sind Bausteine wie Markenbil-
dung, Filialisierung und Allianzen klar als Bestandteile der Unternehmensstrategie

Abb. 53: Konzept der „Mindscapes"

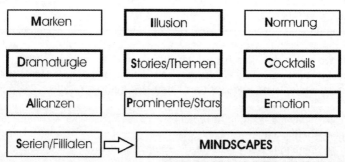

Quelle: Eigene Darstellung nach STEINECKE (2000)

zur Profilierung der Einrichtung bzw. des Unternehmens zu kategorisieren. Der Aspekt der Normierung des Angebots bzw. dessen optimierte Vermarktung mittels des Einsatzes von Prominenten und Stars wiederum fällt unter den Aspekt der Vermarktung der jeweiligen Einrichtung. Somit stehen im Zentrum der weiteren Betrachtung folgende Bausteine (vgl. Abb. 53):

- Illusionen (Suche nach neuen Erlebnissen und Erfahrungen),
- Dramaturgie (schlüssige Inszenierung der vorhandenen Angebote),
- Stories/Themen (einheitliches Thema der Inszenierung),
- Cocktails (Schaffung multioptionaler Angebote),
- Emotion (eine erfolgreiche Thematisierung und Inszenierung weckt beim Kunden Gefühle, die eine emotionale Kundenbindung ermöglichen).

5.1.2.2 Messvariablen für den Erlebniswert einer Einrichtung

Nach der Eingrenzung derjenigen Bausteine des „Mindscape"-Konzeptes, die eine vielversprechende Grundlage für die Operationalisierung des sog. Erlebniswertes liefern, muss nun eine dem vorliegenden Arbeitskontext entsprechende Umsetzung dieser Bausteine erfolgen.

Illusion:

Entsprechend dem ursprünglichen Anspruch des Bausteines „Illusion", nämlich der Suche nach neuen Erlebnissen und Eindrücken, werden unter diesem Punkt erlebnisorientierte Angebote subsumiert, die auf eine aktive Beteiligung der Besucher abzielen. Als Beispiel wären hier etwa die Großrutschen der Spaß- und Erlebnisbäder, aber auch – wenn auch nur in abgeschwächter Form – Angebote wie etwa der Streichelzoo im Umfeld des zoologischen Gartens in München zu nennen. Diesen Angeboten ist das Ziel einer aktiven Partizipation des Besuchers zur Erreichung neuer Eindrücke und Erlebnisse gemein.

Dramaturgie:

Dieser Punkt zielt vor allem auf die schlüssige und adäquate Umsetzung des Themas ab, d. h. inwieweit das gesetzte Thema der Einrichtung für den Konsumenten durchgängig realisierbar ist. An dieser Stelle liegt daher das Hauptaugenmerk auf dem Grad bzw. der Stärke der Inszenierung. Die vorhandene Bandbreite ist hier wiederum beachtlich: Von dem im „ISHARA" sowohl architektonisch, als auch inhaltlich umgesetzten Thema, über einzelne thematisierte Tiergehege, zum Beispiel in Form des sog. „Dschungelzeltes" im zoologischen Garten München bis hin zur landestypischen Bekleidung der Führer im Westfälischen Freilichtmuseum. sind unterschiedlichste Varianten identifizierbar.

Stories/Themen:

Unter diesem Punkt wird vor allem das Vorhandensein eines klaren Themas verstanden, das die Einzelangebote zu einer geschlossenen Einheit miteinander verbindet. Diese Themen können stark variieren und entsprechend schwach oder stark mit dem jeweiligen Inhalt der Einrichtung verknüpft sein. So wäre etwa die im Rahmen des Erlebnisbades ISHARA gewählte Thematisierung des Orients oder gar die Verkörperung des Karibikthemas, wie es in der Therme Erding benutzt wird, denkbar. Dementgegen steht das stark inhaltlich orientierte Thema des zoologischen Garten Münchens als Geo-Zoo, also eine Einrichtung, die sich entsprechend der Lebensgemeinschaften der Tierwelt strukturiert.

Cocktails:

Die Grundidee dieses Bausteins liegt in der Attraktivität eines weit gefächerten Angebotes, das zu dem vorhandenen Kernnutzen der Einrichtung noch einen oder mehrere Zusatznutzen offerieren kann. Als Ergänzung zum jeweiligen einrichtungsspezifischen Angebot wäre etwa die Gastronomie als heute übliche Möglichkeit zu nennen. Darüber hinaus beziehen Spaß- und Erlebnisbäder sehr häufig Fitnessstudios, Wellnesangebote oder sogar Hotellerie (im Falle der Westfalentherme) in ihr Angebot mit ein.

Emotion:

Dieser Punkt ist der abstrakteste und am schwierigsten umsetzbare Aspekt. Er subsumiert unterschiedliche, einrichtungsspezifische Eindrücke, die in ihrer Gesamtheit zu einer emotionalen Betroffenheit der Besucher führen. Konkret bedeutet dies etwa den räumlichen Eindruck eines alten Bauernhauses mit authentischer Einrichtung im Falle des WFM oder aber die beeindruckende Wirkung der lebensgroßen Replikate im Dinosaurierpark. Ebenfalls in diese Kategorie einzuordnen ist das in der Therme Erding entstehende Wohlgefühl des Betrachters beim Blick durch die Palmenblätter hinauf in den durch die große Glaskuppel sichtbaren blauen Himmel.

In Anlehnung an die Vorgehensweise, die im Umfeld der Erreichbarkeit praktiziert wurde, wird für die oben genannten Aspekte in Abhängigkeit ihrer jeweiligen Intensität einer der nachfolgende Werte vergeben. 0,25 entspricht einer schwachen, 0,50 einer mäßigen und 0,75 einer starken Ausprägung. Des Weiteren gleicht auch die Ermittlung des Erlebnisfaktors dem Vorgehen im Rahmen der Erreichbarkeit. So wird der Erlebnisfaktor der jeweiligen Einrichtung ebenfalls durch den Median der Einzelbewertungen ermittelt.

Hinsichtlich des Erlebnisfaktors zeigt sich eine über die Standorte sehr differenzierte Ausprägung (vgl. Tab 15), wobei der Erlebniswert der Edutainmenteinrichtungen tendenziell hinter dem der Spaß- und Erlebnisbäder zurückbleibt. Allerdings würde eine pauschale Einstufung der Edutainmenteinrichtung als weniger erlebnisorientiert zu kurz greifen. So kann etwa der Dinosaurierpark bezüglich seines Erlebniswertes durchaus mit den in den 90'er Jahren errichteten Erlebnisbädern Westbad und Westfalentherme konkurrieren. Darüber hinaus haben auch die zum Zeitpunkt der Erhebung noch weniger erlebnisorientierten Edutainmenteinrichtungen in München inzwischen ihren Erlebniswert deutlich steigern können, einerseits durch umfassende Umbaumaßnahmen, im Fall des Museum „Mensch und Natur", andrerseits durch Angebotserweiterungen, im Falle des Zoologischen Gartens. Diese Weiterentwicklung ist nicht etwa ein Einzelfall, sondern stellt einen sich immer weiter verstärkenden Trend in diesem Segment dar. Ein mögliches weiteres Beispiel für derartige Weiterentwicklungen liefert auch der Zoo in Hannover, der in

Tab. 15: Erlebnismatrix

Region	Ostwestfalen				Oberbayern			
Standorte	WFM	Dinosaurier-park	"ISHARA"	Westfalen-therme	Museum "Mensch und Natur"	Tierpark Heilabrunn	Therme Erding	Westbad München
Dramaturgie	0,50	0,50	0,75	0,50	0,25	0,50	0,75	0,25
Illusion	0,25	0,25	0,75	0,50	0,50	0,25	0,25	0,50
Stories/Themen	0,25	0,25	0,75	0,25	0,25	0,25	0,75	0,25
Cocktails	0,25	0,50	0,50	0,75	0,25	0,25	0,75	0,50
Emotion	0,50	0,50	0,75	0,75	0,25	0,50	0,75	0,50
Erlebnisfaktor	0,25	0,50	0,75	0,50	0,25	0,25	0,75	0,50

Quelle: Eigene Erhebung

seinem Projekt „Zoo 2000" in einem umfassenden Investitionsprogramm *„eine neue Qualität der erlebnisorientierten Begegnung"* (STEINECKE, 2000, S. 290) ver-wirklichen konnte. Somit wird in naher Zukunft eine Selektivität des Erlebniswertes hinsichtlich bestimmter Einrichtungstypen kaum noch realistisch sein. Stattdessen kann nur eine detaillierte Auseinandersetzung mit der jeweiligen Einrichtung die entsprechende Einordnung des Erlebniswertes erbringen.

5.2 Validierung des Verkehrsmittelwahlmodells

Mit Hilfe der im vorherigen Abschnitt entwickelten konkreten Ausprägungen bezüg-lich des Erlebniswertes und der Erreichbarkeit der in die Erhebung einbezogenen Freizeitstandorte lässt sich im weiteren Verlauf die Güte des entwickelten theore-tischen Modells ermitteln. Ausgehend von der Überlegung, dass vor allem die Eigenheiten der Standortrahmenbedingungen sowie die Eigenschaften der Freizeit-verkehrsgruppen für das Verkehrsmittelwahlverhalten an den Freizeiteinrichtungen bestimmend sind, ergibt sich eine grundsätzliche Prognosemöglichkeit für das Ver-kehrsmittelwahlverhalten.

Konkret bedeutet dies: Es müssen für jeden Standort gruppenspezifisch die Fol-gen der unterschiedlichen Erreichbarkeit im ÖPNV und im MIV Berücksichtigung finden, da zur Ermittlung des theoretischen Modal-Split von einer identischen Er-reichbarkeit der beiden Verkehrsträger ausgegangen wurde.

Um dies zu ermöglichen, wird das Erreichbarkeitssaldo der Standort mit einbe-zogen. Dieser Faktor bildet den Unterschied zwischen der ÖPNV- und der MIV-Erreichbarkeit ab. Da jedoch auch jede Freizeitverkehrsgruppe entsprechend ihrer differierenden Verkehrsmittelaffinität unterschiedlich stark auf die Unterschiede des Erreichbarkeitssaldos reagiert, ist es notwendig, für jede Gruppe einzeln das standortspezifische Erreichbarkeitssaldo mit dem gruppenspezifischen ÖPNV/MIV-Verhältnis zu verrechnen. Auf diese Weise entsteht ein Maß für die gruppen- und standortspezifische Abweichung vom theoretischen Modal-Split für jede Gruppe. Der so errechnete Wert gilt als Korrekturwert zwischen dem theoretischen und dem realen Modal-Split.

Somit werden an dieser Stelle die in Kapitel 4.2.5 ermittelten gruppenspezifi-schen MIV-Anteile mit dem tatsächlichen Faktor des Erreichbarkeitssaldos verrech-net. Das Erreichbarkeitssaldo verkörpert in gewissem Sinne den Vorteil des einen oder anderen Verkehrsträgers (vgl. Kapitel 5.1.1.3) dessen Wertebereich reicht von - 1 (max. Vorteil ÖPNV) bis + 1 (max. Vorteil für den MIV). Entsprechend der Ver-wendung des MIV-Anteils am Modal-Split als Berechnungsgrundlage ergibt sich somit eine Reduktion des Anteils des MIV bei einem negativen Erreichbarkeits-saldos bzw. eine Erhöhung bei einem positiven Erreichbarkeitssaldo. Auf diesem Wege werden für alle Standorte so genannte „berechnete reale Modal-Split Werte" erzeugt. Diese werden abschließend den vor Ort erhobenen Modal-Split-Werten gegenübergestellt, um auf diesem Wege die Validität des Gesamtmodells zu belegen.

5.2.1 Simulation der Gruppenverteilung an den Standorten

In einem ersten Schritt ist mit Hilfe der Erlebnismatrix, sowie der Erlebnis- und Außenorientierung der Gruppen eine Häufigkeit derselbigen am Standort zu simulieren. Basis für diese erste Simulation ist die Häufigkeit der Gruppen innerhalb der Haushaltsbefragung. Diese sowohl nach regionalen als auch räumlichen Aspekten geschichtete Befragung ergibt ein weitgehend repräsentatives Bild der Verteilung der einzelnen Freizeitverkehrsgruppen innerhalb der Gesamtbevölkerung. Jede Gruppe verfügt somit über eine für sie spezifische Außenorientierung, deren Konstruktion ausführlich in Kapitel 4.1.2 erläutert wurde. Diese Außenorientierung ist ein Maß für die Wahrscheinlichkeit und die Frequenz, mit der die einzelnen Gruppen außerhäusliche Aktivitäten durchführen. Somit erfolgt in einem ersten Schritt auf dem Weg zur Häufigkeitsverteilung der Gruppen an den Standorten eine Korrektur der Häufigkeit innerhalb der Haushaltsbefragung mit Hilfe des Aspekts „Außenorientierung".

Nachstehende Tabelle gibt einen Überblick über die gruppenspezifische Korrektur der Häufigkeit aufgrund der Außenorientierung. Die vorliegende Tabelle beruht auf der in Kapitel 4.1.4 entwickelten Außenorientierung der einzelnen Gruppen. An dieser Stelle wurden die Ausprägungen noch als Werte zwischen - 1 und + 1 ausgedrückt. Für die nachfolgenden Darstellung wurden sie entsprechend des Wertebereichs in Prozentwerte transformiert. Diese Prozentwerte werden wiederum als Wahrscheinlichkeiten interpretiert, die das Maß der Außenorientierung einer jeden Gruppe veranschaulichen.

Somit können die in der Tabelle angegebenen Prozentwerte als eine aufgrund der Außenorientierung zu erwartende Über- bzw. Unterrepräsentanz der Gruppen an den Standorten verstanden werden. Diese Prozentwerte beruhen, wie bereits erwähnt, auf dem zuvor konstruierten gruppenspezifischen Faktor der Außenorientierung. Als Prozentwert kann dieser auch als prozentuale Abweichung von der erhobenen Verteilung innerhalb der Haushaltsbefragung aufgefasst werden. Mit Hilfe des Produktes dieser Über- bzw. Unterrepräsentanz der jeweiligen Gruppen mit der Häufigkeit innerhalb der Haushaltsbefragung ist es möglich eine theoretische Verteilung für außerhäusliche Aktivitäten jeder einzelnen Gruppe zu entwickeln. Diese erste Korrektur zeigt also eine prinzipielle Verteilung der Gruppen an Freizeiteinrichtungen ohne deren inhaltliche Dimension zu berücksichtigen. Die Tabelle 16 gibt bereits einen ersten Überblick über die zu erwartenden Veränderungen bezüglich der Gruppenhäufigkeit bei außerhäuslichen Aktivitäten.

Tab. 16: Außenorientierung nach Freizeitverkehrsgruppen

Freizeitverkehrsgruppen	Außenorientierungsfaktor
Preissensible Bequeme	0%
Sportlich Umweltbewußte	32%
Spaßorientierte Autofreunde	-30%
Außenorientierte Sportler	50%
Vielseitige Familienmenschen	-26%
Ruhige Genießer	39%
Eilige Individualisten	-52%

Quelle: Eigene Erhebung (N = 313)

Abb. 54: Häufigkeitsveränderung auf Basis der Außenorientierung

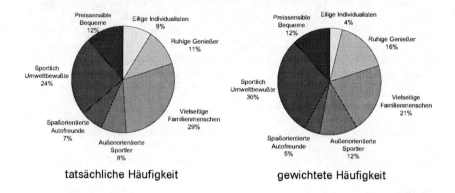

tatsächliche Häufigkeit   gewichtete Häufigkeit

Quelle: Eigene Darstellung

In der Gegenüberstellung innerhalb der Abb. 54 ist links die Häufigkeit der Gruppen innerhalb der Haushaltsbefragung und rechts eine anhand der Außenorientierung entwickelte Häufigkeit bei außerhäuslichen Aktivitäten zu sehen. Es fällt der zum Teil sehr deutliche Unterschied hinsichtlich des Anteils der einzelnen Gruppen auf. So halbiert sich – korrespondierend mit der Außenorientierung von -52 % (vgl. Tab 16) – etwa der Anteil der „Eiligen Individualisten" bei der Betrachtung der Außenaktivitäten. Auch der Anteil der „Vielseitigen Familienmenschen" reduziert sich spürbar. Demgegenüber nimmt der Anteil der „Sportlich Umweltbewussten", wie auch der der „Ruhigen Genießer" auf Grund ihrer starken Außenorientierung deutlich zu.

Um in einem zweiten Schritt auch die Verteilung der Gruppen auf Basis bestimmter inhaltlicher Dimensionen der Einrichtungen zu simulieren, bedarf es der Einbeziehung der Erlebnisorientierung der einzelnen Gruppen. Entsprechend dem Vorgehen im Umfeld der Außenorientierung wird auch die Erlebnisorientierung in Form einer prozentualen Über- bzw. Unterrepräsentanz ausgedrückt (vgl. Tab. 17). In diesem Fall muss jedoch zusätzlich der standortspezifische Erlebniswert berücksichtigt werden.

Tab. 17: Erlebnisorientierung nach Freizeitverkehrsgruppen

Freizeitverkehrsgruppen	Erlebnisorientierungsfaktor
Preissensible Bequeme	20%
Sportlich Umweltbewußte	9%
Spaßorientierte Autofreunde	-9%
Außenorientierte Sportler	-32%
Vielseitige Familienmenschen	17%
Ruhige Genießer	6%
Eilige Individualisten	-12%

Quelle: Eigene Erhebung (N = 313)

Die Häufigkeit der Gruppen an einem bestimmten Standort besteht somit aus dem Produkt der jeweiligen Erlebnisorientierung der Gruppe, dem Erlebniswert der Einrichtung und der durch die Außenorientierung bereits korrigierten Häufigkeit der Gruppe innerhalb der Haushaltsbefragung.

Entsprechend der im vorherigen Abschnitt entwickelten Erlebniswerte der einzelnen in der Befragung berücksichtigten Standorte kann eine theoretische Verteilung der Freizeitverkehrsgruppen an den Standorten simuliert werden. Allerdings fallen am Beispiel der Erlebnisorientierung die einzelnen gruppenspezifischen Faktoren nicht so stark ins Gewicht wie dies im Umfeld der Außenorientierung der Fall ist. Der Grund hierfür besteht darin, dass die Veränderung der Häufigkeit der Gruppen an den Standorten neben der Erlebnisorientierung der Gruppen auch durch die standortspezifische Ausprägung des Erlebniswertes der Einrichtung beeinflußt wird. Die in Abbildung 55 dargestellte Abweichung der Häufigkeit der einzelnen Gruppen basiert somit auf der konstruierten Erlebnisorientierung der Gruppen an einem fiktiven Standort mit maximalem Erlebniswert. Dies bedeutet: An einem sehr erlebnisorientierten Standort wird sich die Häufigkeit der einzelnen Gruppen in Abweichung zu ihrer Verteilung innerhalb der Bevölkerung wie in der Abbildung 55 dargestellt verändern. Der Einfluss des Erlebniswertes der Einrichtung ist in Abhängigkeit von der Erlebnisorientierung der einzelnen Gruppen sehr unterschiedlich. So verringert sich etwa der Anteil der „Außenorientierten Sportler" annähernd um ein Drittel, während der der Gruppe der „Vielseitigen Familienmenschen" um etwa 15 % ansteigt.

In diesem Zusammenhang ist jedoch darauf zu verweisen, dass diese Werte beispielhaft für eine Einrichtung mit maximalem Erlebniswert errechnet wurden. Da bei der Auswahl der Erhebungsstandorte Wert auf eine möglichst breite Zielgruppe der einzelnen Standorte gelegt wurde, um die Möglichkeit der Identifikation aller erarbeiteten Freizeitverkehrsgruppen zu gewährleisten, fallen die standortspezifischen Abweichung zwischen den Gruppen an den Einrichtungen innerhalb der Erhebung grundsätzlich eher gering aus. Verstärkend kommt an dieser Stelle hinzu, dass bewusst Einrichtungen ausgewählt wurden, die miteinander im Wettbewerb stehen und damit ein für heutige Maßstäbe aktuelles und attraktives Angebot offerieren.

Abb. 55: Häufigkeitsveränderung auf Basis der Erlebnisorientierung

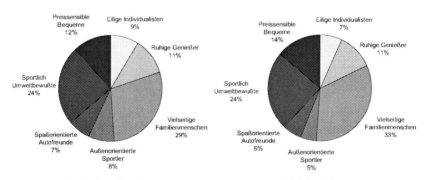

tatsächliche Häufigkeit   gewichtete Häufigkeit

Quelle: Eigene Darstellung

Dies bedeutet wiederum, dass entsprechend der bereits im Rahmen der Einleitung (vgl. Kapitel 1) ausgeführten Trends zur Erlebnisorientierung innerhalb der Bevölkerung eine Hinwendung auch der ehemals klassischen Edutainmenteinrichtung hinzu einer Steigerung des Erlebniswertes eingesetzt hat. Dieser Sachverhalt führt zu einer zunehmend geringeren Differenzierung zwischen den unterschiedlichen Einrichtungen hinsichtlich ihres Erlebniswertes. Die Steigerung des Erlebniswertes galt innerhalb der wissenschaftlichen Forschung zu derartigen Einrichtungen zum Zeitpunkt der Konzeption der Arbeit noch als Trend. Die Erhebungen innerhalb dieser Arbeit zeigen jedoch, wie stark sich dieser Trend bereits in ausgesuchten Einrichtungen niedergeschlagen hat (vgl. Kapitel 5.1.2.2).

Daraus resultiert wiederum nur noch eine geringe Differenzierung bezüglich des Erlebnisaspektes zwischen den Einrichtungen. Berücksichtigt man nun die nur mäßige Selektivität der einbezogenen Einrichtungen hinsichtlich ihrer Zielgruppenorientierung sowie die ebenfalls nur geringen Unterschiede bezüglich ihres Erlebniswertes, so ergibt sich aus der Addition dieser beiden Aspekte eine tatsächlich nur minimale Selektivität zwischen den Einrichtungen hinsichtlich ihrer inhaltlichen Ausrichtung. Diese stellt jedoch nicht die grundsätzliche Verortungsmöglichkeit der Freizeitverkehrsgruppen aufgrund ihrer spezifischen Freizeitorientierungen in Frage.

So ergab sich sowohl im Umfeld der Außen- wie auch der Erlebnisorientierung der einzelnen Gruppen eine klare Unterscheidung. Allein der Einfluß der bewussten Standortauswahl im Hinblick auf eine breite Akzeptanz der Einrichtung in möglichst allen Freizeitverkehrsgruppen sowie der unbewusste Effekt der geringen Differenzierung der Einrichtungen bezüglich ihres Erlebniswertes führen zu einer geringen Selektivität der Gruppen im Hinblick auf die Erlebnisorientierung.

5.2.2 Simulation des Modal-Split an den Standorten

Aufbauend auf der im vorherigen Abschnitt entwickelten Häufigkeit der Gruppen an den jeweiligen Freizeit gilt es nun, den konkreten Modal-Split zu simulieren. Dies erfolgt unter Verwendung des – aus der Verkehrsmittelaffinität abgeleiteten – gruppenspezifischen MIV-Anteils und der Häufigkeit der Gruppen. So wird mittels des Produktes aus der Häufigkeit der Gruppe und des gruppenspezifischen MIV-Anteils, der Anteil des MIV am jeweiligen Standort durch die jeweilige Gruppe ermittelt. Die Addition über alle Gruppen erbringt auf diesem Weg den theoretischen MIV-Anteil am jeweiligen Standort.

Da dieser theoretische Modal-Split auf einer identischen Erreichbarkeit zwischen den Verkehrsmittelalternativen beruht, muss noch ein Korrekturfaktor auf Basis der unterschiedlichen Erreichbarkeit der Standorte mit dem ÖPNV bzw. dem MIV berücksichtigt werden. Dieser Korrekturfaktor beruht auf dem so genannten Erreichbarkeitssaldo, das eben jenen Unterschied zwischen den Verkehrsmittelalternativen abbildet. Dieses für jeden Standort ermittelte Erreichbarkeitssaldo bildet innerhalb des Wertebereichs zwischen 0 und 1 den Erreichbarkeitsvorteil des MIV gegenüber dem ÖPNV ab. Somit ergibt sich aus dem Produkt des Erreichbarkeitssaldos und des gruppen- und standortspezifischen MIV-Anteils die Veränderung des Modal-Splits aufgrund der differenzierten Erreichbarkeit der Standorte. Die exakten Werte für das Produkt dieser Faktoren differieren nach Standort und Freizeitverkehrsgruppe. Die genauen Werte sind in der Tabelle 18 abzulesen. Die Werte innerhalb der Tabelle aus-

Tab. 18: Korrekturfaktor für den Modal-Split nach Standorten und Freizeit-verkehrsgruppen

Region	Ostwestfalen				Oberbayern			
Standorte	WFM	Dinosaurier-park	„ISHARA"	Westfalen-therme	Museum"Mensch und Natur"	Tierpark Hellabrunn	Therme Erding	Westbad München
Preissensible Bequeme	1,55%	3,15%	1,59%	3,15%	0,00%	-0,81%	1,57%	0,82%
Sportlich Umweltbewusste	2,43%	5,11%	2,67%	5,11%	0,00%	-1,27%	2,55%	1,33%
Spaßorientierte Autofreunde	1,78%	3,31%	1,53%	3,31%	0,00%	-0,93%	1,65%	0,86%
Außenorientierte Sportler	1,00%	1,89%	0,89%	1,89%	0,00%	-0,52%	0,94%	0,49%
Vielseitige Familienmenschen	0,73%	1,41%	0,68%	1,41%	0,00%	-0,38%	0,71%	0,37%
Ruhige Genießer	3,46%	7,03%	3,58%	7,03%	0,00%	-1,80%	3,52%	1,83%
Eilige Individualisten	5,33%	11,26%	5,94%	11,26%	0,00%	-2,77%	5,63%	2,93%

Quelle: Eigene Darstellung

gedrückt in Prozent repräsentieren die Steigerung bzw. Verringerung des MIV-Anteils für jede Gruppe am jeweiligen Standort. Bei der näheren Betrachtung der Werte innerhalb der Tabelle fallen zunächst die Werte im Zusammenhang mit dem Museum „Mensch und Natur" auf. Hier ergibt sich aufgrund der identischen Erreichbarkeit im ÖPNV wie im MIV kein Korrekturfaktor. Am Standort Zoo wiederum ergibt sich entsprechend des Erreichbarkeitsvorteils des ÖPNV eine Reduktionen des MIV-Anteils.

Die sehr starke MIV-Affinität einzelner Gruppen, die sich schon in sehr hohen Anteilen des MIV ausdrückt, wird an Standorten, die einen klaren Erreichbarkeitsvorteil für den MIV aufzuweisen haben, teilweise nochmals deutlich gesteigert („Eilige Individualisten" am Standort Westfalentherme). Werden nun diese Abweichungen zu dem affinitätsmusterspezifischen theoretischen Modal-Split addiert, so ergibt sich der „korrigierte theoretische Modal-Split" (vgl. Abb. 52). Dieser Wert stellt eine theoretische Simulation des Verkehrsmittelwahlverhaltens am jeweiligen Standort auf Basis der Orientierungen der Freizeitverkehrsgruppen unter Einbeziehung der Erreichbarkeit sowie der inhaltlichen Ausrichtung der Standorte dar. Um die Validität dieser simulierten Werte zu testen, werden ihnen nun die vor Ort erhobenen Modal-Split-Werte gegenübergestellt. Wie aus Abbildung 56 zu entnehmen ist, fallen die Unterschiede zwischen dem simulierten und dem realen Modal-Split sehr gering aus. Es ergibt sich hinsichtlich des MIV-Anteils am Modal-Split eine gemittelte Abweichung über alle Standorte von lediglich 1,8 %. Die maximale Abweichung wiederum liegt bei 3,1 %. Dieser steht eine minimale Abweichung

Abb. 56: Abweichung des simulierten vom tatsächlichen Modal-Split

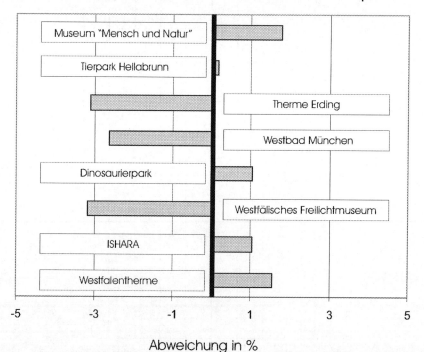

Abweichung in %

Quelle: Eigene Darstellung

von nur 0,17 % gegenüber. Sicherlich ist bei der Interpretation der Werte zu berücksichtigen, dass es sich nur um zwei mögliche Ausprägungen handelt und sich auch mögliche Schwankungen innerhalb der Standorte ausgleichen können. Jedoch ist die Genauigkeit der Simulation trotz der groben Annahmen und der sehr einfachen Berechnung erstaunlich hoch.

5.3 Schlussfolgerungen

An dieser Stelle werden nun die Möglichkeiten der Simulation des Verkehrsmittelwahlverhaltens an Freizeiteinrichtungen mittels des vorgestellten Modells nochmals verdeutlicht aufgearbeitet.

5.3.1 Anwendungsbereiche für das Modell

Die im Kapitel 5.2.2 ermittelte geringe Abweichung zwischen den im Rahmen des Modells entwickelten theoretischen Modal-Split-Werten und den tatsächlich vor Ort erhobenen Werten hat die Validität des Modells klar veranschaulicht. Somit soll an dieser Stelle die Nutzung des Modells als Prognosewerkzeug nochmals verstärkt betrachtet werden. Die innerhalb der Arbeit entwickelten Freizeitverkehrstypen, sowie deren spezieller Orientierungen im Hinblick auf den Freizeitstandort wie auch das Verkehrsverhalten ermöglichen unter Berücksichtigung der standortspezifischen Rahmenbedingungen eine Simulation des Modal-Split.

Diese Simulation beruht auf der grundsätzlichen Überlegung, dass der Modal-Split vor allem auf der Wechselwirkung zwischen den Freizeitverkehrsgruppen und der jeweiligen Einrichtung beruht. Dieser Zusammenhang wird noch klarer, wenn man die Triade aus Modal-Split, Freizeitverkehrsgruppen und Einrichtungen weiter präzisiert.

Für den Modal-Split an Freizeiteinrichtungen ist vor allem die Erreichbarkeit der Einrichtung, die Häufigkeit der Gruppen sowie die gruppenspezifische Verkehrsmittelaffinität verantwortlich. Folgt man der Argumentation des Autors, so ist der Aspekt der Freizeitverkehrsgruppen und deren Orientierungen weitestgehend eine Konstante, so dass Veränderungen des Modal-Split auf Basis von Veränderungen im Umfeld der Einrichtungen simuliert werden können. Veränderliche Größen innerhalb dieses Modells sind somit die Erreichbarkeit und die Häufigkeit der Gruppen über die Veränderung des Einrichtungstyps.

Abb. 56: Triade zur Simulation des Modal-Split

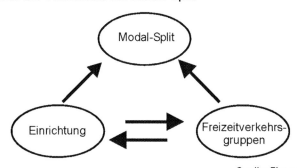

Quelle: Eigene Darstellung

Abb. 57: Erweiterte Triade zur Simulation des Modal-Split

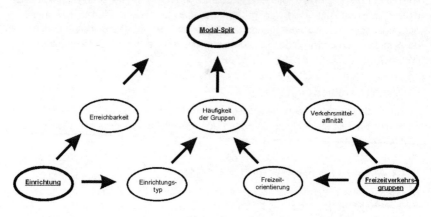

Quelle: Eigene Darstellung

Daraus lassen sich folgende mögliche Simulationsszenarien entwickeln:

- Simulation des Modal-Split an zu errichtenden Einrichtungen:
  Werden die Freizeitverkehrsgruppen als Konstante anerkannt, so ist es möglich, für noch zu entwickelnde Freizeiteinrichtungen den wahrscheinlichen Modal-Split zu simulieren, vorausgesetzt, die Parameter sowohl der inhaltlichen als auch der verkehrlichen Rahmenbedingungen sind bekannt. Werden diese im Sinne der Erreichbarkeits- sowie der Erlebnismatrix in das Modell eingespeist, so ergibt sich daraus, die Häufigkeit der Gruppen am zukünftigen Standort wie auch die Erreichbarkeit dieser Standorte. Durch Ergänzung der für die Gruppen konstanten Verkehrsmittelaffinität sind alle drei für die Simulation des Modal-Split notwendigen Angaben vorhanden.

- Modal-Split-Beeinflussung mittels Mobilitätsmanagementmassnahmen:
  Mobilitätsmanagementmaßnahmen fußen grundsätzlich auf der Beeinflussung der Erreichbarkeit und können daher mit Hilfe des Modells simuliert werden. Der Eingriff in die Erreichbarkeit wird mittels der Erreichbarkeitsmatrix zu einer quantifizierbaren Größe. Damit können auch die Veränderungen des Modal-Split quantitativ simuliert werden. Dies bedeutet wiederum, dass sich Aufwand und Ertrag möglicher Maßnahmen quantitativ gegenüberstellen lassen.

- Ermittlung von Potentialen für eine nachträgliche ÖPNV-Erschließung:
  Dieser Punkt stellt in gewissem Sinne einen Sonderfall der vorherigen Anwendung dar. Im Falle von Mobilitätsmanagementmaßnahmen ist es üblich, die Erreichbarkeit eines Standortes mit Hilfe einer Verschlechterung der MIV-Erreichbarkeit bei gleichzeitiger Verbesserung der ÖPNV-Erreichbarkeit im Sinne des Umweltverbundes zu beeinflussen. In diesem Fall wird nur auf Seiten des ÖPNV in die Erreichbarkeitsmatrix eingegriffen. Dieses in der Praxis sehr häufig auftretende Problem kann durch die Simulation mittels des entwickelten Modells entschärft werden und den entsprechenden Entscheidungsträgern kann eine Entscheidungshilfe zur Verfügung gestellt werden.

5.3.2 Vorgehen im Planfall

Die soeben vorgestellten Planfälle können als Ausgangsituation für die Anwendung des Modells dienen und bedürfen grundsätzlich der selben Vorraussetzungen. Es müssen allein die beiden elementaren Aspekte in Form sowohl der inhaltlichen als auch der verkehrlichen Rahmenbedingungen der jeweiligen Einrichtung abgebildet werden. Die zur Berechnung des Modal-Split notwendigen Werte aus dem Umfeld der „Freizeitverkehrsgruppen" stehen in Form konstanter Werte auf Grund der empirischen Auswertungen innerhalb der vorliegenden Arbeit zur Verfügung. Somit besteht der erste Schritt der Umsetzung in der exakten Abbildung der Einrichtung mittels der so genannten Erlebnismatrix hinsichtlich der inhaltlichen Aspekte sowie der Erreichbarkeitsmatrix hinsichtlich der verkehrlichen Dimensionen.

Die erhobenen Daten werden anschließend mit Hilfe der im Rahmen dieser Arbeit entwickelten Kennwerte der einzelnen Freizeitverkehrsgruppen verrechnet. Zunächst wird auf Basis der inhaltlichen Orientierung die Verteilung der Freizeitverkehrsgruppen am konkreten Standort simuliert. Hierzu werden die Daten der Erlebnismatrix mit den Kennwerten der Freizeitverkehrsgruppen bezüglich ihrer Standortaffinität verrechnet. Darauf aufbauend kann unter Zuhilfenahme der Kennwerte der Verkehrsmittelaffinität jeder Gruppe und deren simulierter Häufigkeit die Verkehrsmittelnachfragestruktur ermittelt werden. Diese stellt das maximal verfügbare Potential für den ÖPNV dar. Durch die abschließende Einbeziehung des Erreichbarkeitssaldos des Standortes kann die tatsächliche Nachfragesituation ermittelt werden. Es lassen sich nun für unterschiedliche Erreichbarkeitssalden zugehörige Nachfragesituationen simulieren.

5.3.3 Politische Dimension des Modells

Im Hinblick auf die im politischen Raum häufig stark emotionalisierte Diskussion hinsichtlich des ÖPNV im Allgemeinen und der verstärkten Investitionen im Speziellen eröffnet das Modell eine standort- und einrichtungsspezifische Bewertung des Potentials für den ÖPNV.

Die Simulation der Verkehrsnachfrage auf Basis der Häufigkeit der Gruppen gibt zum einen Aufschluss über das maximal vorhandene Potential des ÖPNV, welches eben nicht, wie so häufig auf Seiten der Planer ersehnt, aus allen Besuchern der jeweiligen Einrichtung besteht. Gleichzeitig lassen sich Nutzungspotentiale für bestimmte Erreichbarkeitsszenarien entwickeln. Auf Basis dieser Nutzungspotentiale lassen sich sodann Wirtschaftlichkeitsberechnungen für die ÖPNV-Angebote innerhalb der einzelnen Szenarien entwerfen. Somit besteht die Möglichkeit, die tatsächlich entstehenden Kosten für die einzelnen Erreichbarkeitsszenarien zu ermitteln, da auch die Nutzungsintensität der unterschiedlichen Angebote simuliert werden kann. Auf diese Weise kann die Möglichkeit der Kostenreduktion beim Einsatz höherwertiger Angebote im Unterschied zu den so genannte „Alibi-Angeboten" konkret dargestellt werden. Der schlichte Sachverhalt, dass durch wenig attraktive Angebote im ÖPNV häufig höhere Kosten entstehen als dies durch die Schaffung höherwertige Angebote der Fall ist, kann mit Hilfe der Simulation mit konkreten Zahlen untermauert werden. Das Modell ist imstande, konkrete Nutzungsintensitäten für unterschiedliche Planfälle zu liefern und auf diese Weise auch die Kostendeckung der unterschiedlichen ÖPNV-Angebote zu simulieren.

Somit ist die Vorraussetzung für eine fundierte Entscheidung hinsichtlich eines adäquaten ÖPNV-Angebotes für die spezielle Einrichtung am jeweiligen Standort gegeben. Dies befreit selbstverständlich nicht von einer grundsätzlichen Diskussion über die Stellung des ÖPNV und seiner langfristigen Gleichberechtigung mit dem MIV. Es liefert jedoch die Möglichkeit, mehr Transparenz über die wirklichen Kosten möglicher ÖPNV-Angebote zu erzeugen und auf diesem Wege abseits der grundsätzlichen Diskussionen objektiv bessere Entscheidungen zu treffen.

6   Zusammenfassung

6.1 Ergebnisse

Die Zielsetzung dieser Arbeit bestand in der Entwicklung eines lebensstilorientierten Ansatzes zur Modellierung des Verkehrsmittelwahlverhaltens an Freizeitgroßeinrichtungen. Dieser Forschungsgegenstand verlangte nach einer Integration unterschiedlichster Forschungsansätze. So werden die Ergebnisse der Freizeitforschung im Hinblick auf Freizeitgroßeinrichtungen wie auch Freizeittrends, ebenso berücksichtigt, wie der Forschungsstand hinsichtlich der Lebensstil- und Milieuforschung im Umfeld der soziologischen Forschung und die Erfahrungen aus dem Bereich der Verkehrsforschung zum Verkehrsmittelwahlverhalten. Implizit bedeutet diese Zielsetzung auch den Schritt hin zu einem neuen integrativen Verkehrsmittelwahlverständnis.

Die Einbeziehung von Lebensstilen in die Verkehrsforschung und damit die verstärkte Orientierung an Vorstellungen und Werte der Individuen ist gleichbedeutend mit einer sehr viel weniger abstrakten und auch weniger mechanistischen Vorgehensweise vor allem auch im Hinblick auf die Modellierung des Verkehrsmittelwahlverhaltens. An dieser Stelle schlägt die Arbeit erfolgreich die Brücke zwischen qualitativen und quantitativen Ansätzen. Auch die Einbeziehung neuer Faktoren aus dem Umfeld der Freizeitforschung für das Verständnis der Verkehrsmittelwahl ist an dieser Stelle nochmals ausdrücklich zu erwähnen.

Diese Integration der Nachbardisziplinen und das damit veränderte Verständnis des gesamten Prozesses der Verkehrsmittelwahl führten zur Entwicklung eines erweiterten Verkehrsmittelwahlmodells. Dieses Modell stellt insofern das erste wichtige Ergebnis dieser Arbeit dar, als es die zum heutigen Stand der Forschung wichtigsten Aspekte für die Verkehrsmittelwahl berücksichtigt und gleichzeitig das Individuum in Form der lebensstilorientierten „Freizeitverkehrsgruppen" ins Zentrum des Entscheidungsprozesses zur Verkehrsmittelwahl stellt.

Explizit wurde die Wahrnehmung der unterschiedlichen Verkehrsmittel durch das Individuum als zentraler Faktor für die Verkehrsmittelaffinität und somit auch für die theoretische Verkehrsmittelwahl begriffen.

Daneben fungieren die individuellen Restriktionen im Umfeld der Verkehrsorientierung, also etwa die PKW-Verfügbarkeit, als Filter zwischen den grundsätzlich möglichen und den durch das Individuum tatsächlich nutzbaren Verkehrsmittelalternativen.

Auch die Routinisierung wird implizit über die Verkehrsmittelaffinität berücksichtigt. So repräsentiert dieser Faktor, die Basis jeder Routine, nämlich die individuelle Einschätzung einzelner Verkehrsmittel und damit die unterschiedlich starke Wertschätzung einzelner Alternativen, die so dann für die Verkehrsmittelwahlentscheidung und in Weiteren für die Routinisierung verantwortlich sind. Die Verkehrsmittelaffinität jeder Gruppe ist in diesem Sinne ein Maß für die Routinisierung der Individuen innerhalb einer Gruppe zu Gunsten des MIV bzw. des ÖPNV.

Und schließlich wurde durch die Einbeziehung der Wahrnehmung der einzelnen Verkehrsmittel auch die Berücksichtigung der „bounded rationality" in das Modell möglich. Die Basis für den weiteren Entscheidungsprozeß stellt nicht das tatsächliche Angebot der einzelnen Verkehrsträger dar, sondern das jeweils wahrgenommene Angebot.

Die Umsetzung der Integration von lebensstilorientierten Ansätzen innerhalb dieses Modells erfolgt mit Hilfe des theoretischen Konstrukts der so genannten „Freizeitverkehrsgruppen". Die quantitative empirische Umsetzung dieser, auf den individuellen Freizeit- und Verkehrsansprüchen, aufbauend Gruppen stellt ein weiteres wichtiges Ergebnis auf dem Weg zur praktischen Umsetzung des Modells dar. Die Clusteranalyse auf Basis von 1.793 überregional erhobenen Interviews erbrachte folgende sieben Gruppen:

* Die Gruppe der *„Preissensiblen Bequemen"* besticht fast schon einzig durch ihre Betonung des Aspektes Preis bei der Verkehrsmittelwahl. In der Freizeit stehen geruhsame Aktivitäten im häuslichen Umfeld im Vordergrund, sportliche Betätigungen oder gar Urlaubsreisen haben eine geringe Bedeutung.

* Die Gruppe der *„Sportlich Umweltbewussten"* legt besonderes Gewicht auf körperliche Aktivität. So stellt dies sowohl den wichtigsten Faktor bei der Verkehrsmittelwahl dar, wie auch die wichtigste Freizeitaktivität. Neben dem Faktor körperliche Aktivität spielt auch die Umweltverträglichkeit des Verkehrsmittels eine große Bedeutung. Entsprechend der ökologischen Orientierung und dem Drang nach Bewegung werden konsequenterweise unnötige Fahrten im MIV abgelehnt.

* Die Gruppe der *„Spaßorientierten Autofreunde"* zeigt eine sehr starke MIV-Affinität. Aspekte wie körperliche Bewegung, ein Index für den Nichtmotorisierten Verkehr sind ebenso unwichtig wie die Ökologie und die mit dem Verkehrsmittel verbundenen Kosten. Dazu passt auch die häufigste Nennung von „Autospazierfahrten" als Freizeitbeschäftigung unter allen Gruppen.

* Die Gruppe der *„Außenorientierten Sportler"* sieht das Verkehrsmittel lediglich als Mittel zum Zweck es liegt eine klare Funktionsorientierung hinsichtlich der Verkehrsmittelwahl vor. In der Freizeit spielen vor allem der Freundeskreis und gemeinsame, gesellige Aktivitäten eine große Rolle. Dementsprechend weißt diese Gruppe auch die stärkste Außenorientierung aller Gruppen auf.

* Die Gruppe der *„Vielseitigen Familienmenschen"* zeichnet sich durch die stärkste Orientierung auf die Familie aus. Ökologie und Preis gehören zu den bestimmenden Faktoren hinsichtlich der Verkehrsmittelwahl. Die Freizeitinteressen sind grundsätzlich breit gefächert, jedoch bevorzugt diese Gruppe eher Aktivitäten im häuslichen Umfeld.

* Im Vordergrund stehen für die *„Ruhigen Genießer"* hinsichtlich des Verkehrsmittels Aspekte wie Umweltfreundlichkeit, die Möglichkeit sich körperlich fit zu halten und dabei Spaß zu haben. Die Geschwindigkeit und der Komfort des Verkehrsmittels sind dem gegenüber untergeordnet. Diese Gruppe ist somit die einzige, die den Aspekt Spaß bei der Verkehrsmittelnutzung höher einschätzt als den Aspekt Funktion. Hinsichtlich der Feizeitorientierung finden sich wiederum die Aspekte der Bewegung in Form des Wanderns sowie die Umweltorientierung in Form des Interesses an der Natur als solches.

* Die *„Eiligen Individualisten"* stellen die Gruppe mit der schwächsten Außenorientierung dar. Darüber hinaus weißen sie eine schwache Ablehnung von erlebnisorientierten Angeboten auf, hinsichtlich der Verkehrsmittelwahl stehen vor allem die Aspekte Geschwindigkeit und Komfort im Vordergrund, Variablen wie etwa Ökologie oder der Preis des Verkehrsmittels werden hingegen vernachlässigt. Entsprechend muss diese Gruppe als stark MIV-affin bezeichnet werden.

Die Erarbeitung dieser „Freizeitverkehrsgruppen" ermöglichte in einem weiteren Schritt die empirische Umsetzung des zuvor theoretisch entwickelten Verkehrsmittelwahlmodells für Freizeitgroßeinrichtungen.

Dieses Modell begreift die Verkehrsmittelwahl am jeweiligen Standort als ein Wechselspiel zwischen den „Freizeitverkehrsgruppen" und den Eigenschaften der jeweiligen Einrichtung. So spielt sich der für die Verkehrsmittelwahlentscheidung verantwortliche Entscheidungsprozeß im Spannungsfeld der subjektiven Innenwelt, also der Werte und Vorstellungen des Individuums in Form seiner Zugehörigkeit zu einer bestimmten „Freizeitverkehrsgruppe", und der objektiven Außenwelt, in Form der inhaltlichen wie auch räumlichen Rahmenbedingungen des jeweiligen Standortes, ab. Somit stellen die lebensweltlichen Vorstellungen die Basis für die Entscheidung der Freizeitstandortwahl, wie auch der Vorlieben im Bezug auf die Verkehrsmittelwahl dar. Diese beiden Säulen der Freizeitverkehrsgruppen im Modell „Freizeit- und Verkehrserwartung" genannt finden auf Seiten der Freizeiteinrichtungen ihre Entsprechung einerseits in der inhaltlichen Ausrichtung der Einrichtung, operationalisiert durch die so genannte „Erlebnismatrix", und die verkehrliche Erschließung, umgesetzt mittels der so genannten „Erreichbarkeitsmatrix".

Durch den Abgleich der jeweils korrespondierenden Faktoren werden in einem ersten Schritt die Häufigkeit der „Freizeitverkehrsgruppen" an den Standorten ermittelt. Der Abgleich der Freizeitorientierungen mit der spezifischen inhaltlichen Ausrichtung des jeweiligen Standortes erlaubt somit eine theoretische Simulation der Häufigkeit einer jeden „Freizeitverkehrsgruppe" an der betreffenden Einrichtung. Die so für jeden Standort spezifische Verteilung der Gruppen ermöglicht sodann mittels der Verkehrsorientierung jeder Gruppeund unter Berücksichtigung der jeweiligen Erreichbarkeit des Standortes die Berechnung eines theoretischen Modal-Splits für die Verkehrsmittelalternativen MIV und ÖPNV.

Der auf diesem Weg theoretisch abgeleitete so genannte „korrigierte theoretische Modal-Split" differiert von dem zur Validierung des Modells erhobenen realen Modal-Split an den Standorten nur geringfügig. So ergibt sich hinsichtlich des MIV-Anteils am Modal-Split eine gemittelte Abweichung über alle Standorte von lediglich 1,80 %. Die maximale Abweichung wiederum liegt bei 3,1 %, dieser steht eine minimale Abweichung von nur 0,17 % gegenüber. Diese Werte belegen die Güte des Simulationsverfahrens und ermöglichen somit die Nutzung des Modells als Prognosewerkzeug auch für andere Einrichtungen.

Berücksichtigt man die Eigenheit des Modells, dass die Eigenschaften der „Freizeitverkehrsgruppen" als konstante Werte betrachtet werden, verbleibt für die Simulation des Modal-Splits an einer beliebigen Einrichtung ein nur geringer empirischer Aufwand, da allein die standortspezifischen Eigenschaften, mittels der Erlebnis- bzw. Erreichbarkeitsmatrix zu erheben sind. Die zuvor ausgeführte hohe Genauigkeit der Simulation vor dem Hintergrund dieses somit nur geringen empirischen Erhebungsaufwandes ermöglicht eine Vielzahl von Einsatzmöglichkeiten für das Modell.

Es lassen sich mit dem Modell die unterschiedlichsten Eingriffe im Umfeld der Einrichtung auf ihre Folgen für den Modal-Split untersuchen. Es besteht, sowohl bei Veränderungen der Erreichbarkeit der Einrichtung, etwa durch die Einführung von Mobilitätsmanagementmaßnahmen, oder aber einer nachträglichen ÖPNV-Erschließung die Möglichkeit der Simulation, wie auch bei möglichen inhaltlichen

Umgestaltungen, etwa durch Erweiterungs- oder Umbaumaßnahmen. Das Modell trägt insofern alle Vorraussetzungen in sich, den verkehrlichen Folgen von Freizeitgroßeinrichtungen umfassend gerecht zu werden. Erst durch die in dieser Arbeit vorgenommene Verknüpfung der drei Forschungsdisziplinen wurde es möglich, ein adäquates Bild der Folgen dieser hoch komplexen Freizeitgroßeinrichtungen zur erreichen. Diese Einrichtungen verfügen eben nicht über eine pauschale Attraktivität, die auf alle Menschen gleichermaßen wirkt, sondern über eine selektive Attraktivität, die in Abhängigkeit der individuellen Werte und Vorstellungen sehr differenziert wahrgenommen wird. Dieser Sachverhalt gilt ebenso für die Attraktivität von Verkehrsmitteln. Entsprechend der individuellen Anforderungen werden diese ganz unterschiedlich bewertet, was sich auch entsprechend in der Nutzung niederschlägt. Der im Modell beschrittene Weg der Berücksichtigung des Faktors „Spaß" für die Verkehrsmittelwahl stellt insofern die konsequente Umsetzung der Ergebnisse der Freizeitforschung in den Kontext der Verkehrsforschung dar.

6.2 Forschungsbedarf

Auch wenn an dieser Stelle konstatiert werden muss, dass gerade in diesem Überlappungsbereich zwischen Freizeit- und Verkehrsforschung noch ein großer Forschungsbedarf besteht, so musste auch innerhalb dieser Arbeit mit oft nur unzureichend operationalisierten Ansätzen und Begriffen aus der Freizeitforschung umgegangen werden. Eben an diesem Punkt, der mangelnden Exaktheit hinsichtlich der empirischen Umsetzbarkeit von Begriffen wie etwa „Erlebnis" oder aber „Spaß", spiegeln sich zwangsläufig innerhalb des Modells Defizite der Freizeitforschung, die aktuell noch existieren. So könnte das vorliegende Modell noch an Konturen und damit an Aussagekraft gewinnen, wenn gerade im Umfeld dieser Begriffe tragfähigere Operationalisierungen zur Verfügung stünden. Es kann somit nur eindringlich ein verstärktes Engagement gerade im Bereich des methodischen und empirischen Arbeitens innerhalb der Freizeitforschung angemahnt werden. Umgekehrt kann die Aktualität mit der in diesem Forschungsbereich operiert wird, was unter anderem einer der zentralen Gründe für die teilweise nur mäßigen Operationalisierungen ist, auch beispielhaft für die Verkehrsforschung sein. Diese Stärken und Schwächen der Nachbardisziplinen erkennen und im Sinne eines höheren Erkenntniswertes nutzen, das ist die Aufgabe für die Zukunft gerade auch in diesem Forschungsfeld.

6.3 Ausblick

In diesem Sinne kann nur ein eindringlicher Appell zur disziplinübergreifenden Zusammenarbeit stehen. Der in dieser Arbeit bereits beschrittene Weg kann nur ein Anfang sein, er ist aber in einer zunehmend komplexeren Welt eben kein frommer Wunsch, sondern eine schlichte Notwendigkeit. Diese Arbeit ist ein Beleg für die Vielzahl an Chancen, die durch eine solche Öffnung gegenüber den Nachbardisziplinen ermöglicht werden. So lassen sich sowohl der Erklärungswert der Modelle verbessern, sowie auch ein vertieftes Verständnis der Abläufe erreichen. Gerade dieses Verständnis gilt es im Umfeld der Verkehrsforschung und Verkehrsplanung auch nach Außen zu kommunizieren. Allzu häufig werden die Debatten im Umfeld von Verkehr und Mobilität von irrationalen Grabenkämpfen und überholten

Weltbildern geprägt. Diese Arbeit stellt den Versuch dar, eine neutrale Bewertung verkehrlicher Folgen und möglicher Einflussmöglichkeiten im Bezug auf Freizeit-großeinrichtungen zu ermöglichen. Es geht hierbei um die Abschätzung der Folgen unterschiedlicher Handlungen und deren jeweiliger Effizienz. Nur auf diesem Wege kann eine sachliche Diskussion überhaupt ermöglicht werden. Die Diskussion, was als ausreichend effizient bzw. als erstrebenswert angesehen wird, kann jedoch an dieser Stelle nicht geführt werden.

Dieser Disput ist jedoch dringend anzumahnen, gerade vor dem Hintergrund immer knapperer Kassen der öffentlichen Hand. So ist eine inhaltliche und sub-stantielle Auseinandersetzung innerhalb der Gesellschaft zum Wert und den dafür notwendigen Ausgaben für Verkehr und Mobilität unabdingbar. Im Umfeld einer objektiven und rationalen Diskussion gilt es mit der leider im politischen Umfeld allzu oft vertretene Position von der hohen Kosteneffizienz des MIV im Unterschied zum ÖPNV ebenso entgegen zu treten wie der von manchem Planer häufig propa-gierten „Mär", dass mittels des ÖPNV die finanzierbare Sicherstellung sämtlicher Mobilitätsbedürfnisse möglich ist.

Es gilt im Sinne einer nachhaltigen Entwicklung zu einer effizienten Arbeitsteilung der beiden Verkehrsträger auf Basis einer grundsätzlichen Gleichberechtigung zu kommen.

Literatur

AHLFELDT, H. (1975): Gründe für die Verkehrsmittelwahl im Nahverkehr und ihre Veränderungstendenzen. In: JOHN, Günther (Hrsg.): Grundsatzprobleme bei Langfristprognosen im Personenverkehr. Köln, S. 281-304 (= Schriftenreihe der DVWG, Reihe B 25)

AJZEN, Icek (1988): Attitudes, Personality, and Behavior. Milton Keynes

BACHER, Johann (1996): Clusteranalyse. Anwendungsorientierte Einführung. München, Wien

BACKHAUS, Klaus, Bernd ERICHSON, Wulff PLINKE & Rolf WEIBER (1996): Multivariate Analysemethoden. Eine anwendungsorientierte Einführung. Berlin u.a.

BAHRENBERG, Gerhard, Ernst GIESE & Josef NIPPER (1992): Statistische Methoden in der Geographie. Band 2 Multivariate Statistik. Stuttgart

BAMBERG, Sebastian (1996): Habitualisierte Pkw-Nutzung: Integration des Konstrukts „Habit" in die Theorie des geplanten Verhaltens. In: Zeitschrift für Sozialpsychologie 27, S. 295-310

BAMBERG, Sebastian (2004): Sozialpsychologische Handlungstheorien in der Mobilitätsforschung. Neuere theoretische Entwicklungen und praktische Konsequenzen. In: DALKMANN, Holger, Martin LANZENDORF & Joachim SCHEINER (Hrsg.) (2004): Verkehrsgenese. Mannheim, S. 51-71 (= Studien zur Verkehrs- und Mobilitätsforschung, 5)

BECK, Ulrich (1986): Risikogesellschaft. Auf dem Weg in eine andere Moderne. Frankfurt

BECK, Ulrich & E. BECK-GERNSHEIM (Hrsg.) (1994): Riskante Freiheiten. Individualisierung in modernen Gesellschaften. Frankfurt

BECKMANN, Klaus J. (1997): Auf dem Weg zur nachhaltigen Stadt- und Verkehrsplanung. In: Bundesministerium für Raumordnung, Bauwesen und Städtebau (Hrsg.): ExWoSt-Informationen Nr. 06.14, Forschungsfeld „Städtebau und Verkehr". Bonn, S. 31-36

BERGER, Peter A. & S. HRADIL (Hrsg.) (1990): Lebenslagen. Lebensläufe. Lebensstile. Göttingen, (= Soziale Welt, Sonderband 7)

BOURDIEU, Pierre (1987): Sozialer Sinn. Frankfurt

BOURDIEU, Pierre (1987): Die feinen Unterschiede. Kritik der gesellschaftlichen Urteilskraft. Frankfurt

BRUNSING , Jürgen (2000): Chancen und Potentiale des öffentlichen Freizeitverkehrs unter besonderer Berücksichtigung differenzierter Freizeitaktivitäten. Aachen

DANGSCHAT, Jens & Jörg BLASIUS (1994): Lebensstile in den Städten. Konzepte und Methoden. Opladen

DVWG (= Deutsche Verkehrswissenschaftliche Gesellschaft) (Hrsg.) (1997): Freizeitverkehr im Zeichen wachsender Freizeitmobilität. Kurs VI/96 am 13.-14. Juni 1996 in Goslar. Bergisch Gladbach (= Schriftenreihe der DVWG, Reihe B 192)

EMNID (1991a): KONTIV 89. Tabellenteil und Anlageband. Bielefeld.

EMNID (1991b): KONTIV 89. Bericht zur Methode. Bielefeld.

EMNID (1991 c): NRW-KONTIV 89. Bielefeld.

GIDDENS, Anthony (1952): Die Konstitution der Gesellschaft. Grundzüge einer Theorie der Strukturierung. Frankfurt/M., New York (= Theorie und Gesellschaft, 1) (Originaltitel: The constitution of society)

GORR, Harald (1997): Die Logik der individuellen Verkehrsmittelwahl. Theorie und Realität des Entscheidungsverhaltens im Personenverkehr. Gießen

GÖTZ, Konrad (1996): Freizeitmobilität und Natur. In: CITY: mobil (Hrsg.): Mobilität und Natur. Stadtwege Nr. 2/96. Freiburg, S. 18-21

GSTALTER Herbert & Wolfgang FASTENMEIER (2002): Motive und Aktivitäten in Alltags- und Erlebnisfreizeit. In: BECKMANN Klaus. (Hrsg.): Tagungsband AMUS 2002. SMobilität und Stadt. Aachen, S. 83-90 (= Stadt Region Land, 73)

GRATHOFF, R. (1995): Milieu und Lebenswelt. Frankfurt am Main

HAUTZINGER, Heinz & Manfred Pfeiffer (1996): Gesetzmäßigkeit des Mobilitätsverhaltens. Verkehrsmobilität in Deutschland zu Beginn der 90er Jahre. Bergisch Gladbach.

HAUTZINGER, Heinz (2003): Stichprobendesigns für Erhebungen am Aktivitätsort. In: HAUTZINGER, Heinz (Hrsg.): Freizeitmobilitätsforschung. Theoretische und methodische Ansätze. Mannheim, S. 21-33 (= Studien zur Mobilitäts- und Verkehrsforschung, 4)

HEINZE, G. Wolfgang & Heinrich H. KILL (1997): Freizeit und Mobilität. Neue Lösungen im Freizeitverkehr. Braunschweig

HOLZ-RAU, Christian & Eckhard KUTTER (1995): Verkehrsvermeidung. Siedlungsstrukturelle und organisatorische Konzepte. Bonn (= Materialien zur Raumentwicklung, 73)

HOLZ-RAU, Hans-Christian (1990): Bestimmungsgrößen des Verkehrsverhaltens. Analyse bundesweiter Haushaltsbefragungen und modellierende Hochrechnung. Berlin (= Schriftenreihe des Institus für Verkehrsplanung und Verkehrswegebau der TU Berlin, 22)

HOLZAPFEL, Helmut (1997): Autonomie statt Auto: zum Verhältnis von Lebensstil, Stadt und Verkehr. Bonn

HOLZAPFEL, Helmut, Ursula MÜNSTERJOHANN, Franziska LEHMANN, Gerd REESAS & Heike WOHLTMANN (1996): Freizeitmobilität. Freizeit und Freizeitverkehr – Eine Bestandsaufnahme. In: Forschungsverbund „Ökologisch verträgliche Mobilität in Stadtregionen" (Hrsg.): Rahmenbedingungen von Mobilität in Stadtregionen. Teilprojekt 5: Arbeits- und Freizeitmobilität. Wuppertal, S. 39-100

HÖRNING, K.-H. M. Michailow (1990): Lebensstil als Vergesellschaftungsform. In: BERGER, P. & S. HRADIL (1990): Lebenslagen, Lebensläufe, Lebensstile. Göttingen (Soziale Welt, Sonderband 7)

HRADIL, Stefan (1995): Die „Single-Gesellschaft". München

HRADIL, Stefan (1999):Soziale Ungleichheiten in Deutschland. Opladen

HUNECKE, Marcel (1997): Nachhaltige Entwicklungen in der Personenmobilität. Gelsenkirchen (= Werkstatt Berichte des Sekretariat für Zukunftsforschung, 19)

HÜSING, Martin (1999): Die Flächenbahn als verkehrspolitische Alternative. Wuppertal. (= Wuppertal Spezial, 12)

JAHN, Thomas & Irmgard SCHULTZ (1995): Stadt, Mobilität und Lebensstile – ein sozial-ökologischer Forschungsansatz. In: SAHNER, H. & S. SCHWEDTNER (Hrsg.): 27. Kongreß der Deutschen Gesellschaft für Soziologie. Opladen, S. 795-800

JUNGE, Mathias (2002): Individualisierung. Frankfurt/Main

KAGERMEIER, Andreas (1997): Siedlungsstruktur und Verkehrsmobilität. Eine empirische Untersuchung am Beispiel von Südbayern. Dortmund (= Verkehr Spezial, 3)

KIRCHGÄSSNER, Gerhard (1991): Homo oeconomicus. Das ökonomische Modell individuellen Verhaltens und seine Anwendung in den Wirtschafts- und Sozialwissenschaften. Tübingen

KISSLING, Helmut (1996): Mobilität und Strukturwandel – Verkehr als komplexes evolvierendes System. Wuppertal (= Arbeitspapier des Forschungsverbunds „Ökologisch verträgliche Mobilität in Stadtregionen", Nr. 2)

KIPPELE, Flavia (1998): Was heißt Individualisierung? Wiesbaden, Opladen

KLEE, Andreas: Der Raumbezug von Lebensstilen in der Stadt. Ein Diskurs über eine schwierige Beziehung mit empirischen Befunden aus der Stadt Nürnberg. Passau 2001 (= Münchener Geographische Hefte, 83)

KLOCKE, A. (1993): Sozialer Wandel, Sozialstruktur und Lebensstile in der Bundesrepublik Deutschland. Frankfurt am Main

KÜHN, Gerd (Hrsg.) (1998): Freizeitmobilität – Entwicklungen und Handlungsmöglichkeiten. Berlin. (= DifU Seminar-Dokumentation „Forum Stadtökologie", 5)

KUNZ, Volker (1997): Theorie rationalen Handelns. Konzepte und Anwendungsprobleme. Opladen

KUTTER, Eckhard (1981): Weiterentwicklung der Verkehrsberechnungsmodelle für die integrierte Planung. Braunschweig (= Aspekte des Stadtbauwesens, 29)

KONIETZKA, D. (1995): Lebensstile im sozialstrukturellen Kontext. Ein theoretischer und empirischer Beitrag zur Analyse soziokultureller Ungleicheiten. Opladen

LANZENDORF, Martin (2001): Freizeitmobilität Unterwegs in Sachen sozial-ökologischer Mobilitätsforschung. Trier (= Materialien zur Fremdenverkehrsgeographie, 56)

LÜDTKE, Hartmut (1995): Zeitverwendung und Lebensstile. Empirische Analysen zu Freizeitverhalten, expressiver Ungleichheit und Lebensqualität in Westdeutschland. Marburg (= Marburger Beiträge zur Sozialwissenschaftlichen Forschung, 5)

MEIER, Ruedi (2000): Freizeitverkehr. Analysen und Strategien. Bern (= Berichte des Schweizerischen Nationalen Forschungsprogramms 41 „Verkehr und Umwelt", Bericht D5)

MIELKE, Bernd, Helga SANDER, Hartmut KOCH, Bodo TEMMEN, Ulrich HATZFELD & Ralf EBERT (1993): Großflächige Freizeiteinrichtungen im Freiraum. Freizeitparks und Ferienzentren Dortmund (= ILS Schriften, 75)

NECKEL, S (1998): Krähwinkel und Kabylei. Mit Pierre Bourdieu durch Deutschlands Kultursoziologie. In: HILLEBRANDT, F., G. KNEER & K. KRAEMER (Hrsg.): Verlust der Sicherheit? Lebensstile zwischen Multioptionalität und Knappheit. Opladen, S. 206–218

OPASCHOWSKI, Horst W. (1991): Ökologie von Freizeit und Tourismus. Opladen (= Freizeit- und Tourismusstudien, 4)

Opaschowski, Horst W. (1994): Einführung in die Freizeitwissenschaft. Opladen (= Freizeit- und Tourismusstudien, 2)

OPASCHOWSKI , Horst W (1999 a): Freizeit und Erlebnis (unveröffentlichter Vortrag ITB 1999)

OPASCHOWSKI, Horst W. (1999 b): Umwelt. Freizeit. Mobilität. Konflikte und Konzepte. Opladen: (= Freizeit- und Tourismusstudien, 4)

PEZ, Peter (1998): Verkehrsmittelwahl im Stadtbereich und ihre Beeinflussbarkeit. Eine verkehrsgeographische Analyse am Beispiel von Kiel und Lüneburg. Kiel (= Kieler Geographische Schriften, 95)

PROBST, Petra (2001): Die Thematisierung des touristischen Raumes. In: KREILKAMP, E., H. PECHLANER & A. STEINECKE (Hrsg.): Gemachter oder gelebter Tourismus? Destinationsmanagement und Tourismuspolitik. Wien, S. 67-74 (= Management und Unternehmenskultur, 3)

SCHNELL, Rainer, Paul B. HILL & Elke ESSER (1995): Methoden der empirischen Sozialforschung. München, Wien

SCHRECKENBERG, Winfried & Ulrich SCHUHLE (1981): Freizeitverkehr – Grenzen des Wachstums. Struktur und Entwicklung des Freizeitverkehrs und mögliche Maßnahmen seiner Beeinflussung. In: Institut für Verkehrsplanung und Verkehrswegebau der Technischen Universität Berlin (Hrsg.): Beiträge zur Verkehrswissenschaft. Berlin, S. 175-247 (= Schriftenreihe des Instituts für Verkehrsplanung und Verkehrswegebau,7)

SCHULZE, Horst (1999): Lebensstil, Freizeitstil und Verkehrsverhalten 18- bis 34 jähriger Verkehrsteilnehmer. Bergisch Gladbach (= Berichte der Bundesanstalt für Straßenwesen, Mensch und Sicherheit, Heft M 103)

Statistisches Bundesamt (Hrsg.) (1995): Die Zeitverwendung der Bevölkerung. Ergebnisse der Zeitbudgeterhebung 1991/92. Erwerbstätigkeit und Freizeit. Tabellenband IV. Wiesbaden

STEINECKE, A. (2000) (Hrsg.): Erlebnis- und Konsumwelten. München

STEINECKE, A., E. KREILKAMP & H. PECHLANER (Hrsg.) (2001): Gemachter oder gelebter Tourismus? Destinationsmanagement und Tourismuspolitik. Wien

Technische Universität Dresden & Socialdata (1994): System repräsentativer Verkehrsbefragungen 1982-1994. Gutachten im Auftrag des Bundesministeriums für Verkehr. Dresden, München

TOPP, Hartmut H. (Hrsg) (1997): Verkehr aktuell: Freizeitmobilität. Kaiserslautern (= Grüne Reihe des Fachgebietes Verkehrswesen Universität, 38)

TZSCHASCHEL, Sabine (1986): Geographische Forschung auf der Individualebene. Darstellung und Kritik der Mikrotheorie. Kallmünz (= Münchener Geographische Hefte, 53)

BMV (= Bundesministerium für Verkehr) (Hrsg) (verschiedene Jahre): Verkehr in Zahlen. Bearbeitet vom Deutschen Institut für Wirtschaftsforschung. Bonn

VERRON, Hedwig (1986): Verkehrsmittelwahl als Reaktion auf ein Angebot. Berlin (= Schriftenreihe des Instituts für Verkehrsplanung und Verkehrswegebau, 20)

VESTER, Michael, Peter von OERTZEN, Heiko GEITING, Thomas HERMANN & Dagmar MÜLLER (1993): Soziale Milieus im gesellschaftlichen Strukturwandel. Köln

WEBER, Max (1984): Die protestantische Ethik. Gütersloh

ZÄNGLER, Thomas & Georg KARG (2002): Zielorte in der Freizeit. In: BECKMANN Klaus. (Hrsg.): Tagungsband AMUS 2002. SMobilität und Stadt. Aachen, S. 155-161 (= Stadt Region Land, 73)

Universität Paderborn

Fachbereich 1 Geographie
Angewandte Anthropogeographie und Geoinformatik

Prof. Dr. Andreas Kagermeier

Haushaltsbefragung

Freizeit in München

Sehr geehrte Damen und Herren,

Sie sind eine nach dem Zufallsprinzip ausgewählte Person, die stellvertretend für alle Einwohner(innen) in München nach ihrem Freizeitverhalten befragt wird. Es handelt sich hierbei um eine wissenschaftliche Grundlagenuntersuchung. Sie dient also keinem kommerziellen Zweck.

Ich darf Ihnen versichern, dass Ihre Angaben streng vertraulich behandelt und nur anonym ausgewertet werden. Sämtliche datenschutzrechtlichen Bestimmungen werden dabei eingehalten.
Sollten Sie Rückfragen haben, wenden Sie sich bitte an die Universität Paderborn:
Telefon (05251) 60-2367
Wir rufen Sie gerne zurück!

Die Teilnahme ist selbstverständlich freiwillig. Sie tragen damit aber entscheidend zum Erfolg dieser wichtigen Erhebung bei. Bitte senden Sie diesen ausgefüllten Haushaltsfragebogen möglichst bald zurück.
Ein Freiumschlag ist beigelegt.
Für Ihre Mitarbeit darf ich mich bei Ihnen bereits im Voraus recht herzlich bedanken!

Prof. Dr. Andreas Kagermeier

Bitte Zutreffendes ankreuzen oder angeben:

(1) Nennen Sie bitte Ihre drei liebsten Freizeitbeschäftigungen.

(2) Sind Sie mit dem Freizeitangebot innerhalb Ihrer Region zufrieden?

☐ Ja ☐ teils/teils ☐ Nein

(3) Wie häufig besuchen Sie folgende Einrichtungen und welche mittlere Anreisezeit (in Stunden) halten Sie dafür für angemessen?

☐ Spaß- u. Erlebnisbäder — sehr oft ( ) oft ( ) gelegentlich ( ) selten ( ) nie ( ) Anreisezeit: ___ h
☐ Freizeit- u. Erlebnisparks — sehr oft ( ) oft ( ) gelegentlich ( ) selten ( ) nie ( ) Anreisezeit: ___ h
☐ Musicals — sehr oft ( ) oft ( ) gelegentlich ( ) selten ( ) nie ( ) Anreisezeit: ___ h
☐ Kinos — sehr oft ( ) oft ( ) gelegentlich ( ) selten ( ) nie ( ) Anreisezeit: ___ h
☐ Zoologische Gärten — sehr oft ( ) oft ( ) gelegentlich ( ) selten ( ) nie ( ) Anreisezeit: ___ h
☐ Naherholungsgebiete — sehr oft ( ) oft ( ) gelegentlich ( ) selten ( ) nie ( ) Anreisezeit: ___ h
☐ Theater/Opern/Konzerte — sehr oft ( ) oft ( ) gelegentlich ( ) selten ( ) nie ( ) Anreisezeit: ___ h
☐ Diskotheken — sehr oft ( ) oft ( ) gelegentlich ( ) selten ( ) nie ( ) Anreisezeit: ___ h
☐ Museen/Kunstausstellungen — sehr oft ( ) oft ( ) gelegentlich ( ) selten ( ) nie ( ) Anreisezeit: ___ h
☐ Sportveranstaltungen — sehr oft ( ) oft ( ) gelegentlich ( ) selten ( ) nie ( ) Anreisezeit: ___ h

(4) Sind Sie im Besitz eines PKW-Führerscheins?

☐ nein ☐ ja, seit ___

Falls ja: Steht Ihnen persönlich ein PKW zur Verfügung?
Sie verfügen... ☐ ständig über einen PKW.
☐ nur nach Absprache mit Familienmitgliedern, Verwandten usw. über einen PKW.
☐ grundsätzlich nie über einen PKW.

(5) Was trifft auf Sie zu?
Sie beteiligen sich regelmäßig an Fahrgemeinschaften mit Kollegen oder Freunden? ☐ Ja ☐ Nein
Sie verfügen über eine Zeitkarte o.ä. für Bus und/oder Bahn? ☐ Ja ☐ Nein
Sie verfügen über eine BahnCard? ☐ Ja ☐ Nein
Sie nutzen Sonderangebote der Bahn (z.B. Schönes-Wochenende-Ticket)? ☐ Ja ☐ Nein

(6) Wenn Sie in Ihrer Freizeit unterwegs sind, wie bewerten Sie dann folgende Aussagen?
(Setzen Sie bitte jeweils ein Kreuz pro Zeile entsprechend Ihrer Zustimmung zu dem einen oder dem anderen Begriff.)

Auto fahren ist …

preiswert					teuer
komfortabel					unbequem
schnell					langsam
macht Spaß					langweilig
entspannend					anstrengend
umweltfreundlich					umweltschädlich

Bus und Bahn fahren ist …

preiswert					teuer
komfortabel					unbequem
schnell					langsam
macht Spaß					langweilig
entspannend					anstrengend
umweltfreundlich					umweltschädlich

(7) Für wie wichtig halten Sie die nachfolgenden Kriterien bei der Wahl des Verkehrsmittels in der Freizeit?

	sehr wichtig	ziemlich wichtig	mittelmäßig wichtig	weniger wichtig	nicht wichtig	keine Angabe
Preis						
Bequemlichkeit, Komfort						
Schnelligkeit						
Nutzung acti Spaß machen						
Erholung, Entspannung auf dem Weg						
Umweltfreundlichkeit						
Flexibilität						
Körperliche Bewegung						

Seite 1 und 2 des Haushaltsfragebogen
(München)

Haushaltsfragebogen

(8) Wo verbringen Sie Ihre Freizeit für gewöhnlich an ...?

	ausschließlich zu Hause	überwiegend zu Hause	etwa zu gleichen Teilen zu Hause und außer Haus	überwiegend außer Haus	ausschließlich außer Haus
...Werktagen					
...Samstagen					
...Sonn-/Feiertagen					

(9) Im Folgenden geht es darum, Genaueres darüber zu erfahren, wie Sie Ihre Freizeit gestalten. Bitte geben Sie an, wie oft Sie Ihre Zeit mit nachfolgenden Tätigkeiten verbringen. Tragen Sie bitte in der rechten Spalte das für die jeweilige Aktivität am häufigsten genutzte Verkehrsmittel ein.

1 = PKW als Fahrer,
2 = PKW als Mitfahrer,
3 = Fahrrad,
4 = zu Fuß,
5 = Moped/Mofa/Motorroller,
6 = Bus/Straßenbahn,
7 = U-Bahn/S-Bahn,
8 = Eisenbahn,
9 = Park and Ride,
10 = Bike and Ride)

	sehr oft	oft	gelegentlich	selten	nie	keine Angabe	am häufigsten genutztes Verkehrsmittel
Mit Freunden zusammen sein							
Zeit mit Familie, Kindern verbringen							
Etwas Außergewöhnliches erleben							
Verreisen							
Museen/Ausstellungen besuchen, ins Konzert/Theater gehen							
Die Natur genießen							
Aktiv Sport treiben							
Mit dem Auto oder Motorrad spazieren fahren							
Spazieren gehen, wandern							
Einmal aus den eigenen vier Wänden herauskommen							

(10) Wenn Sie an Ihre Freizeitaktivitäten denken, welche der folgenden Aussagen trifft wie stark auf Sie zu? (Setzen Sie bitte jeweils ein Kreuz pro Zeile entsprechend Ihrer Zustimmung zu der einen oder anderen Aussage.)

In den letzten Jahren bin ich mehr in der Freizeit unterwegs.						In den letzten Jahren bin ich weniger in der Freizeit unterwegs.
Ich plane meine Freizeitaktivitäten meist langfristig.						Ich breche meist spontan auf.
Ich besuche in der Freizeit stets die gleichen Standorte.						Ich besuche in der Freizeit stets verschiedene Standorte.
Ich benutze immer das gleiche Verkehrsmittel zum Erreichen meines Freizeitstandortes.						Ich benutze häufig verschiedene Verkehrsmittel zum Erreichen meines Freizeitstandortes.
Ich verbringe meine Freizeit meist mit Freunden und Bekannten.						Ich verbringe meine Freizeit meist allein oder mit der Familie.
Wenn ich Zeit mit Freunden und Bekannten verbringe, unternehme ich gerne außerhäusisch etwas mit ihnen.						Wenn ich mit Freunden und Bekannten verbringe, besuche ich sie zu Hause oder lade sie zu mir ein.

(11) Angaben zu Geschlecht, Alter und Familienstand:

□ männlich   □ weiblich

Geburtsjahr 19____

Familienstand:
□ ledig
□ verheiratet/in ehelicher Gemeinschaft lebend ohne Kinder
□ verheiratet/in ehelicher Gemeinschaft lebend mit Kindern (gegebenenfalls Anzahl der Kinder:____ und Alter:____, ____, ____)
□ geschieden/getrennt lebend
□ verwitwet

(12) Welchen Schulabschluß haben Sie?
□ keinen   □ Volks-/Hauptschule
□ Mittlere Reife   □ Abitur/Fachabitur
□ Sonstiges:____

(13) Wie lautet die PLZ Ihres Wohnortes?
____

Herzlichen Dank für Ihre Mitarbeit!

Seite 3 und 4 des Haushaltsfragebogen
(München)

Standorterhebung

Universität
Paderborn

Fachbereich 1 – Geographie
Angewandte Anthropogeographie und Geoinformatik

Prof. Dr. Andreas Kagermeier

Besucherbefragung Zoologischer Garten München

Datum: _____ Uhrzeit: _____ Uhr

Interviewerln: _____

Grüß Gott. Ich bin Student/in der TU-München, wir erarbeiten zur Zeit eine Studie im Auftrag der Uni Paderborn über das Freizeitverhalten und das damit verbundene Verkehrsverhalten der Münchner. Darf ich Ihnen hierzu kurz einige Fragen stellen?

(1) Besuchen Sie heute den Zoologischen Garten München das erste Mal?
□ Ja (weiter mit 3)   □ Nein

(2) Wie oft besuchen Sie die Einrichtung in der Regel?
□ 1x pro Woche   □ mehrmals im Monat
□ etwa. 1x im Monat   □ mehrmals im Jahr
□ etwa. 1x im Jahr   □ sporadisch

(3) Wie lange waren Sie heute im Zoologischen Garten Hellabrunn?
____—____ (h.)

(4) Sind Sie heute alleine oder in Begleitung in den Zoologischen Garten gekommen?
□ Alleine   □ mit Partner/in   □ mit Partner/in und Kinder
□ mit Bekannten/Freunden/Verwandten   □ in einer organisierten Gruppe
□ Sonstiges
Wenn Kinder: Wieviele Kinder und wie alt sind diese?
Anzahl: ....
Alter: ....

(5) Was hat Ihnen bei Ihrem heutigen Besuch gut gefallen?

(6) Gab es auch etwas daß Ihnen weniger gut gefallen hat?

(7) Welche Bereiche des Zoologischen Gartens haben Sie heute aufgesucht und wie beurteilen Sie diese Bereiche in Schulnoten von 1 bis 6?

□ Zooshop   Sehr gut (1) (2) (3) (4) (5) (6) ungenügend
□ Vorführungen (Seehund-, Greifvogel-, Elefantenvorführung) (1) (2) (3) (4) (5) (6) ungenügend
□ Gastronomie   Sehr gut (1) (2) (3) (4) (5) (6) ungenügend
  - Restaurant   Sehr gut (1) (2) (3) (4) (5) (6) ungenügend
  - Kiosk   Sehr gut (1) (2) (3) (4) (5) (6) ungenügend

Seite 1 und 2 des Fragebogens
(Zoologischer Garten München)

Standorterhebung

8) Haben sie mitbekommen, daß Ende des Jahres das neue Dschungelhaus eröffnet wird?
□ Ja　　□ Nein

Wenn ja: Woher haben sie das erfahren? (Mehrfachnennnung möglich)

□ Empfehlung von Verwandten, Freunden, Bekannten　□ Flyer/Prospekte
□ Rundfunk/Fernsehen　□ Printmedien
□ Plakate　□ Internet
□ Sonstiges:

(9) Wenn Sie heute nicht in den Zoo gegangen wären, welche andere Freizeitaktivität hätten Sie möglicherweise statt desen unternommen?

(10) Kennen Sie den Internetauftritt des Zoologischen Gartens München?
□ Ja　　□ Nein (weiter mit12)

(11) Was erwarten Sie über das bestehende Angebot hinaus vom Internetauftritt des Zoologischen Gartens München?

(12) Halten Sie die Eintrittspreise angesichts des Angebots für
□ sehr günstig　□ günstig　□ angemessen　□ eher teuer　□ zu teuer

(13) Sind Sie heute direkt zum Zoo gekommen?
□ Ja　　□ Nein
Wenn Nein: Wo waren Sie vorher?

(14) Werden Sie heute direkt vom Zoo nach Hause fahren?
□ Ja　　□ Nein
Wenn Nein: Wo möchten Sie noch hin?

(15) Wie sind Sie heute zum Zoologischen Garten gekommen?
□ zu Fuß (weiter mit 17)　□ mit dem Fahrrad (weiter mit 17)
□ PKW, Motorrad, Roller (MIV)　□ öffentliche Verkehrsmittel
□ Reisebus (weiter mit 17)　□ Sonstiges (weiter mit 17):

a) Wenn MIV:

(I) Ist Ihnen bekannt, ob der Zoologischen Garten auch mit öffentlichen Verkehrsmitteln erreichbar ist?
□ Ja　　□ Ich nehme an　　□ Nein

Wenn ja: Woher haben Sie diese Informationen erhalten?
□ vom Zoologischen Garten　□ vom Verkehrsbetrieb/Verkehrsverbund
□ Ortskenntnis　□ aus dem Internet
□ Bus/Haltestelle gesehen　□ Sonstiges:

Wenn ja: Wissen Sie mit welcher Linie Sie die Einrichtung erreichen?

b) Wenn ÖV:

(I) Wäre Ihnen für die Fahrt zum Zoologischen Garten ein PKW zur Verfügung gestanden?　□ Ja　　□ bedingt　　□Nein

(II) Welche Linien bzw. welche öffentlichen Verkehrsmittel (Bus, S-Bahn, usw.) haben sie auf Ihrem Weg zum Zoo benutzt?

(III) An welcher Haltestelle sind Sie in Bus oder Bahn eingestiegen?

(IV) Welchen Fahrschein haben Sie genutzt?

Standorterhebung

(16) Wie bewerten Sie bei dem von Ihnen gewählten Verkehrsmittel die folgenden Aspekte (in Schulnoten)?

	Auto	ÖV	k. A.
Preis			
Bequemlichkeit, Komfort			
Schnelligkeit			
Flexibilität			

Nun möchte ich Sie noch bitten für die öffentlichen Verkehrsmittel bzw. das Auto auch noch die 4 Aspekte mit Schulnoten zu bewerten!

(17) Für wie wichtig halten Sie die nachfolgenden Kritierien bei der Wahl des Verkehrsmittel in der Freizeit?

	Sehr wichtig	Ziemlich wichtig	Mittelmäßig wichtig	Weniger wichtig	Nicht wichtig	k. A.
Preis						
Bequemlichkeit, Komfort						
Schnelligkeit						
Nutzung soll Spaß machen						
Erholung, Entspannung auf dem Weg						
Umweltfreundlichkeit						
Flexibilität						
Körperliche Bewegung						

(18) Im folgenden würde ich gerne Genaueres darüber wissen wie Sie Ihre Freizeit sonst gestalten. Bitte sagen Sie mir, wie oft Sie Ihre Zeit mit nachfolgenden Tätigkeiten verbringen.

	Sehr oft	oft	Gelegentlich	Selten	Nie	k. A.
Mit Freunden zusammen sein						
Zeit mit Familie, Kindern verbringen						
Etwas Aufregendes erleben						
Verreisen						
Museen/Ausstellungen besuchen ins Konzert/Theater gehen						
Die Natur genießen						
Aktiv Sport treiben						
Mit dem Auto oder Motorrad spazieren fahren						
Spazierengehen, wandern						
Einmal aus den eigenen vier Wänden herauskommen						

(19) Darf Ich Sie nach Ihrem Geburtsjahr fragen? (____)

(20) Wie lautet die PLZ Ihres Heimatortes?
Wenn PLZ 8 ____ dann:
Besitzen sie eine Zeitkarte für den MVV? □ja □nein
Wenn ja:
Wäre diese für die Fahrt zur Einrichtung gültig? □ja □nein
Wenn PLZ nicht 8 ____ dann:
Verbringen Sie mehr als einen Tag in München? □ja □nein

(21) Darf ich sie nach Ihrem höchstem Schulabschluss fragen?
□ keinen □ Volks/Hauptschule
□ Mittlere Reife □ Abitur/Fachabitur
□ Sonstiges: ....

Der Interviewte ist
□ männlich oder □ weiblich (Vom Interviewer auszufüllen)

Seite 5 und 6 des Fragebogens
(Zoologischer Garten München)

Studien zur Mobilitäts- und Verkehrsforschung

Herausgegeben von M. Gather, A. Kagermeier und M. Lanzendorf

Band 1: *Gather, Matthias & Andreas Kagermeier (Hrsg.):*
Freizeitverkehr – Hintergründe, Probleme, Perspektiven
2002. 140 Seiten, 47 Abbildungen und 17 Tabellen.
15,50 €, ISBN: 3-936438-00-5

Band 2: *Kagermeier, Andreas, Thomas J. Mager & Thomas W. Zängler (Hrsg.):*
Mobilitätskonzepte in Ballungsräumen
2002. 306 Seiten, 121 Abbildungen, 30 Tabellen und 12 Fotos.
25,- €, ISBN 3-936438-01-3

Band 3: *Fliegner, Steffen:*
Car Sharing als Alternative?
Mobilitätsstilbasierte Potenziale zur Autoabschaffung
2002. 290 Seiten, 33 Abbildungen und 44 Tabellen.
23,50 €, ISBN 3-936438-02-1

Band 4: *Hautzinger, Heinz (Hrsg.):*
Freizeitmobilitätsforschung – Theoretische und methodische Ansätze
2003. 120 Seiten, 34 Abbildungen und 21 Tabellen.
15,00 €, ISBN 3-936438-04-8

Band 5: *Dalkmann, Holger, Martin Lanzendorf & Joachim Scheiner (Hrsg.):*
Verkehrsgenese – Entstehung von Verkehr sowie Potenziale und Grenzen
der Gestaltung einer nachhaltigen Mobilität
2004. 282 Seiten, 43 Abbildungen und 25 Tabellen.
30,00 €, ISBN 3-936438-05-6

Band 6: *Feldkötter, Michael:*
Das Fahrrad als städtisches Verkehrsmittel.
Untersuchungen zur Fahrradnutzung in Düsseldorf und Bonn
2003. 216 Seiten, 37 Abbildungen, 37 Tabellen und 4 Karten
25,50 €, ISBN 3-936438-06-4

Band 7: *Schiefelbusch, Martin (Hrsg.):*
Erfolgreiche Eventverkehre: Analysen und Fallstudien
2004. 262 Seiten, 66 Abbildungen, 24 Tabellen und 18 Fotos
30,00 €, ISBN 3-936438-07-2

Band 8: *Monheim, Heiner (Hrsg.):*
Fahrradförderung mit System.
Elemente einer angebotsorientierten Radverkehrspolitik
2005. 326 Seiten, 56 Abbildungen, 33 Tabellen und 16 Fotos
38,00 €, ISBN 3-936438-08-0

Band 9: *Gronau, Werner:*
Freizeitmobilität und Freizeitstile.
Ein praxisorientierter Ansatz zur Modellierung des Verkehrsmittelwahlverhaltens an Freizeitgroßeinrichtungen
2005, 166 Seiten, 58 Abbildungen und 18 Tabellen
28,00 €, ISBN 3-936438-09-9

Band 10: *Kagermeier, Andreas (Hrsg.):*
Verkehrssystem- und Mobilitätsmanagement im ländlichen Raum.
2004, 422 Seiten, 134 Abbildungen, 42 Tabellen und 17 Fotos
45,00 €, ISBN 3-936438-10-2

Band 11: *Neiberger, Cordula & Heike Bertram (Hrsg.):*
Waren um die Welt bewegen
Strategien und Standorte im Management globaler Warenketten
2005, 128 Seiten, 32 Abbildungen und 5 Tabellen
22,00 €, ISBN 3-936438-11-0

Band 12: *Poppinga, Enno:*
Auf Nebenstrecken zum Kunden.
Verkehrliche und wirtschaftliche Impulse für den ländlichen Raum in
Deutschland durch Markenführung im regionalen Schienenverkehr
2005, 200 Seiten, 12 Abbildungen 9 Tabellen und 2 Karten
32,00 €, ISBN 3-936438-12-9

in Vorbereitung

Freitag, Elke
Bedeutung und Chancen von Freizeitverkehrsangeboten des ÖPNV
– dargestellt am Beispiel von Fahrradbuslinien in Deutschland

Lenz, Barbara & Claudia Nobis (Hrsg.)
Wirtschaftsverkehr: Alles in Bewegung?

Die Bände der Reihe „Studien zur Mobilitäts- und Verkehrsforschung"
sind zu beziehen über:

MetaGIS - Systems
Raumbezogene Informations- und Kommunikationssysteme
Wissenschaftlicher Fachbuchladen im WWW
Enzianstr. 62 – D 68309 MANNHEIM
E-Mail: info@metagis.de
Online: www.metagis.de – www.fachbuchladen.info
Tel.: +49 621 72739120 – Fax.: +49 621 72739122